ALINDIEN

UN MARIN
DANS L'OCÉAN INDIEN

Conception éditoriale : Éditions Le Télégramme
Espace Grand Large - 2 quai de la Douane - CS 62952 - 29229 Brest Cedex 2
www.editions-telegramme.com
www.bretagne.com

Couverture : Peinture de Anne Smith, peintre de la Marine.

ISBN 2-84833-167-4

Deuxième tirage

Laurent Mérer

ALINDIEN

UN MARIN
DANS L'OCÉAN INDIEN

Préface de Didier Decoin
de l'Académie Goncourt
Écrivain de Marine

Éditions Le Télégramme

Je ne me plains plus des rafales de pluie. La magie du métier m'ouvre un monde où j'affronterai les dragons noirs et les crêtes couronnées d'une chevelure d'éclairs bleus, où, la nuit venue, délivré, je lirai mon destin dans les astres.

Antoine de Saint-Exupéry
Terre des hommes

Cela se passait dans un port d'Orient.

Joseph Conrad
La Ligne d'ombre

À tous les pakos[1] *qui m'ont accompagné dans cette aventure,*
À celles qu'ils ont laissées sur le quai,
À celle par qui tout est possible.
Aux quatre mousses : Tanguy, Timothée, Paul et Eliott.

1. Nom donné aux travailleurs immigrés, majoritairement d'origine pakistanaise, qui travaillent dans les pays du Golfe ; par analogie, surnom que se sont donnés les marins des forces navales de l'océan Indien.

Avertissement

Les jugements ou les opinions émis dans ce livre sont de la seule responsabilité de l'auteur et ne sauraient engager en aucune façon le ministère de la Défense ou une quelconque autorité française.

Préface

par Didier Decoin,
de l'Académie Goncourt,
Écrivain de Marine

La plupart du temps, le préfacier répond à l'appel d'un auteur qui l'a sollicité en raison de sa compétence ou de son prestige.

Or, je n'ai pas l'ombre d'une compétence en matière de commandement à la mer, et je crains que mon nom ne représente aucune valeur ajoutée sur la couverture d'un ouvrage comme celui-ci, lequel n'en a bien sûr pas besoin pour naviguer loin.

C'est assez dire que cette préface échappe à la règle commune.

Spontanée, volontaire, elle est née de la plus simple, de la plus évidente des raisons d'être : mon admiration à la première lecture (et que les lectures suivantes n'ont fait qu'aviver) pour ce texte de Laurent Mérer qui ne ressemble à aucun autre, un texte à la fois *nécessaire* et *original.*

Nécessaire parce que des circonstances qui nous concernent tous ont transformé ce récit personnel en récit universel, ce livre de mémoire en livre d'Histoire. Au-delà du *log book,* du journal de vie et de voyage d'un « marin dans l'océan Indien », ce livre est en effet un témoignage sur un événement que le monde n'oubliera jamais : le 11 septembre 2001.

Mais pas un témoignage *de plus* : un témoignage *autre,* c'est-à-dire d'un point de vue différent (enfin !) de celui des images rabâchées jusqu'à saturation.

Rappelez-vous : les *Twin Towers* n'étaient pas encore tombées en pulvérulence qu'il était déjà hautement improbable de rencontrer quelqu'un qui n'en sût rien.

Au hasard des rues, des bureaux, des commerces, sur les seuils comme au fond des impasses, au commencement de partout, à la fin de nulle part, on se racontait les uns aux autres où l'on s'était trouvé, ce qu'on était précisément en train de faire, et ce qu'on avait dit ou murmuré, hurlé ou sangloté, à l'instant où l'on avait appris l'événement.

Les gens — l'humanité, quoi ! — ne s'étaient jamais tant parlé que ce jour-là.

Et ce jour-là précisément, à dix-sept heures trente (heure locale), Laurent Mérer, vice-amiral commandant la zone maritime de l'océan Indien, naviguait entre Yémen et Somalie. Au diable de Manhattan, si j'ose dire. Il faisait grand beau temps, ciel chauffé à blanc, la mer itou, le thermomètre à quarante degrés — un rêve d'exquise fraîcheur après avoir, sur le coup de midi, frôlé les cinquante degrés. Le même soleil, en version climatisée, brillait aussi sur New York, sauf qu'il commençait là-bas à tout juste grimper dans le ciel américain, tandis qu'au sud de la mer Rouge il descendait déjà sur l'horizon.

L'amiral travaillait dans sa chambre-bureau à bord du *Var* (le bâtiment de commandement et de ravitaillement qui lui servait de QG, de logement de fonction et de foyer nomade pour tout le temps de sa mission dans l'Indien) lorsque son chef d'état-major, passant une tête par la porte entrouverte, lui avait annoncé l'attentat — ces avions qui, en se vrillant dans le World Trade Center et le Pentagone, venaient en vérité de poignarder le monde entier.

Au point que l'onde de choc n'a toujours pas fini de faire trembler la planète.

Tandis que les images des tours devenues infernales passaient en boucle sur les télévisions du monde entier, l'amiral

Mérer, à bord du *Var,* ne disposait encore que du téléphone satellite et de l'Internet : faute de pouvoir le visualiser dans toute l'étendue de son horreur, il devait imaginer l'inimaginable — et prévoir l'imprévisible : chaque heure qui passait renforçait en effet le soupçon que c'était bien dans ce Moyen-Orient aussi magnifique qu'instable (à l'image peut-être de ce qu'est la condition humaine) que le terrorisme radical avait installé son nid, couvé ses œufs de haine, longuement prémédité et minutieusement manigancé l'envol de ses oiseaux de mort.

Ce qui présageait un possible (sinon probable), et rapide en tout cas, déplacement des centres d'intérêt de New York vers le Golfe. Et donc vers la France de l'océan Indien…

L'Indien. Un océan immense qui baigne les rives de quarante pays.

C'est cette démesure, et les peuples qui l'habitent, qui confèrent à ce livre, après sa nécessité historique, son deuxième caractère, sa deuxième vertu — son originalité, donc.

Après le décalage (des milliers de kilomètres séparaient l'Armaggedon[2] new-yorkais de l'océan arabo-persique écrasé de torpeur sur lequel glissent les navires gris de la force navale française), la proximité : celle de l'islam, bien sûr, de ces populations du Moyen-Orient dont Laurent Mérer comprend tout de suite le mal-être — comment ces musulmans ne seraient-ils pas partagés, voire déchirés, entre la condamnation sincère des attentats[3] et la fascination qu'éprouvent (fatalement, a-t-on envie de dire) nombre d'entre eux pour leurs frères « martyrs » qui ont osé porter la mort au cœur même de New York ?

2. Lieu mythique où, selon l'Apocalypse de Jean, doit se dérouler le grand affrontement entre le Bien et le Mal.
3. L'islam n'est pas une religion agressive : le djihad dans sa forme dite « majeure » *(djihad al-Akbar)* est un combat du croyant contre lui-même en vue d'acquérir la sainteté ; c'est le détourner de son sens que d'en faire une incitation à la violence physique envers les non-musulmans.

Durant les jours, les semaines et les mois qui suivent le 11 septembre, c'est dans ce déchaînement de chagrin et de colère qu'il va s'agir pour l'amiral Mérer de garder, malgré l'orage, sa pleine lisibilité à la politique française qui reste appréciée là-bas comme étant objective, mesurée et raisonnable. Et le meilleur moyen d'y parvenir est de maintenir les escales prévues, de les enrichir de visites, de dialogues qui vont permettre d'appréhender et d'analyser la situation *in vivo,* en grandeur réelle, sur le terrain.

C'est peut-être dans les pages qui décrivent ces rencontres (et où se révèle cette originalité qui m'avait séduit d'emblée) que le livre de Laurent Mérer en dit le plus, en vérité comme en émotion, sur l'état du monde — ce monde dont la disharmonie, le déséquilibre, la danse au bord du volcan, ont rendu possible la tragédie du World Trade Center.

C'est dans cet esprit qu'il faut lire la description-méditation de l'immense port de Dubaï dans la nuit, quand la masse lente et ventrue des navires marchands chargés à refus contraste avec la quasi-cachexie de ceux qui les « servent », travailleurs se faisant eux-mêmes esclaves pour tenter de gagner en quelques années de crève et d'humiliation de quoi devenir des presque nababs (car à l'échelle du néant, la fourmi est un monument d'existence) une fois rentrés au pays ; ou quand, avec une fragilité de lucioles, des petites Russes dispensatrices de tendresse tarifée — les « natachas » comme ils disent là-bas sur les quais de grande solitude — continuent, imperturbables, de jouer à l'amour sans vouloir voir que les hommes, eux, jouent à la mort.

C'est dans le même esprit qu'on déchiffrera cette rencontre avec cheikh Saoud qui, quelque part au milieu du désert du Qatar, a dressé le plus hallucinant, le plus mégalomaniaque des cabinets de curiosité : des entrepôts où il stocke des squelettes de créatures préhistoriques, un somptueux manoir normand démonté pierre par pierre, un carrosse ayant appartenu à Louis XIV, des météorites géantes, sans oublier des nuées d'oiseaux exotiques dont chaque spécimen vaut plusieurs milliers d'euros, etc. Au Qatar, où le revenu par habitant est de 28 000 dollars, on ne s'en formalise pas trop. Mais pas loin, de l'autre côté d'une frontière qui n'est au fond que de sable, on meurt. De faim, de dénuement : « Non seulement ils n'ont rien — disait déjà Isabelle Eberhardt (première femme correspondante de guerre, c'était dans les années 1900) à propos des pauvres du Désert —, mais on leur enlève jusqu'à la satisfaction de ce rien... »

De Bahrein à Djibouti, de Goa à Madagascar, de Cambodge en Thaïlande, d'Afrique du Sud en Australie, un prince de la mer (ne voyez là-dedans rien d'emphatique : c'est le sens du mot arabe *âmir al-bahr,* qui a donné amiral...) nous entraîne dans un tour d'océan souvent inattendu (lire l'époustouflant portrait de l'amiral commandant la 5e Flotte US, Willy pour les intimes, sorte de compromis, du moins quant à l'habillement, entre un John Wayne échappé des *Bérets Verts* et un garde-frontière borduro-syldave transfuge des albums de Tintin ; ce n'est pas forcément rassurant quant aux douceurs de la *pax americana,* mais formidablement convaincant pour ce qui est du talent d'écrivain de Laurent Mérer), un tour d'océan bouleversant quelquefois (je songe à la brève rencontre d'une petite fille condamnée à devenir aveugle), un tour d'océan dont les escales ont évidemment un tout autre sel quand elles nous sont offertes, décortiquées vivantes, par un écrivain qui n'est pas un voyeur mais un voyant.

Un écrivain, un vrai, qui, comme le souhaitait Prévert à tout homme en ce monde, qu'il fût homme de plume ou simplement homme de bonne volonté, sait deviner, surprendre, apprivoiser et dévoiler « les choses qui se cachent derrière les choses ».

Ce qui, loin d'être de la défiance ou de la suspicion envers notre monde réel, est au contraire une marque d'humanisme.

Humanisme dont l'écriture de Laurent Mérer, *attentive non à elle-même mais à ce qu'elle veut montrer,* est une autre (et bien belle !) preuve.

D.D.

Avant-propos

La route de Cherbourg

Ce récit rassemble divers textes écrits entre juillet 2001 et octobre 2002, alors que j'exerçais comme vice-amiral le commandement de la zone maritime de l'océan Indien, embarqué sur le bâtiment de commandement *Var*. Ils mélangent, au fil du temps, des opérations navales, des navigations, des impressions d'escales, des rencontres, des réflexions sur le métier de marin, mais aussi différents documents rédigés après les attentats du 11 septembre et destinés aux autorités de notre pays, aux bâtiments participant aux opérations, ou bien encore aux équipages pour les informer et les encourager. Ils témoignent ainsi, dans leur présentation chronologique, de ce que peut être une existence étrange où tout se mêle, public et privé, où le lieu de travail est un lieu de vie, le bateau, où le lieu de vie est un lieu de travail à longueur de mois, d'où il faut s'évader pour rester soi, mais où il faut avoir toute sa place pour agir avec sérénité et clairvoyance lorsqu'on se trouve, par coquetterie de l'histoire, plongé au cœur des événements.

Le commandement de la zone maritime de l'océan Indien est, sans fausse modestie, ce qu'on appelle un « beau commandement ». C'est un commandement recherché, exceptionnel à bien des égards en raison de l'étendue et de la variété de la zone d'action, de l'intérêt stratégique de la région, au cœur de la plupart des conflits et des drames du monde. Il avait été confié dans un passé récent à des officiers prestigieux qui ont marqué la marine et les armées par leur rayonnement, l'ampleur de leurs vues, leurs analyses stratégiques, leur action déterminante pour faire évoluer la Défense après la fin de la guerre froide. L'un est mort prématurément, et il nous manque. D'autres sont devenus chefs d'état-major de la Marine, chef d'état-major des Armées, inspecteurs généraux ; ceux qui n'ont pas eu ce destin l'auraient assurément mérité. J'avais travaillé étroitement avec la plupart d'entre eux, et je sais qu'ils avaient vécu cette période avec passion. Je gardais donc cette perspective dans un coin de la tête, mais certainement pas pour l'immédiat, ni au moment où, un soir de juin 2001, le chef d'état-major de la Marine me proposa le poste.

J'exerçais depuis un an à peine à Cherbourg les fonctions de préfet maritime de la Manche et de la mer du Nord, et je n'étais pas pressé de quitter ce métier de « préfet de la mer », dans lequel j'éprouvais de grandes satisfactions : responsabilité, autonomie, prise directe avec les événements, conduite personnelle des crises. J'avais été servi par l'actualité, avec le naufrage du *Iévoli Sun* et quelques autres épisodes dramatiques de l'hiver 2000, au cours desquels j'avais dû monter plusieurs fois en première ligne. Au confluent des enjeux maritimes nationaux et européens, j'avais découvert d'autres facettes de mon métier, d'autres problématiques, d'autres interlocuteurs de grande envergure. J'avais des projets et des perspectives, il me fallait du temps pour accomplir. Et puis ma femme et moi, nous nous plaisions beaucoup en Normandie, singulièrement dans la presqu'île du Cotentin, discrète et méconnue, dont nous goûtions les charmes, comme ceux de la région Nord-Pas-de-Calais où je devais me rendre fréquemment.

J'étais par hasard à Paris lorsque le chef d'état-major de la Marine me demanda de venir le voir sans délai ; et si j'étais avec ma femme, me dit-il, c'était aussi bien. Nous nous apprêtions à prendre la route de Cherbourg, la rue Royale était sur notre chemin. Notre patron qui, dans d'autres circonstances, pouvait être d'une terrible dureté — je l'avais connu de suffisamment près pour avoir assisté à quelques scènes difficiles — avait un côté famille plutôt sympathique, mais qui en l'occurrence m'inspira ce soir-là, entre Denfert et Concorde, plus que des interrogations. Il m'a présenté les choses sans détour, m'apprenant que le titulaire du poste était tombé malade et qu'il devait le remplacer sans préavis. Nous n'étions pas nombreux à avoir le bon âge et la bonne expérience… Je lui fis part de mes réserves : il ne me semblait pas raisonnable de quitter la préfecture maritime après une seule année. Avec son habileté florentine, il balaya mes arguments, me faisant naturellement miroiter un avenir brillant ; il savait de quoi il parlait puisqu'il avait lui-même occupé le poste quelques années auparavant. Je lui demandai quelques jours de réflexion ; il m'engagea avec un bon sourire à lui répondre oui dès le lendemain ! Il avait raison, je crois, il faut décider vite. Mais la route de Cherbourg ce soir-là me parut courte. Les images, les souvenirs, les projets se sont bousculés dans ma tête. Dans nos têtes devrais-je dire, car dans cette affaire, c'est un choix à deux. On ne part pas au bout du monde, ou presque, pour quinze à dix-huit mois, vivre sa vie à bord d'un bâtiment pour traiter des problèmes du monde, en plantant là femme et enfants, sans partager la décision. On a donc parlé.

Heureusement, le fidèle David était là pour assurer la conduite.

Les marins français, qui ont le sens de la géométrie comme celui de la géographie, ont réparti les espaces maritimes en cinq zones majeures : la Manche et la mer du Nord, dont j'avais présentement la charge, l'Atlantique, la

Méditerranée, le Pacifique et l'océan Indien. Cette couverture mondiale correspond à la vocation de la Marine, présente sur toutes les mers où notre pays a des intérêts, c'est-à-dire partout. À la tête de chacune de ces zones, un amiral exerce le commandement des navires ou aéronefs engagés dans les opérations que la France mène pour assumer ses responsabilités internationales. Ces missions sont variées. Il peut s'agir de déploiements de routine pour coopérer avec les pays riverains afin de développer ou d'entretenir nos liens, en cohérence avec notre action diplomatique. Il peut s'agir de missions de sauvegarde maritime pour traiter le plus en amont les menaces qui pèsent de loin sur notre pays ou sur nos intérêts : trafics illicites, pêches illégales, immigration clandestine, piraterie..., toutes actions qui s'apparentent à une sorte de police internationale de la mer, que seules les grandes marines hauturières exercent avec efficacité. Il peut s'agir encore de protéger ou de conforter nos compatriotes vivant à l'étranger, en visitant leur pays de résidence et en préparant partout où cela se justifie des opérations d'évacuation en cas de crise ou de conflit. Il peut s'agir enfin d'opérations purement militaires lorsque la France est engagée dans des conflits internationaux de plus ou moins haute intensité, comme cela a été le cas à plusieurs reprises dans l'océan Indien depuis une vingtaine d'années : interposition, embargo, escorte, déminage, projection de forces ou de puissance.

La zone maritime de l'océan Indien s'étend d'ouest en est des côtes africaines jusqu'à la péninsule indochinoise. Elle est bordée par tous les pays du Moyen-Orient autour de la mer Rouge et du golfe arabo-persique, par l'Asie du Sud et du Sud-Est, le golfe du Bengale, l'Indonésie et à l'est par l'Australie. Elle plonge dans les eaux du grand Sud jusqu'aux rivages de l'Antarctique, remonte à l'ouest par l'Afrique du Sud et l'Afrique orientale, enserrant Madagascar, l'archipel des Mascareignes et les Comores. Elle revient enfin, remontant vers le nord, le long de la corne est de l'Afrique. Elle baigne les rives de près de quarante pays dont plus de trente avec lesquels nous entretenons des relations de coopération. Dans cette zone immense, la France est présente par quelques-uns de ses territoires, par beaucoup de liens historiques, et par son réseau dense d'ambassades et d'attachés de défense, par ses troupes déployées à la Réunion et à Djibouti, par sa Marine et le commandement permanent qu'elle y entretient : c'est précisément Alindien[4]. Il y a en permanence une dizaine de bâtiments affectés ou déployés en océan Indien, mais ce chiffre varie en fonction des circonstances. Au plus fort des opérations de 2001-2002 liées aux attentats du 11 septembre et à la lutte contre le terrorisme, on a compté jusqu'à trente navires, c'est-à-dire le tiers de la flotte.

Les problématiques de cette immense zone sont diverses. Misère africaine à l'ouest, drame du sida au sud-ouest, pétrole et poudrière au Moyen-Orient, rivalités indo-pakistanaises sur fond nucléaire au nord. Misère encore et intempéries au golfe du Bengale, incertitudes en mer de Chine et dans le golfe du Siam, conflits ethniques et religieux partout dans l'archipel indonésien. Seuls l'Australie et quelques pays d'Asie du Sud-Est autour de la Malaisie et de Singapour présentent des touches plus claires dans ce sombre paysage, mais les questions d'immigration clandestine ou de course aux armements s'invitent souvent sur la palette.

Je connaissais bien la géographie de cet océan et les enjeux qui s'y rattachaient pour y avoir navigué plus de trois années au cours de ma carrière. J'avais une bonne expérience de la région du golfe arabo-persique où j'avais commandé une frégate pendant la guerre Iran-Irak, alors que notre pays avait décidé d'y intervenir après l'attaque de navires de commerce français et le minage du nord du Golfe. J'avais alors franchi

4. Amiral commandant la zone maritime de l'océan Indien.

avec mon bâtiment, le *Doudart de Lagrée,* plus de quarante fois le détroit d'Ormuz et remonté souvent en aveugle jusqu'au Koweït, pour y chercher des convois de pétroliers qu'il fallait escorter pendant leur transit de sortie. De jour, un guetteur installé plage avant à cheval sur le fût du mat de beaupré, muni d'une paire de jumelles, surveillait les mines ; de nuit, on fonçait dans le noir et on dégageait les postes d'équipage pour installer les hommes sur l'arrière, et éviter trop de dégâts en cas d'impact contre une mine dérivante qui aurait touché notre étrave ; on n'avait pas le choix... Je gardais de cela un souvenir fort. J'avais aussi de cette région une appréhension globale pour en avoir été l'expert politico-militaire à l'Hôtel Matignon peu auparavant : pendant deux ans, j'avais fait des analyses pour le Premier ministre sur les conflits et les crises de cette zone, sur les enjeux pour notre pays, sur son implication éventuelle. Cette expérience, à la fois opérationnelle et politique, me permettrait d'aborder ce commandement dans l'océan Indien sans difficulté si j'en acceptais la proposition.

Au fur et à mesure que nous roulions vers Cherbourg ce soir de juin 2001, je revoyais ces épisodes comme dans un film accéléré, les moments de grands vents comme les moments plus calmes, en mer comme à terre, dans ma vie de marin comme dans ma vie tout court.

Je trouvais que cette vie avait déjà été riche ; fallait-il continuer à ce rythme, ou approfondir le travail entrepris à Cherbourg ? C'est vrai que j'avais eu l'opportunité au cours de ma carrière d'exercer à peu près tous les métiers et d'en avoir tiré une expérience plutôt vaste. À la mer d'abord, sur une quinzaine de bâtiments, du modeste patrouilleur jusqu'à la *Jeanne-d'Arc,* où j'avais embarqué comme officier-élève et plus tard comme professeur de manœuvre et de navigation. Des parages rugueux de l'Atlantique Nord, longuement labourés surtout l'hiver, jusqu'aux eaux plus calmes du Pacifique Sud, j'avais fréquenté toutes les mers et tous les océans, sauf la Méditerranée, curieusement ; elle manque toujours à mon tableau de chasse. Escorte et sûreté des sous-marins nucléaires, surveillance des côtes de métropole ou d'outre-mer, protection du trafic maritime, opérations de sauvetage, police des pêches, toutes ces missions avaient largement occupé ma vie pendant ces années où je passais, après un ou deux ans, d'un escorteur à une frégate, d'un aviso à un patrouilleur. J'avais eu le bonheur de commander quatre de ces navires et j'en gardais un sentiment de plénitude. Après une quinzaine d'années de vent et de sel au cours desquelles j'avais vu de temps en temps ma femme et de loin naître mes enfants, le passage à l'École de Guerre Navale m'était apparu comme une période de retour au monde. J'avais vécu à la mer ou aux marges du pays dans des provinces reculées. L'esprit avait besoin de se dérouiller, l'ordinateur personnel de se recharger, le mari de chérir sa femme et le père de s'occuper de ses enfants. Les études stratégiques ne m'ont guère laissé de souvenir, j'ai abordé le reste avec bonheur et détermination. Pourquoi m'a-t-on mystérieusement envoyé en Chine après cet intermède parisien, pour expliquer aux Chinois les ressorts d'une marine et les arcanes de la pensée navale ? Je ne le sais toujours pas, mais j'en ai largement profité. La Chine n'est pas dans la juridiction du commandement de l'océan Indien, il s'en faut de peu, mais cette expérience étonnante, pour laquelle j'avais eu la plus grande autonomie de Paris à Pékin, à Dalian, à Qingdao ou à Shanghai, m'engageait à rester aventureux et à garder l'esprit aux aguets, attentif aux expériences nouvelles et aux propositions incongrues.

Nous dépassions Caen. Il restait une heure de route d'ici Cherbourg pour arrêter la décision. Il y a des moments de la vie où la tête bouillonne, où les souvenirs se mêlent aux projets, aux réflexions et aux analyses. L'esprit balaie dans le désordre : il faut trouver des repères qui vont éclairer le choix, comme on cherche à distinguer les amers dans la brume. La remontée du Cotentin était propice à la poursuite de l'agitation des neurones, mais le brouillard interne était relativement consistant.

L'avantage de notre métier, c'est qu'il a plusieurs temps. Ou plutôt plusieurs modes. C'est une grammaire complète. Il y a l'indicatif, avec son présent, son passé et son futur : on fait, on a fait, on fera ; c'est le mode de l'exécution : on exerce son métier de marin à la mer, en appliquant ce qu'on a appris, en exécutant les ordres, en se perfectionnant, en s'efforçant d'en maîtriser toutes les facettes. C'est le mode de base. Vient ensuite l'impératif, c'est le mode du commandement. C'est le prolongement naturel du premier, c'est son accomplissement. On commande d'abord une unité de petite taille, patrouilleur ou chasseur, puis, au fur et à mesure de l'expérience et de l'avancement, un aviso, un escorteur, une frégate, ou d'autres types d'unité, pourquoi pas un porte-avions. La carrière d'un officier de marine peut largement se contenter de ces deux modes, et il y a dans leur exercice répété de quoi satisfaire bien des vocations. J'en avais eu largement ma part. J'avais conjugué avec délectation. Les autres modes sont plus subtils. Le conditionnel transforme en préparant l'avenir. Le subjonctif doit... subjuguer en expliquant et en intercédant. Plusieurs affectations parisiennes m'avaient amené à réfléchir et à travailler à la préparation du futur et à son évolution. Développement de systèmes d'armes, choix technologiques, prospective, conception des nouveaux bâtiments, place de la Marine au sein des systèmes de défense national et européen, planification financière, autant de sujets dans lesquels j'avais pris un grand plaisir intellectuel, après les inévitables difficultés de l'adaptation quand on a passé quinze ans sur les passerelles. La question du renouvellement de la flotte de surface m'avait particulièrement occupé et passionné. Les projets sont aujourd'hui lancés. Ils n'échapperont pas aux contraintes financières. La préparation du futur est un mode assez conditionnel...

Le monde maritime comme le monde militaire sont rudes mais simples. Les choses se compliquent quand il faut les expliquer. Tout devient subjonctif... J'avais été initié aux arcanes de la communication et de la fréquentation des médias lors d'une affectation au cabinet du chef d'état-major des Armées, dont je devais être le porte-parole en assurant ses relations avec les journalistes. J'avais appris sur le tas en recevant quelques coups, sévères parfois, mais j'ai rencontré des professionnels talentueux avec qui j'ai noué des liens de confiance. C'est un monde dur parce que la concurrence y est sévère. Il suffit de le savoir, d'en respecter les règles et de comprendre que les journalistes ont parfois des contraintes, plus que nous souvent.

Le plongeon dans le monde politique — et dans celui de la haute administration parisienne — est une expérience rare pour les militaires, voués par nature à la neutralité et à l'obéissance. Mais il est nécessaire que les deux se comprennent et se parlent. Il faut des traducteurs ou des « explicateurs ». Comme avec les médias, c'est assez subjonctif. Le cabinet du Premier ministre, surtout en période de cohabitation, est un endroit exceptionnel pour prendre la mesure du pouvoir, en saisir les ressorts, y mesurer la détermination des hommes face à l'adversité. C'est comme un bateau dans la tempête, il y a l'équipe autour du patron, et partout la mer, les vagues, le vent et les courants hostiles... J'avais appris beaucoup. J'en retirais, curieusement et contrairement à bien des idées reçues, une belle image des hommes politiques... J'en retirais aussi le sentiment, en toute immodestie, que nous n'avions pas, nous marins, à avoir de complexes.

Nous arrivions à Cherbourg. Une belle soirée de la fin du printemps ; il était plus de minuit. La descente sur la ville, dans la pénombre, a quelque chose d'envoûtant. On plonge vers l'étonnante rade artificielle protégée par l'immense digue rêvée par Louis XVI, entreprise par Napoléon, achevée par la République cent ans plus tard, avec une solide constance. Cette ville est comme les marins. Elle est tournée vers la mer alors que le reste de la province regarde l'intérieur. Elle est modeste et marginale. Son charme est à découvrir, mais il faut un effort de persévérance et d'imagination. Tournée vers la mer, tournée vers l'aventure…

J'avais beaucoup parlé, beaucoup revu, beaucoup rêvé, beaucoup écouté aussi au cours de cet étrange voyage. Qu'est-ce qui, au fond, a emporté ma conviction ? Peut-être avions-nous déjà décidé au départ, dès la Porte Maillot. Mais peut-être qu'à l'arrivée, cette échappée cherbourgeoise sur la mer et sur l'aventure nous a-t-elle donné un signe. Ou bien est-ce simplement la curiosité, une dernière occasion de découvrir des rivages encore inconnus, d'autres raisons plus ou moins conscientes ? Ce qui est sûr, c'est qu'à côté de moi, j'ai vu un sourire diablement engageant. Elle avait son air… cet air de dire : vas-y !

Alors j'ai donné mon accord sans autres calculs. Comme au cours de plusieurs épisodes déterminants de ma vie, j'ai fait confiance à son sourire, au destin ou à la grâce… Et le 4 juillet 2001, par décision du Conseil des ministres, j'étais nommé au commandement de la zone maritime de l'océan Indien : je devenais Alindien. J'allais exercer pour quinze à vingt mois, en mer d'Oman et en mer d'Arabie, là même où on les a nommées, les fonctions d'amiral, ce qui, en arabe, veut dire le prince de la mer.

L'arrivée a été rude, dans la chaleur torride de l'été du Golfe arabo-persique, à la mi-juillet 2001, après une année dense sans transition et sans repos. J'étais encore sous le choc lorsque j'ai découvert une situation étrange. J'imaginais une affaire bien rodée, une situation claire, des hommes heureux d'avoir obtenu une affectation enviée. Or, je débarquais en pleine turbulence. Plusieurs raisons en étaient à l'origine : changements d'organisation probablement mal perçus, changements de dispositions administratives mal expliqués ou mal compris, bref, un ensemble de malentendus dont je ne savais pas moi-même débrouiller les fils et qui généraient une réelle amertume à bord des bâtiments. Les passions se sont apaisées car les marins sont sages et ils n'ont pas voulu gâcher en d'incertains combats une année qui s'annonçait riche d'expériences et de découvertes. Comme eux et comme l'Ecclésiaste, j'ai considéré qu'il y avait un temps pour tout. Alors j'ai tracé ma route, en témoin curieux et en spectateur passionné, et aussi en acteur, parce que l'Histoire, le 11 septembre 2001, dans cet océan de tous les dangers, a croisé notre sillage.

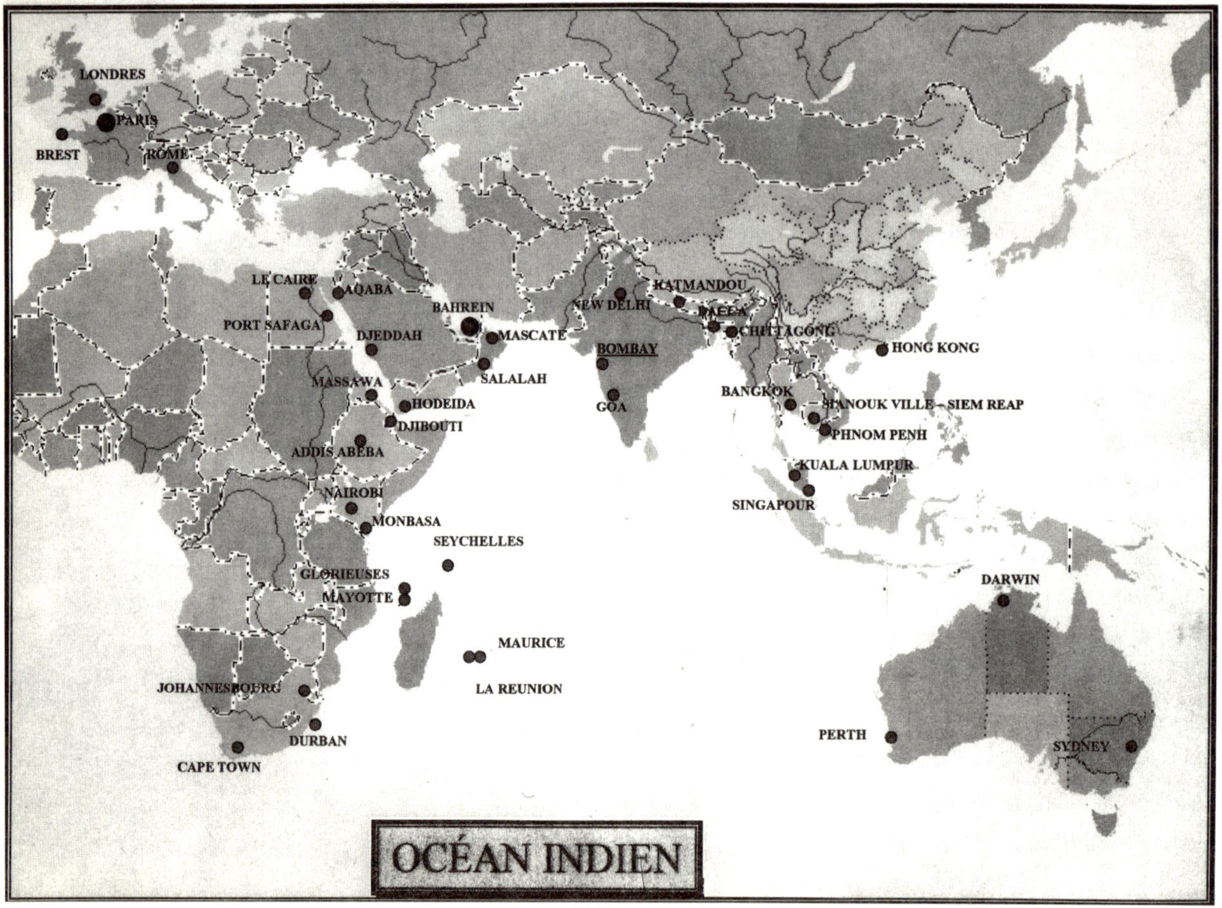
LONDRES
PARIS
BREST
ROME
LE CAIRE
AQABA
PORT SAFAGA
BAHREIN
MASCATE
DJEDDAH
SALALAH
MASSAWA
HODEIDA
DJIBOUTI
ADDIS ABEBA
NAIROBI
MONBASA
SEYCHELLES
GLORIEUSES
MAYOTTE
MAURICE
LA REUNION
JOHANNESBOURG
DURBAN
CAPE TOWN
NEW DELHI
KATMANDOU
CHITTAGONG
BOMBAY
GOA
HONG KONG
BANGKOK
SIANOUK VILLE - SIEM REAP
PHNOM PENH
KUALA LUMPUR
SINGAPOUR
DARWIN
PERTH
SYDNEY
OCÉAN INDIEN

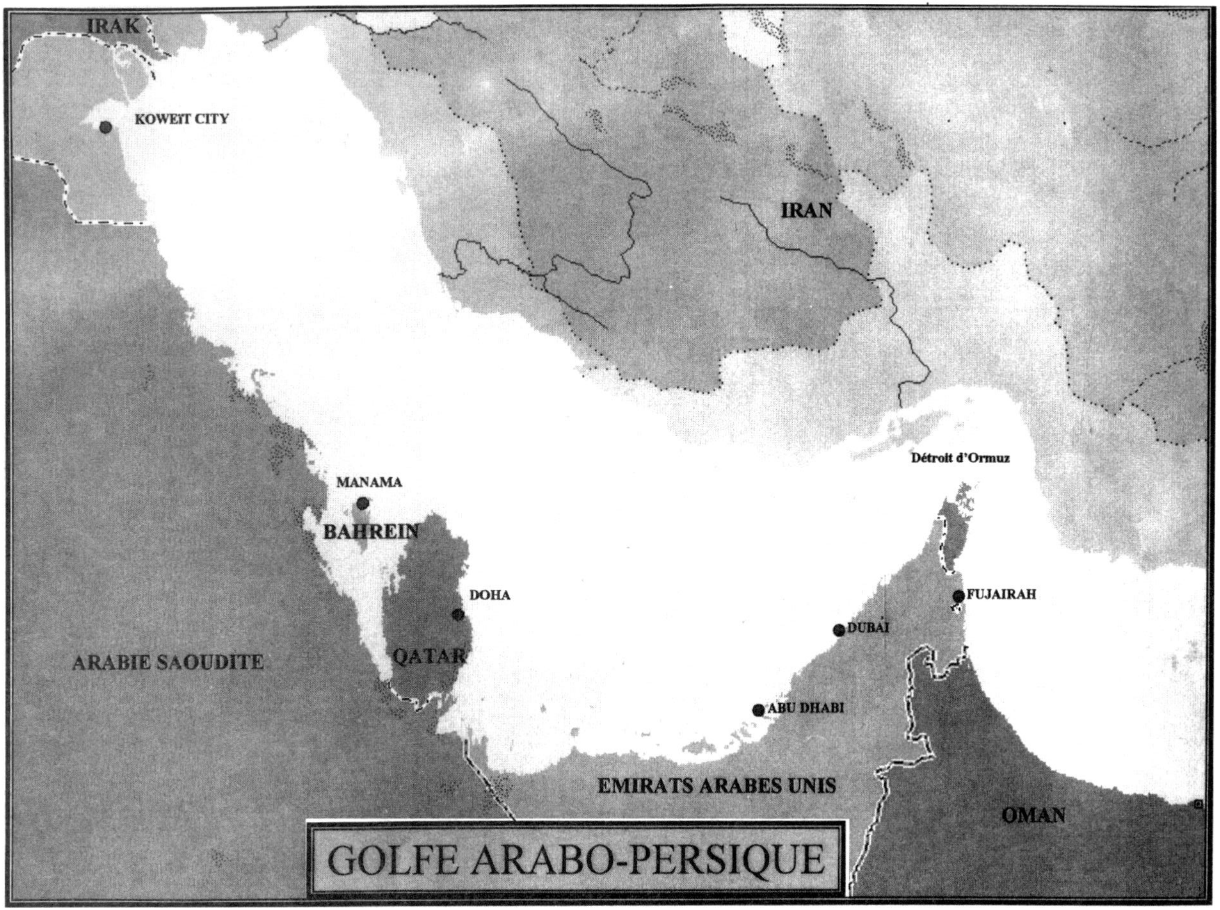
GOLFE ARABO-PERSIQUE
IRAK
KOWEIT CITY
IRAN
Détroit d'Ormuz
MANAMA
BAHREIN
DOHA
QATAR
ARABIE SAOUDITE
FUJAIRAH
DUBAI
ABU DHABI
EMIRATS ARABES UNIS
OMAN

Première partie

Juillet 2001-Décembre 2001

Chapitre I

Départ

Roissy, 17 juillet 2001

Il faut de nouveau partir. Quitter Cherbourg. Et boucler le quatorzième déménagement. J'ai obtenu quelques jours de répit, malgré l'insistance du chef d'état-major de la Marine et du chef d'état-major des Armées qui souhaitent tous deux me voir rallier l'océan Indien au plus vite, le poste étant vacant depuis trop longtemps à leurs yeux. Je les comprends volontiers, puisque l'océan Indien est une zone de crise permanente ; ils veulent avoir le patron sur place. De mon côté, je souhaite un peu de temps pour me retourner, régler mes affaires et embrasser les enfants aux quatre coins de la France. J'ai promis au maire de Cherbourg de faire en ville avec lui un beau Quatorze-juillet, et je tiens à honorer ma promesse. Ce doit être l'occasion de décorer sur le front des troupes quelques-uns de mes collaborateurs dont la République reconnaît les mérites. Nous avons constitué pendant un an une bonne équipe et je me réjouis de présider la cérémonie. Après une honnête transaction, le départ est fixé au 17 juillet, la décision datant du 4. C'est Byzance...

Nous avons une grande habitude du déménagement, surtout ma femme qui a souvent dirigé seule ce genre d'opération. L'affaire est rondement menée, même si je ne suis pas d'une grande utilité, occupé à boucler les derniers dossiers et ma cantine, pour un climat singulièrement différent de celui de Cherbourg. Le plus dur est de quitter la noble bâtisse de la rue des Bastions qui sert de résidence au préfet maritime. Située au cœur de la ville à deux pas du port, elle a la grâce des vieilles demeures, aménagée et agrandie au fil des ans et au gré de l'histoire pour héberger les hôtes de marque, les rois, les princes et les présidents, même les empereurs du temps où Cherbourg était escale transatlantique. Nous avons apprécié le craquement des parquets, la chambre de l'Impératrice, les salons en enfilade, et le billard pour une partie en fin de soirée. La douceur et le charme des lieux ont été bien nécessaires pour goûter quelques moments de repos au cours d'une année consistante, jalonnée d'épisodes qui ont donné du sel à ma vie de préfet maritime, à notre vie devrais-je dire, tant ce métier se partage, tant les événements quotidiens occupent tout l'espace. Pas mal de sel même. Dans notre France terrienne, cette fonction que j'occupais à Cherbourg est peu connue. Qui se soucie de la mer en dehors de l'été ? On connaît davantage les préfets de département et de région, ils sont plus d'une centaine, alors qu'il n'y a que trois préfets maritimes : un pour la Manche et la mer du Nord à Cherbourg, un à Brest pour l'Atlantique, le troisième à Toulon pour la Méditerranée. Les responsabilités sont pourtant de même nature : le préfet de région représente l'État dans sa région, le préfet maritime représente l'État en mer. Il est chargé d'y faire respecter les lois et d'y assurer l'ordre public ; ses « clients » sont les marins-pêcheurs, les plaisanciers, les marins de commerce, les scientifiques, les industriels, les coureurs au large ; il s'agit de les faire cohabiter sur mer en bonne harmonie. Le préfet maritime est responsable de leur sauvetage en cas de mauvaise fortune. Enfin, il est le protecteur de l'environnement : il traque les « voyous de la mer » qui ternissent notre littoral, et il lutte contre les pollutions en cas d'accident d'un navire transportant des matières dangereuses : pétrole, produits chimiques, gaz, ou autre ingrédients dont sont friandes nos sociétés d'échanges et de consommation ; des centaines de navires à risque longent nos côtes tous les jours, alors que la navigation y est complexe en raison des courants, des marées, de la brume et souvent des tempêtes. Nos compatriotes le savent peu, mais nos eaux ouest-européennes sont parmi les plus périlleuses du monde. Le préfet maritime veille… Cette responsabilité de sauvegarde est confiée en France à un amiral, qui est en même temps le commandant de la Marine pour les opérations militaires. Il cumule des fonctions civiles et militaires. C'est une vieille tradition, ancrée dans l'histoire du littoral de notre pays depuis qu'au Moyen Âge, le « préfet de la mer et des côtes » protégeait les rivages.

Dans le salon de Roissy, alors que j'attends l'avion pour Dubaï où je dois rejoindre demain le *Var* pour y prendre mon commandement, les épisodes se bousculent dans ma tête. J'ai du mal à imaginer la prochaine étape, j'ai l'esprit encore là-bas. Alors que je pars vers le sud, c'est le nord qui me colle à la peau. Je me donne le temps du vol pour faire le vide et passer à la suite. Il reste une heure pour les souvenirs et la nostalgie. L'automne 2000, il est vrai, avait été particulièrement intense…

…« 30 octobre 2000, c'est le week-end de la Toussaint : le petit pétrolier luxembourgeois *Manuella* est en mauvaise posture devant les côtes du Pas-de-Calais ; c'est déjà la tempête en cette saison, le premier coup de vent sérieux à l'approche de l'hiver. Le *Manuella* ne pouvant remonter le vent a mouillé près de terre, les machines en avarie. Ses machines sont sous-dimensionnées et insuffisamment puissantes pour affronter de telles conditions météo, alors il chasse vers la côte. La presse est déjà là sur le rivage, avec flashs et caméras, attendant l'événement ; elle fait son métier. L'*Erika* est dans tous les esprits. On n'est pas dans le même registre puisque le *Manuella* est lège et n'a que son gas-oil de propulsion, mais la côte à cet endroit est sensible et n'est distante que de quelques centaines de mètres sous le vent.

Le *Far Turbot,* le remorqueur d'assistance qui garde le Pas-de-Calais pour le compte de la France et de la Grande-Bretagne, ne parvient pas à passer de remorque. Trop gros, trop puissant. Le *Calaisien*, affrété par la Marine, est rapidement dépêché sur place ; il appareille de Calais, mais il est gêné dans sa progression par les lames déferlantes qu'il doit affronter de face. Dans le même temps, une équipe d'évaluation et d'assistance est réunie par le Cross Gris-Nez, en relation avec la préfecture maritime Manche-mer du Nord. Le *Calaisien* tente de passer sa remorque, mais la manœuvre est rendue délicate par les conditions de vent et de mer très difficiles, et aussi par le manque d'expérience et la fatigue du modeste équipage du *Manuella*. La remorque est mal capelée et file dans les hélices du *Calaisien* qui doit regagner le port. La presse s'impatiente, le préfet du département aussi… C'est un spécialiste des questions de sécurité civile, il n'a pas envie de rejouer le plan Polmar ; on le comprend. Malgré la tempête qui continue de faire rage, l'hélicoptère de la Marine du Touquet parvient à hélitreuiller l'équipe à bord du cargo. Rapidement, elle prend la mesure de la situation et remet les choses en ordre ; le cargo cesse de chasser, il vire lentement sa chaîne et reprend peu à peu sa route, sous surveillance. Dès que possible, l'équipe d'assistance est récupérée et regagne la terre. Les journalistes rangent leur matériel. Fin de l'alerte… Le début de week-end aura été agité pour les équipes de la préfecture maritime et du Cross, mais c'est la routine en ce début de la saison hivernale dans ces parages tourmentés de la Manche et du Pas-de-Calais. Il y a plus de vingt-quatre heures que ces équipes sont sur les dents, cette nuit il fera bon dormir. Sauf si…

L'autre événement qui se produit plus à l'ouest n'est pas pour nous, mais pour nos collègues de la préfecture maritime de l'Atlantique et du Cross Corsen. Dans la journée, le *Iévoli Sun*, un chimiquier qui a chargé en Angleterre près de dix mille tonnes de styrène[5] et cinq mille tonnes d'alcool à destination de l'Italie, a signalé des avaries, alors que la tempête d'ouest fait rage : voies d'eau à l'avant, peak envahi, pompe d'épuisement en avarie ; rapidement toutefois, il indique qu'il est en mesure de continuer sa route à faible vitesse. Il est alors au nord-ouest des Casquets, route au sud-ouest. Mais avant l'aube, il se signale en détresse et demande à évacuer l'équipage. L'*Abeille Flandre* est sur place. La préfecture maritime dépêche un Super-Frelon de la base de Lanvéoc. L'évacuation par hélitreuillage n'est pas une partie de plaisir car les conditions météorologiques restent difficiles, mais elle se passe sans incident. Une équipe brestoise est déposée à bord du *Iévoli Sun* pour effectuer la manœuvre, et l'*Abeille Flandre* passe une remorque ; il est hors de question de laisser le bâtiment en l'état à cet endroit, car avec les vents d'ouest et les courants, il dériverait vers les côtes bretonnes du côté de Saint-Malo ou de la baie du Mont-Saint-Michel. En même temps qu'elle continue de mener l'opération Manuella, la préfecture maritime Manche-mer du Nord suit avec attention, depuis Cherbourg, le film des événements.

Avec le *Iévoli Sun* en remorque par l'arrière, l'*Abeille Flandre* n'a pas le choix, en raison du vent et de la mer : elle fait route au nord-est, ce qui éloigne l'épave des côtes et donne le temps de la réflexion pour fixer sa destination : port français, anglais ou autre, voire échouage sur une plage, comme on l'avait pratiqué quelques années avant avec le *Rosa M.* À cette heure, l'attelage se trouve toujours dans la zone de responsabilité "Atlantique", et selon la route et la vitesse estimée, il

5. Produit chimique liquide entrant dans la composition de nombreuses matières plastiques.

devrait arriver en zone Manche-mer du Nord vers minuit. Il est convenu avec mon collègue de Brest, avec qui je suis en contact permanent, que je prendrai la suite à neuf heures le 31 octobre. Selon l'équipage de l'*Abeille Flandre*, le comportement de l'épave est satisfaisant, mais il fait nuit noire et l'observation précise d'un éventuel enfoncement est difficile. Les contacts sont établis avec les ports de Cherbourg et du Havre qui sont les premiers sur la route, avec les autorités britanniques et avec la direction des ports maritimes du ministère des Transports, comme chaque fois qu'une question délicate d'entrée d'un navire en avarie se pose. À ce stade, aucune décision n'est prise et toutes les options restent ouvertes ; l'attelage progressant au mieux à cinq nœuds, il n'y a pas lieu de privilégier une solution. La préférence va toutefois au Havre, équipé pour traiter le chimique. Au lever du jour, peu après huit heures, alors que les contacts se poursuivent avec la direction des ports, l'équipe embarquée annonce que l'avant du bâtiment s'est enfoncé d'environ un mètre au cours de la nuit, mais que son comportement n'est pas anormal. On est alors du côté des Casquets, à onze nautiques au nord-ouest d'Aurigny, vingt nautiques de la pointe du Cotentin. Rapidement, les choses vont se précipiter, puisque le *Iévoli Sun* pique maintenant du nez de façon visible. La décision est prise de larguer la remorque, il est huit heures trente. Le *Iévoli Sun* continue de s'enfoncer en se retournant. Son avant touche vite le fond qui n'est que de soixante-dix mètres à cet endroit, rebondit deux ou trois fois, et la poupe disparaît dans l'écume.

Il est neuf heures ce 31 octobre 2000. Pour la préfecture maritime de la Manche et de la mer du Nord et bien d'autres acteurs, l'"opération *Iévoli Sun*" commence. Elle nous occupera plus de sept mois… »

D'autres épisodes entre-temps avaient marqué l'année : échouement du *Faith IV* devant Dunkerque avec quarante mille tonnes de fuel lourd en février, plusieurs drames de la pêche, opérations de déminage au Havre, immigrés clandestins dans le Pas-de-Calais, équipées Greenpeace, en affrontement ou en partenariat… Ce sont là quelques-uns des deux mille cinq cents événements de mer traités annuellement sous la responsabilité de la préfecture maritime. Plus de sept par jour en moyenne ; pas de quoi s'ennuyer ! J'ai exercé ce métier de « préfet de la mer » avec passion. Autour de moi, une équipe soudée dans les tempêtes et les coups de tabac, les nuits de veille et les journées d'angoisse.

Avec mon épouse, nous avons aimé la Normandie que nous ne connaissions guère ; nous l'avons arpentée à pied longuement, à moto prudemment. Le téléphone portable toujours sous la main. Nous y étions comme chez nous. Rudesse de la Hague, merveille des chemins de douaniers, douceur du Val-de-Saire, et le chant des marais sur les traces de Bâb Ozzouf, de Barbey d'Aurevilly et de l'amiral de Tourville. Beaucoup d'amis dans tous les milieux, dans les restos du cœur comme dans les préfectures, chez les « gens de mer » comme chez ceux de la terre. Nous avons bien aimé, vraiment. Aimé le Nord aussi et le Pas-de-Calais, en haut de la carte, où j'ai retrouvé avec émotion les racines de l'enfance et de la famille. Bel accueil, belle chaleur. On connaît la mer dans ces pays. On est marin à Étaples et au Fort-Philippe, à Dunkerque bien sûr. On y a le sens de la tradition et de la famille. Mes ancêtres, eux, de ce côté-là, étaient plutôt des paysans, mais c'est la même race d'hommes, durs à la peine et fidèles en amitié, assurément pas très bavards : dans ces familles on ne parle pas beaucoup, et quand il s'agit de choisir un métier, on fait comme papa.

Moi aussi, j'ai fait comme papa, mais les hasards de la vie m'ont donné un père breton et marin. J'ai fait marin… Par tradition donc, peut-être aussi par manque d'imagination. Aussi loin que remonte ma mémoire, je n'ai jamais envisagé d'autre destinée que celle d'officier de marine. Sans avoir beaucoup fréquenté l'océan dans ma jeunesse, autrement que l'été en Bretagne, en toute ignorance donc. J'ai eu quelques doutes au début quand j'ai découvert la brutalité de la mer d'Iroise l'hiver, lorsque nous apprenions, sous la férule de maîtres pilotes chevronnés et un peu moqueurs, les mystères de la navigation et du point par trois relèvements entre Tévennec, la Chèvre et le Toulinguet. La jeule[6] comme on disait dans le langage imagé de l'École Navale, attendrissait les plus fortes déterminations et ramollissait les esprits les plus résolus. Penché sur la moque[7], j'avais parfois des pensées noires. J'ai serré les dents. Trente ans après je me dis que j'ai bien fait, et que la tradition m'a heureusement inspiré. Quel tourbillon !

Dans quelques minutes, envol vers Dubaï et l'océan Indien. Fin des souvenirs et des émotions. La saga continue.

6. Le mal de mer.

7. Vaste récipient cylindrique, placé par commodité à proximité de la table à cartes sur les bateaux-écoles pour les victimes de la jeule.

Cérémonie

Dubaï, 19 juillet 2001

Dans la marine, les cérémonies sont à la fois simples et brèves. C'est probablement lié à notre histoire de marins ou à notre caractère peu démonstratif, peut-être plus prosaïquement aux conditions météorologiques extrêmes ou capricieuses qui règnent là où relâchent nos navires. Voilà pourquoi c'est tôt ce matin que l'équipage du *Var* et les membres de mon état-major sont rassemblés sur la plate-forme hélicoptère du navire, pour marquer, avec sobriété, mais un brin de solennité, l'arrivée du nouveau patron. Tenues blanches des marins, lumineuses dans le soleil déjà chaud du matin, garde d'honneur en armes avec le fanion du navire, clairon pour sonner les commandements, sifflet de gabier pour saluer. Simplicité mais tradition tout de même. Pas de familles, car nous sommes tous loin de chez nous. Le Consul général de France marque à lui seul la présence de la République. Il le fait avec amitié, car il connaît nos bateaux de l'océan Indien dont il apprécie la présence dans sa circonscription.

J'ai embarqué hier soir, arrivant à Dubaï directement de Paris par le vol d'Air France. Le *Var* va m'héberger pendant tout mon séjour en océan Indien, qu'il soit à quai pour une escale ou à la mer la plupart du temps. Pour le moment, il relâche ici pendant les mois d'été, parce que c'est la période des relèves d'équipage : c'est commode, car Dubaï est bien desservie par les compagnies aériennes. Dubaï dispose en outre d'excellents chantiers de réparation navale, et on profite de la pause estivale pour faire des travaux d'entretien et de carénage avant de reprendre les activités à la mer dans le courant août. Les hommes de l'équipage, comme ceux de mon état-major, font des séjours d'une année. Pour l'amiral, c'est en général de quinze à vingt mois. Ces durées apparaissent aujourd'hui en décalage par rapport aux pratiques de notre société. Dans un monde où la plupart des femmes travaillent, où les enfants ont besoin de leur père, la longueur de ces absences est devenue problématique. Certes, quelques familles profitent de telle ou telle escale pour rejoindre leur marin, mais au prix du voyage s'ajoute celui du séjour et on risque d'y engloutir rapidement les bénéfices de campagne…

D'autant que, semble-t-il, les temps ont changé. Des incitations financières, non pas mirobolantes mais toutefois substantielles, ont jusque-là offert aux marins d'honnêtes compensations à l'absence et à l'éloignement. Mais pour d'obscures raisons administratives, le régime de rémunération des unités de l'océan Indien vient de subir, comme on dit pudiquement, certains aménagements ; en réalité, une chute vertigineuse. Je l'ai moi-même découvert dans la journée d'hier. On est donc en plein drame, car les arrivants, et j'en suis, n'ont pas été clairement prévenus… L'affaire, on l'imagine, dans la chaleur torride de l'été dubaïote, derrière la tôle chauffée à blanc, rend l'atmosphère pesante. J'ai entendu déjà que les hommes entre eux se surnomment les « pakos », du nom des immigrés en majorité d'origine indo-pakistanaise qui travaillent dans les pays du Golfe pour des salaires de misère. Ambiance…

Il va falloir calmer les passions et dénouer les écheveaux sûrement complexes de ce sombre épisode. Il m'appartiendra de monter en ligne. Je ne suis pas venu ici pour cela et j'étais loin de m'imaginer avoir à traiter d'emblée une telle affaire… Je dois dire honnêtement que le moral en prend un coup. Cela me navre d'autant plus que bien d'autres motifs que l'argent incitent les marins à se porter volontaires pour une telle affectation dans l'océan Indien : vie d'équipage, passion du métier, possibilité pendant tout ce temps de l'exercer sans sollicitations extérieures, découverte, aventure, pressentiment aussi qu'aujourd'hui, c'est dans cette région du monde que s'écrit l'Histoire. Envie d'y être et d'y mêler la sienne, chacun selon son âge, son grade, sa situation familiale, chacun pour des motifs honorables qui ne regardent que lui. La Marine et la République y trouvent assurément leur compte. Alors pourquoi tant de maladresse ? Je n'ai pas ce soir la réponse.

Le *Var* est, selon l'appellation marine, un BCR : Bâtiment de Commandement et de Ravitaillement. Il a au sein de la flotte deux fonctions a priori différentes : c'est d'abord un ravitailleur, destiné à délivrer du combustible, de l'eau, des vivres ou des munitions aux bâtiments de combat en opérations. Il dispose de soutes et de capacités de stockage importantes, et aussi de dispositifs de transfert pour pouvoir délivrer en route, à la mer, le carburant ou les charges. C'est un gros navire, d'environ cent soixante mètres de long et déplaçant dix-huit mille tonnes à pleine charge. Il est servi par un équipage de cent cinquante hommes. Il y a de l'espace à bord, aussi a-t-on eu l'idée de consacrer la place disponible à des installations de commandement, pour permettre à un état-major d'y diriger les opérations d'une force navale. Il s'agit de moyens de recueil et d'analyse des informations, et de transmission pour pouvoir communiquer avec l'ensemble des bâtiments et des aéronefs, les échelons parisiens, les ambassades et tous les correspondants utiles dans la conduite des différentes missions confiées au commandant de la zone maritime de l'océan Indien. L'état-major qui m'assiste comprend une quarantaine de personnes dont une dizaine d'officiers ; il peut être renforcé en cas de nécessité.

Avec mon équipe, nous sommes hébergés à bord du *Var* qui nous fournit toutes les commodités utiles au bon exercice de notre métier. Le *Var* ravitaille ou se prépare à le faire, et l'état-major, tout au long de l'année, à la mer comme au mouillage, de jour comme de nuit, veille aux opérations. Il reste que nous sommes tous embarqués sur le même bateau et que nous allons y vivre côte à côte pendant au moins une année ; il me faudra être attentif pour qu'une bonne harmonie règne entre les uns et les autres.

Mon installation personnelle à bord est assez sommaire, voire spartiate ; franchement, j'imaginais mieux. Je dispose d'une modeste chambre de quelques mètres carrés au mobilier ringard et aux couleurs passées. Quant au bureau attenant, c'est le même genre, sombre, étroit, toc et un peu fané… Il est encombrée de deux ordinateurs et d'une angoissante caméra vidéo qui fait face à un fauteuil de vieux skaï. Je prends immédiatement deux décisions : dégager les ordinateurs et la caméra pour les renvoyer dans les locaux opérations, réservant ainsi mon bureau à un commandement d'un autre style ; approvisionner un couvre-lit coloré et même un peu *flashy* pour égayer la triste chambrette, et un coussin de toile pour le fauteuil en skaï. Pourtant, le *Var* n'est pas un vieux bateau, même s'il a atteint la force de l'âge. Mais il est dans l'océan Indien depuis trois ans et il a besoin d'une petite cure métropolitaine pour reprendre des couleurs.

Le plus désolant est l'absence de hublot. Je ne sais pas comment l'architecte naval a pu se débrouiller sur un bateau de cette taille pour priver la chambre de l'amiral de cette simple ouverture, c'est un exploit rare. Sur le *Tourville* que je commandais il y a quelques années, mon premier geste le matin était d'ouvrir la tape pour regarder la mer. C'est important pour un marin de la voir vite et de la sentir ; pour moi, c'est un besoin. Il faudra trouver autre chose pour commencer la journée. Heureusement le carré, c'est-à-dire le salon et la salle à manger, où je vais passer pas mal de temps puisque ce sont des lieux essentiels de la vie embarquée, est un endroit accueillant. Il est un peu défraîchi, mais il est vaste et clair, et je pourrai facilement l'arranger à mon goût. Pendant toute cette année, nous ferons ménage à trois puisque je partagerai cet espace avec mon chef d'état-major et le commandant du *Var*, mon « capitaine de pavillon », c'est ainsi que l'on nomme traditionnellement le « pacha » du navire amiral.

Je n'ai pas encore bien appréhendé le bâtiment par lui-même. Il me faudra du temps pour y prendre mes repères. Le plus important est d'y trouver rapidement mon itinéraire pour ne pas paraître trop ridicule en demandant mon chemin à un quartier-maître au détour d'une coursive. Ce matin bien entendu, on m'a balisé la route pour gagner le pont d'envol où l'équipage m'attend pour la cérémonie. Après avoir salué le fanion et la garde, je passe lentement les hommes du *Var* et de l'état-major en revue. Au milieu d'eux, une jeune femme, une seule, que je ne connais pas encore ; elle va partager avec nous pendant tous ces mois cette étrange vie. Ce premier moment où les regards se croisent est important. Pour les hommes que j'ai en face de moi, alignés sur les rangs et forcément figés. Songeurs sûrement, inquiets peut-être. Pour moi aussi qui vais donner le ton, l'ambiance, la ligne de conduite. C'est par eux et grâce à eux que je vais pouvoir agir et vivre à bord de ce bâtiment. Ils seront à la fois acteurs et témoins. Il faudra que nous puissions travailler en confiance. Cela traverse mon esprit alors que je longe leurs rangs, préoccupé mais fier au fond de moi. Je juge utile à ce moment solennel de dire quelques mots pour marquer ma prise de fonctions. Nous n'avions échangé que des regards, il fallait faire entendre ma voix. Il n'y a pas de règle dans notre cérémonial, chacun fait cela comme il l'entend. Je délivre mon court message et je regagne mon deux-pièces sans vue.

Il va falloir m'en échapper.

Message aux équipages

Dubaï, 19 juillet 2001[8]

Par le hasard des circonstances, je prends aujourd'hui le commandement de la zone maritime de l'océan Indien et des unités qui s'y trouvent déployées.

J'ai quitté il y a deux jours à peine la préfecture maritime de la Manche et de la mer du Nord. D'autres horizons se présentent aujourd'hui sur cet océan immense, bordé de près de quarante pays. Les tensions y sont permanentes et les conflits fréquents, nés des rivalités d'intérêt, des querelles idéologiques ou religieuses, de la richesse pétrolière comme de l'extrême pauvreté de peuples déshérités ou abandonnés à leur sort. Mer Rouge, Corne de l'Afrique, golfe arabo-persique, mer d'Arabie, Golfe du Bengale, détroits indonésiens, Golfe du Siam, autant de zones où les passions s'affrontent, où la nature est parfois brutale. La France y est présente à la mesure de ses moyens, au travers de nos diplomates, de nos représentations militaires, de nos forces terrestres ou aériennes stationnées à Djibouti comme à la Réunion, et bien sûr avec les bâtiments à bord desquels vous servez. Ils témoignent de l'intérêt de notre pays pour cet océan dont il est riverain, de sa solidarité internationale comme de sa volonté d'établir et de cultiver des liens avec ses amis et ses alliés.

Vous avez choisi ou accepté d'y servir pendant toute une année. Je sais le sacrifice que cela représente pour votre vie

8. Message adressé à l'équipage du *Var* et autres bâtiments des forces navales de l'océan Indien le 19 juillet 2001.

familiale et personnelle, mais je sais aussi l'intérêt que vous y entrevoyez. Beaucoup d'entre vous sont troublés par la multiplication de réformes parfois difficilement lisibles qui perturbent votre horizon et vos projets. J'en découvre en arrivant ici certains effets pernicieux ; je prends l'engagement d'examiner en détail les questions qui vous soucient, sans pouvoir évidemment vous apporter des garanties sur des évolutions à court terme. Il m'importe que vous puissiez exercer votre métier avec la sérénité nécessaire et la certitude que vos préoccupations sont convenablement prises en compte.

Pour cette année que nous allons passer ensemble, je vous assure de mon entière disponibilité et je vous exprime ma confiance.

Dubaï au mois d'août

Dubaï, 3 août 2001

On n'imagine pas en France ce qu'est l'été sur les rives du golfe arabo-persique. Une chaleur terrible. Entre quarante et cinquante degrés dans la journée, parfois davantage. Au-dessus de cinquante degrés, on ne travaille plus dehors, c'est proscrit par la loi, mais jusqu'à cette température les ouvriers s'affairent sur les chantiers. Tout le reste est climatisé : les bureaux, les hôtels, les voitures, les supermarchés ; même l'eau des piscines est réfrigérée. On vit dans une bulle. En ce mois d'août, beaucoup d'Occidentaux sont rentrés en Europe, les familles du moins car pas mal d'hommes sont là. Les affaires continuent... La journée commence tôt, à six heures en général, et dure jusqu'à quatorze heures. Après, c'est repas et sieste. Le travail peut reprendre en fin de journée, vers six heures, selon la charge. À bord du *Var*, il y a de quoi faire pour remettre le bateau en état et préparer la prochaine campagne avec une équipe nouvelle ; les relèves d'équipage s'étalent entre le 15 juillet et le 15 août. Les anciens bouclent leurs cantines, les nouveaux découvrent. L'été, nous avons moins de bateaux dans le nord de l'océan Indien, on tâche d'en garder le strict minimum pour des raisons climatiques évidentes. Néanmoins, mon état-major est affairé à préparer les futurs déploiements et la phase d'entraînement à la mer qui rassemblera les unités fin août aux environs de Djibouti. On profitera de cette période pour prendre les choses en main à la mer, et cela nécessite dès maintenant une attention minutieuse.

Pendant que nous sommes à Dubaï, la vie continue dans l'océan Indien. Hier soir, la frégate *Nivôse* remontait le long des côtes d'Afrique orientale, en provenance de la Réunion où elle est ordinairement basée. C'est un bâtiment léger, d'une centaine de mètres de long, armé par un équipage de quatre-vingts hommes. Elle participe aux missions de sauvegarde maritime, de coopération militaire et de diplomatie navale. Elle est une habituée du grand Sud : elle descend fréquemment autour des Kerguelen et des autres îles australes[9] pour y surveiller la pêche dans ces eaux riches et convoitées. Pour l'heure, elle remontait vers Djibouti et la mer Rouge, afin de rejoindre le groupe d'entraînement. Chemin faisant, l'officier de quart a entendu, sur la VHF canal international (fréquence radio que les bâtiments doivent veiller à la mer), un vague appel de détresse. C'est un jeune aspirant qui était à la manœuvre, l'un des derniers rescapés du service national ; il n'aura pas de remplaçant puisque notre pays a décidé de suspendre ce service désormais réputé inutile. Après lui, les jeunes Français n'auront plus si facilement ces occasions de vivre, après leurs études, des moments hors du commun du côté de l'Afrique orientale, et de servir la société. Lui ne s'est probablement pas posé de questions philosophiques, tout à son quart. Il a dressé l'oreille, il a alerté ses veilleurs et l'équipe de quart, son équipe. Ils ont écouté, ils ont cherché.

Ils ont trouvé. Un bâtiment syrien en feu au large de la Somalie, le *Dana* ; vingt hommes déjà à l'eau dans une mer assez dure. L'hélicoptère du bord a été mis en alerte, a décollé et les a hélitreuillés. Ils ont été déposés à bord du *Nivôse*, réconfortés, puis transférés à bord d'un cargo qui faisait route vers le Yémen, la destination initiale du *Dana*. Tout l'équipage du *Nivôse* a « mis la main dessus », comme on dit sur les plages avant, pour aider à recueillir les hommes. L'un d'eux,

9. Îles Crozet, Saint-Paul et Amsterdam : territoires français qui constituent, avec les Kerguelen, les « Terres Australes ».

un Yéménite, était mal en point : paludisme sévère. Quelques jours avant, à l'hôpital de Dar es-Salaam où le *Dana* avait chargé du bois, on l'avait mis à la porte. Pas d'argent, pas de soins... À bord, il a été réconforté, surveillé ; ce soir, il sera déposé à l'hôpital militaire français de Djibouti, en bonnes mains, même sans carte de crédit. Il va déjà mieux.

Avant d'arriver en mer Rouge, le *Nivôse* s'est de nouveau dérouté au secours d'un voilier qui descendait depuis Suez ; il l'a trouvé devant Obock, les deux équipiers épuisés. Il a laissé deux marins à bord pour les assister. Demain ils seront à bon port. Ainsi va la vie au mois d'août en océan Indien. À bord du *Var*, mon état-major suit attentivement le déroulement des affaires, prêt à soutenir, à renforcer, à conseiller le commandant du *Nivôse* et les autres sur la conduite à tenir. Il traite avec les ambassades et les autorités extérieures pour clarifier les situations et faciliter l'action des frégates, plongées, elles, dans la conduite directe des opérations.

En fin d'après-midi, quand la température a légèrement diminué, j'aime sortir à pied, à l'aventure, pour découvrir et sentir la ville. Pour faire un peu d'exercice aussi, car les distances à bord du *Var*, de mon bureau au carré et du carré à la salle de briefing, sont modestes. Hier soir dans le souk aux épices, j'ai rencontré un marchand iranien. Je lui ai demandé le prix des pistaches, il m'a répondu dix dirhams. Il m'a demandé mon pays, j'ai répondu « la France ». Il m'a dit : « Zizou ». Ce soir, au bord de mer où je suis allé prendre un bain, il ne faisait plus que quarante degrés. J'ai rencontré un Népalais qui balayait le sable sur les dalles de l'allée ; il m'a demandé mon pays, j'ai répondu « la France ». Il m'a dit : « Zidane ». On a parlé. Il a vingt-trois ans, il est là depuis neuf mois ; il est marié là-bas au Népal, où il a un fils. Il est venu ici parce qu'après l'école, il n'a pas trouvé de travail dans la banlieue de Katmandou. Il a de la chance car depuis six mois les Émirats ont fermé leur frontière aux Indiens, aux

Pakistanais et aux Népalais. Ils sont déjà trop ici. Il gagne six cent cinquante dirhams par mois (deux cents euros) ; il rentrera dans deux ans. Riche ?

Paris

Paris, 30 août 2001

Le ministre des Affaires étrangères réunit traditionnellement chaque année, à la fin du mois d'août à Paris, l'ensemble des ambassadeurs en poste à l'étranger. C'est l'occasion d'aborder avec eux les divers aspects de notre politique étrangère, d'organiser des forums et des tables rondes et de débattre de l'action de notre pays dans le monde. Les ambassadeurs sont reçus à l'hôtel Matignon et à l'Élysée, où le président de la République fixe la ligne générale pour l'année à venir et détermine les priorités. Alindien est invité à ces manifestations, et j'avais quitté le *Var* et Dubaï quelques jours auparavant afin d'y assister. J'ai déjà rencontré dans le courant de l'été quelques-uns de nos représentants dans la région du Golfe, mais cette réunion me donne l'occasion de faire connaissance avec la plupart de ceux des pays riverains de l'océan Indien où je dois me rendre dans les mois à venir, dans lesquels nos bateaux vont faire escale ou qui risquent d'être concernés par des événements et des crises impliquant la France. Il m'est utile de les connaître et d'établir avec eux des relations de confiance pour pouvoir travailler dans les meilleures conditions, si les circonstances l'imposent, en cas d'évacuation de ressortissants par exemple.

Même s'il ne faut pas confondre les rôles, les marins en escale se sentent un peu des ambassadeurs ; les premiers ambassadeurs ont d'ailleurs été des marins, par la force des choses. Il revient ainsi à Alindien de jouer un rôle en matière de relations internationales. Il est le représentant personnel du chef d'état-major des Armées auprès des hauts responsables militaires et politiques des pays riverains de l'océan Indien. La première visite en arrivant en escale est rendue à notre ambassadeur, et les rencontres avec les autorités du pays se font en sa compagnie. Ces contacts sont mutuellement avantageux : ils permettent à Alindien d'entamer sa mission avec les meilleures informations et dans la droite ligne de notre politique étrangère, ils donnent la possibilité à l'ambassadeur de s'appuyer sur une autorité militaire française dûment mandatée et expérimentée ; ils lui apportent une perspective élargie puisque Alindien, en raison même de l'étendue de sa zone de responsabilité, a nécessairement une vision régionale.

Lors de cette conférence des ambassadeurs, je rencontre une trentaine d'entre eux et constate avec satisfaction qu'Alindien fait partie de la famille, que son rôle est reconnu et apprécié ; un confrère itinérant en quelque sorte. C'est pourquoi je me sens bien dans les salons de l'avenue Kléber[10]. L'atmosphère est conviviale alors que j'imaginais des relations convenues. Comme beaucoup de compatriotes, j'avais une vision décalée de nos diplomates, volontiers considérés comme guindés et hautains. En réalité, je trouve une ambiance de rentrée des classes. La plupart d'entre eux se connaissent, et même s'ils ne se voient pas souvent, ils semblent prendre plaisir aux retrouvailles. Le petit nouveau est accueilli avec sympathie. Dans ce métier décidément curieux d'officier de marine, où j'avais été marin mais aussi tour à tour ingénieur, financier, professeur, journaliste, administrateur, conseiller… je devenais ambassadeur. Cette diversité me plaît. Penché sur la moque en mer d'Iroise trente ans auparavant, je n'avais pas envisagé tout cela. Il me semble, alors que je viens de quitter notre ambassadeur en Iran pour converser avec celui d'Afrique du Sud, que notre vie de marin dans

10. Centre des conférences internationales où se tiennent ces rencontres.

toute sa diversité, pour peu qu'on ait été attentif à éviter les routines et à sortir des sentiers battus, permet de cultiver avec bonheur et même une certaine jubilation le champ très vaste qui s'offre à nous.

De la diplomatie au renseignement, il n'y a qu'un pas que je ne tarde pas à franchir. Le renseignement fait partie du métier et ma mission dans l'océan Indien comporte naturellement ce volet. C'est pourquoi j'ai prévu de rencontrer les patrons des services spécialisés avec lesquels mon équipe de renseignement sera en relation. En l'occurrence, cette équipe composée simplement de quelques marins est dirigée par une jeune femme, la seule à bord. Elle a la responsabilité d'orienter la recherche des bâtiments, de recueillir et d'analyser leur production, mais aussi de leur communiquer ce dont ils ont besoin. Elle travaille en étroite coopération avec la direction du renseignement militaire. Lorsque l'on évoque les questions de renseignement, on imagine volontiers des affaires mystérieuses, secrètes et le plus souvent troubles. C'est une mythologie pour amateur de romans policiers. La réalité est plus simple et plus prosaïque. Le renseignement est un travail de fourmi : il s'agit de noter, de classer, de comparer, d'analyser des faits ou des événements. Un travail d'observation, de vérification, de croisement et de recoupement. Il faut être méticuleux et organisé. Il y a peu de choses vraiment secrètes et les secrets sont éphémères. Chaque marin est un contributeur potentiel, même si certains ont plus de goût que d'autres pour ce genre d'activités. Bien entendu je serai, moi aussi, en raison de ma situation et de mes nombreux contacts avec les autorités étrangères, un producteur attendu. Le renseignement comporte aussi une partie technique d'écoutes et d'interceptions, mais qui sont plutôt le fait de bâtiments spécialement équipés. Les données ne sont pas exploitées localement, nous n'avons donc pas d'action particulière dans ce domaine.

Paris en cette fin août est agréable, ce n'est pas encore la frénésie de la rentrée. Je ne suis pas parisien, mais j'apprécie cette ville où j'ai passé toutes mes affectations à terre, entre la rue Royale, le boulevard Saint-Germain et la rue de Varenne[11]. J'ai toujours aimé flâner à l'heure de midi, remplaçant volontiers le repas par un aller-retour jusqu'à la place des Vosges, Notre-Dame en longeant la Seine, ou par un grand tour du quartier latin. Chemin faisant, je faisais halte dans un bistrot et je peux dire que j'en ai un bon catalogue, établi en une douzaine d'années de pratique active. Il m'arrivait aussi d'entrer dans les librairies. J'étais incapable de travailler une journée d'affilée, ma vie appellait une respiration. La marche nez au vent, les propos de comptoirs, les affiches de théâtre, les quatrièmes de couverture me donnaient l'impression de vivre, de communier avec la ville. Les années de mer qui ont d'autres charmes m'avaient privé de cela. J'en avais besoin. C'est souvent au cours de ces intermèdes que la solution d'un problème s'imposait, que la prochaine note se composait, que le discours s'articulait. Je n'avais pas l'impression de voler mon temps à l'État. Ainsi le compte y était.

Cheminant à travers les Tuileries, je reprends mes habitudes. Mais ce mardi, mon esprit n'est pas serein : une rude affaire m'attend. Je veux revoir le chef d'état-major de la Marine afin d'aborder avec lui la délicate question des diminutions de soldes[12] qui agite tant les esprits sur nos bateaux de l'océan Indien. J'ai promis aux équipages de plaider leur cause, notre cause car c'est aussi la mienne, mais je sais que la partie sera difficile. Notre nouveau patron, en fonction depuis le 1er juillet, n'est pas homme à se dédire.

J'appréhende cette entrevue, et d'ailleurs il m'accueille fraîchement. C'est un homme à l'aspect austère. Sous les ors

11. Rue Royale se trouve l'état-major de la Marine, boulevard Saint-Germain celui des Armées et l'Hôtel Matignon est situé rue de Varennes.
12. La solde est le salaire des marins.

de la rue Royale, l'ambiance est tendue. J'argumente, je n'obtiens rien. Je sens que je l'agace. À un moment, je crois qu'il va brutalement me faire sortir. Je suis moi-même tenté de partir en claquant la porte. Qu'est-ce qui nous retient, l'un et l'autre ? J'ai, dans les années passées, travaillé étroitement avec lui et j'ai beaucoup d'admiration pour sa finesse et son intelligence. Dans la situation difficile où se trouve la Marine, aux prises avec le difficile problème du renouvellement de la flotte, il est sans aucun doute le meilleur pour mener la barque. Redoutable connaisseur des arcanes financières et des circuits de décisions, sans équivalent chez ses pairs, il sera le défenseur dont la Marine a besoin. Pour le côté humain, c'est une autre affaire. Il est volontiers provoquant et son comportement correspond à son allure sévère et rugueuse. Pour conduire la Marine, faite d'hommes et de femmes, c'est un handicap, mais ce n'est pas vraiment grave : il y a autour de lui plusieurs grands barons capables de réparer les dégâts. C'est l'équipe qui compte.

De son côté, je crois qu'il m'apprécie, il me l'a fait comprendre une ou deux fois. Nous avons agi ensemble souvent, sur des sujets déterminants pour l'avenir, dans une profonde confiance. Cette mutuelle estime a incontestablement prévalu. Le combat est inégal et je repars les mains vides. Je n'en suis pas fier. Ai-je manqué de courage ? À moi d'assumer et d'aller expliquer aux marins dans le chaudron de l'été en mer Rouge qu'il n'y a rien à espérer. Je m'envole dès demain pour Djibouti ; j'y rejoins le *Var* qui a quitté Dubaï pendant mon séjour parisien.

Escale inattendue

Addis-Abeba, 31 août 2001

Un incroyable périple pour rallier Djibouti me mène ce 31 août 2001, après des étapes à Rome et au Caire, vers cette escale peu fréquentée des marins puisqu'elle est située à cinq cents kilomètres de la mer : Addis-Abeba. C'était dans mon esprit une ville envoûtante, capitale de ce pays au nom étrange, au-delà des mythes et des rêves : l'Éthiopie. C'est l'ancien pays de Punt, le royaume du prêtre Jean et des chrétiens d'outre-Nil. C'est l'empire du fameux Ménélik et celui du Négus courageux, Hailé Selassié. Nos ancêtres y ont envoyé des ambassades, sans doute guidés par leur imagination enflammée ; les jésuites s'en sont mêlés, bien d'autres encore. Voilà pourquoi, finalement, je n'étais pas mécontent du détour.

Lorsque l'avion perce la couche de nuages, je découvre un étonnant paysage vert et noir. Le vert de la Normandie, bien arrosé, mais le noir des brûlis qui tuent la terre. Des parcelles infiniment entrelacées, signe d'une population nombreuse malgré un habitat dispersé. Mais ce qui est frappant, c'est qu'on ne voit ni chemin, ni route, aucun signe habituel d'un développement minimum. Pas d'arbres non plus, ils ont depuis longtemps disparu, brûlés par les hommes pour survivre. Alors au-delà des mythes et des rêves, je me dis qu'il ne doit pas faire si bon vivre dans ce pays-là. Dès la sortie de l'aéroport, la réalité éclate et c'est la misère africaine : rues défoncées, véhicules hors d'âge brinquebalants et fumants, habitat délabré, détritus et immondices partout.

C'est pourtant une autre Afrique que celle dont on a l'habitude ; est-ce la douceur du climat ? Nous sommes à deux mille cinq cents mètres d'altitude, Addis-Abeba, « nouvelle fleur » en langage amharique est une ville récente, fondée par l'empereur Ménélik II en 1890 sur les plateaux fertiles du centre du pays. Dans l'histoire millénaire de l'Éthiopie, ces changements de capitales ont été fréquents, pour diverses raisons politiques, stratégiques ou simplement climatiques. Les hommes ont fière allure : visage fin, belle taille ; les femmes, souvent élancées, ont les poignets et les chevilles finement décorés de motifs harmonieux. Mais on voit surtout beaucoup d'estropiés, de boiteux, de traîne-misère, et des cohortes d'enfants en guenille qui frappent au carreau du bus pour attirer l'attention et quémander quelques pièces. Situation toujours poignante car on ne sait comment réagir, ni même où regarder, comme si on avait honte.

Dans le fond, c'est le sentiment que j'éprouve, assis dans ce bus qui me conduit vers la ville. Une fillette cherche mon regard. Le sien exprime une immense détresse et il est presque vide parce que déjà la maladie l'a frappée ; dans quelques mois, quelques années, elle sera aveugle, c'est irrémédiable. On ne peut pas regarder cela comme au cinéma parce que la réalité est là, à portée de main, à portée de pièce… Mais est-ce suffisant ? Oui, probablement, pour se dédouaner dans l'instant, mais non, sûrement, parce que cela ne changera ni la condition ni l'avenir de cette fillette et de ses sœurs. Quelle autre solution ? Je n'ai pas de réponse car celle-ci n'est pas individuelle mais collective. C'est une réponse politique, parce que ce pays est immense, plus de soixante millions d'habitants, dont près de cinq millions à Addis, et parce que les pays alentour, Somalie, Érythrée, pour ne citer que les plus proches, sont dans la même détresse. Notre conscience d'Européens est interrogée, mais pas seulement. Cette situation est aussi le résultat de guerres internes, de rivalités de clans, d'intolérances et de corruptions... Nous en avons eu notre part en Europe mais nous avons su, après des siècles de luttes intestines, trouver les voies de la paix et du développement, même si tout est loin d'être parfait dans nos banlieues et dans nos cités. Cette avance nous donne une responsabilité éminente pour que le monde que nous laisserons à nos petits-enfants soit viable.

Dans cette Éthiopie à la fois fascinante et misérable, la cohabitation harmonieuse des chrétiens et des musulmans est peut-être un signe d'espoir. Alors que je m'envole dans la soirée vers Djibouti, c'est l'image du minaret voisinant le clocher que je veux conserver. Ce n'est ni un mythe ni un rêve, je les vois tous les deux disparaître côte à côte sous les ailes de l'avion lorsque j'entre dans les nuages.

Balbala

Djibouti, 1er septembre 2001

Il fait si chaud à Djibouti que même les palmiers sont en zinc. Aujourd'hui, il n'y a même plus de zinc : le célèbre bistrot de la place Ménélik qui portait ce nom dérisoire, « Le Palmier en Zinc », rendez-vous traditionnel des marins, des légionnaires et des trafiquants de la mer Rouge, est fermé. À la suite d'un attentat, mais aussi parce qu'il n'y a plus de clients à la terrasse des bistrots. Pourtant, les marins et les légionnaires sont toujours dans la région et les trafiquants continuent leurs affaires. C'est dire que je trouve Djibouti changée.

Je fais le tour de la place, je prends la rue d'Éthiopie, je contourne les « caisses », ces étals construits de vieilles planches, je descends « rue des Mouches ». Tout est plus sale, plus délabré, mais tout est monocolore : je suis le seul blanc. Comme si les Européens avaient déserté le centre de la ville. Ce chacun-chez-soi est une évolution dramatique : les communautés, au lieu de se fréquenter et de se mélanger, ont chacune, irrémédiablement, leur propre destin, les unes vers plus de misère, les autres vers un horizon assurément moins sombre. Plus loin, dans les « quartiers » ou à leur périphérie, car il n'est guère recommandé de s'y aventurer, les choses ne paraissent pas avoir sensiblement évolué ; c'est l'heure du kat. Depuis la fin de matinée, les revendeurs sont approvisionnés : les intermédiaires se sont rués vers Ambouli, où l'avion d'Éthiopie se pose chaque jour pour livrer ses huit ou neuf tonnes d'herbe venant des hauts plateaux ; ils vont vite pour traiter les premiers et obtenir les meilleurs prix. Il ne fait pas bon se trouver sur leur chemin, rien ne compte que la course. Les femmes assurent la revente, assises à califourchon derrière leurs petits étals de bois sombre. C'est mille francs la botte pour tenir jusqu'à la nuit en qualité de base, cinq mille pour un *trip* plus performant. Tout le monde kate, tout le monde broute, les mains et la bouche vertes, de la couleur de l'herbe malaxée qui enfle la joue d'une boule bien rebondie. Le policier kate dans sa guérite, le fonctionnaire kate derrière son guichet, le désœuvré kate au bord du trottoir, et les politiciens katent à l'abri des regards en préparant pour leur peuple un avenir meilleur.

Plus tard, je traverse Balbala. À la sortie de Djibouti, en prenant la route de l'Éthiopie, Balbala est un secteur de bidonvilles posés sur la roche noire. C'est le quartier des plus pauvres, mais aussi celui des clandestins qui traditionnellement voient en Djibouti un Eldorado, en comparaison de leurs pays de misère, ravagés par les guerres et les luttes de clans. Balbala tient son nom du phare qui se dresse à cet endroit et qui balise pour les marins l'alignement d'entrée dans le port. « Bléblé » ou quelque chose d'approchant voudrait dire « le feu » en langue Issa. On dit également que c'est la contraction de « bla bla bla » : lorsque les employeurs européens demandaient aux Djiboutiens où ils habitaient, ceux-ci se lançaient dans des explications compliquées et incompréhensibles d'où ils ressortaient qu'ils habitaient tous à « bla bla bla » ! Depuis ma dernière venue il y a dix ans, Balbala a doublé sa superficie.

La route qui mène vers l'Éthiopie aussi a changé. C'est un défilé ininterrompu de camions qui ravitaillent ce pays à partir du port de Djibouti. Plus de mille par jour, dont près de cinq cents de produits pétroliers sur cette route défoncée. Le trafic a considérablement grossi depuis la fermeture des ports d'Assab et de Massaoua, à cause de la guerre d'Érythrée. Les énormes semi-remorques se suivent comme des chenilles, fumant et soufflant dans les montées, dévalant les descentes avec leur trente ou quarante tonnes de chargement, alors qu'imperturbables, les chèvres et les chameaux traversent en quête d'épineux à brouter. Plus d'un camionneur y laisse la vie, quand ce ne sont pas les femmes ou les enfants qui longent la chaussée par dizaines, marchant en plein soleil ou dans la nuit, vers un improbable destin. Carcasses de pneu, roues solitaires, tôles froissées font maintenant partie du décor. De loin en loin quelques bidons, quelques planches, une vague enseigne en amharique, et une vingtaine de camions arrêtés : c'est un « routier » où les chauffeurs font étape avant de reprendre la route qui les mènera en trois ou quatre jours, si tout va bien, jusqu'à Addis-Abeba, pour quelques *birr*[13]. C'est leur « salaire de la peur ». Ils sont tous éthiopiens car ce salaire est dix fois inférieur à celui des Djiboutiens.

Si j'avais du temps et une bonne assurance, je ferais bien avec eux, dans la cabine de leur engin, cette route de l'Éthiopie à travers le désert.

13. Monnaie éthiopienne.

L'évêque

Djibouti, 4 septembre 2001

Je rencontre longuement Mgr Bertini, évêque de Djibouti. Je suis curieux de savoir ce qu'un évêque peut faire dans un si petit pays, au demeurant musulman en grande majorité. Mais je sais depuis longtemps que les religieux sont bien renseignés et que l'Église a des services performants. Je suis donc en mission !

La communauté catholique de Djibouti est essentiellement européenne. Elle est constituée principalement de familles de militaires qui ont leur propre aumônerie. Quelques commerçants ou coopérants la complètent. On compte simplement une cinquantaine de religieux ou de desservants laïques sur le territoire. À l'extérieur de Djibouti, ils agissent en petits groupes. Certains même sont seuls dans leur apostolat ou leur ministère.

L'évêque est un Italien d'une cinquantaine d'années ; il a été nommé au mois de mai dernier au cours d'une cérémonie qui a marqué les esprits. C'est en effet un épisode rare dans ces contrées. Mgr Bertini est également compétent pour la Somalie voisine, ou plutôt les pays de l'ex-Somalie, après la sécession ou quasi-sécession du Somaliland, du Puntland, et l'anarchie totale du reste du pays livré aux chefs de guerre des différentes factions, et à l'entrelacs complexe des clans et des sous-clans. C'est un spécialiste de cette région de l'Afrique puisqu'il y a passé toute sa carrière, après la fin de ses études de théologie et de langue arabe. En 1989, alors que le pays commence à sombrer dans l'anarchie, il y est vicaire épiscopal, c'est-à-dire numéro deux dans la hiérarchie de l'église locale. En rentrant d'une mission à Rome, il découvre son évêque assassiné et il acquiert rapidement la conviction que c'est lui qui est visé. Si les auteurs n'ont jamais été identifiés, ni leurs motivations élucidées, il est probable que ce geste procédait d'obscures visées de déstabilisation, dans une partie de billard à plusieurs bandes. Avec ses collaborateurs de l'épiscopat, il trouve rapidement l'accueil au sein de l'équipe de Médecins du Monde, mais il juge que la situation n'est plus viable pour les représentants de l'Église et, au bout de quelques jours, il se réfugie au Kenya où il demeure plusieurs années.

Depuis que la situation est sinon stabilisée, du moins plus calme, Mgr Bertini retourne en Somalie à partir de Djibouti pour des séjours de quelques jours à quelques semaines. C'est, comme ici, un pays essentiellement musulman et les églises n'y sont présentes qu'à travers les ONG[14] ; il exerce donc son ministère en relation avec les organismes qui travaillent dans la mouvance de l'Église catholique, Caritas par exemple. Il doit avoir l'aval des autorités de droit ou de fait, selon la région qu'il visite, en particulier des chefs de guerre, toujours actifs dans le sud.

L'évêché de Djibouti que je rejoins, en ce milieu d'après-midi encore chaud des premiers jours de septembre, est situé dans la cour de la cathédrale, construit dans cet inimitable style « colonial fauché » des missions d'Afrique, toutes confessions confondues : hauts plafonds, larges couloirs, claires-voies, et portes fermées à double tour. Le silence fait partie du style. Mgr Bertini est de belle taille. Il parle admirablement français et il m'accueille avec cette chaleur naturelle et simple qui me confirme que je ne perds pas mon temps en sa compagnie. Son élocution, teintée d'une pointe d'accent,

14. Organisations non gouvernementales.

est précise ; parfois, il semble chercher un mot, mais on ne sait pas si celui qui lui viendra spontanément sera en italien, en arabe, en français ou dans un autre langage. Il commence par déployer une carte, la Michelin « Afrique » ; on sent l'homme de terrain. En suivant cette carte, il me brosse l'histoire complexe et sanglante de ce monde africain de la corne depuis la fin de la guerre froide : il a cessé d'être un enjeu de puissance entre l'Est et l'Ouest, et est livré à lui même, ou à ses voisins et tuteurs potentiels qui sont aussi miséreux que lui. Mgr Bertini connaît les clans et les sous-clans, les alliances et les traîtrises ; c'est l'histoire de notre Moyen Âge, à moins que ce ne soit celle des Balkans, le désert en plus. Dans ce chaos général, il est plus optimiste sur l'avenir du Somaliland où, malgré l'absence d'État, une sorte de régulation semble s'être mise en place, permettant une reprise de l'activité aux acteurs locaux, mais aussi aux trafiquants de tout poil. Les ONG font ce qu'elles peuvent, comme les programmes mondiaux des organisations internationales. Voilà encore une terre à la dérive, sans pétrole, ni gaz, ni minerai, qui n'est riche que de sa misère, de quelques chèvres et de ses querelles. Ce serait évidemment le sort de Djibouti —qui paraît, vu de là, un îlot de prospérité et de stabilité — si la France n'y était présente à travers ses unités militaires déployées. Mgr Bertini, à cet égard, n'a aucune illusion : « Si vous partez, dit-il, les Éthiopiens seront là dès le lendemain, et ce sera la guerre. Djibouti est leur seul débouché vers la mer depuis qu'ils ont perdu l'Érythrée, et ils souhaitent évidemment en contrôler l'accès. »

Quelle place pour l'Église dans ces pays où elle est à peine tolérée, où les fidèles sont rares et souvent simplement de passage ? « Là où est l'homme, l'Église témoigne et accompagne », me répond simplement Mgr Bertini.

Douze légionnaires

Djibouti, 5 septembre 2001

Je rends visite aujourd'hui à la 13e Demi-brigade de Légion étrangère stationnée sur le territoire de Djibouti depuis 1962. « La 13 » est un régiment de légende, associé à tous les épisodes glorieux ou tragiques de l'histoire militaire française du demi-siècle passé. C'est une unité récente au regard de l'histoire de la Légion, puisqu'elle n'a été constituée qu'en 1940 en Afrique du Nord.

Son premier chef de corps était le lieutenant-colonel Amilakvari, prince géorgien mort au combat devant Bir-Hakeim. Elle s'est battue à Narvik, en Cyrénaïque, en Syrie, en Italie et sur les Vosges jusqu'en 1945. Et puis, bien sûr, en Cochinchine et au Tonkin dans les années cinquante, dans les Aurès et en Kabylie ensuite. Au cours de ses vingt-deux premières années, elle a perdu au combat cent vingt officiers et plus de trois mille six cents sous-officiers et légionnaires.

Une visite à la Légion est un moment émouvant. Il y a la part de mystère et de légende, surtout celle de l'admiration et du recueillement devant l'histoire. Le colonel m'attend à l'entrée du camp, mais ce sont les hommes de la garde rassemblés pour me rendre les honneurs qui captent mon attention. Il y a là un clairon, le sous-officier chef de la garde et douze légionnaires, baudrier bleu et képi blanc. Ces soldats au service de la France sont-ils de la même trempe que leurs aînés des cinquante dernières années ? Ce qui me frappe d'abord, au-delà de leur tenue impeccable et de leur parfaite immobilité sous le soleil de l'été djiboutien, c'est la sérénité et la maturité qui émanent de leur regard. Assurément ils sont jeunes, mais ce ne sont pas des gamins ; on sent de façon fugitive des hommes qui ont déjà vécu.

Après que le clairon m'a rendu les honneurs, le sous-officier salue et se présente ; il me regarde dans les yeux et même au-delà. D'une voix d'outre-frontières, je ne peux déterminer lesquelles, il débite une inimitable litanie monocorde dans laquelle je distingue ses grade, nom, états de service, unités (successivement section, compagnie, régiment), fonction et temps de présence au corps ; il présente ensuite, mais de manière plus ramassée, la composition de la garde et m'honore d'un retentissant « à vos ordres amiral » qui conclut cet épisode de plusieurs dizaines de secondes.

C'est alors au tour de chaque homme devant qui je m'arrête successivement de réciter sa propre leçon, représentant toute sa vie de légionnaire. Le reste, c'est un passé qui ne regarde que lui et qu'il a déposé, avant de franchir la porte de la Légion, au plus profond de lui-même. Personne ici ne lui demande de compte, ni sur son nom, ni sur sa famille, ni sur la vie qu'il a pu mener. La Légion s'assure qu'il ne s'agit ni d'un assassin, ni d'un criminel et elle a les moyens de le savoir. Pour le reste, elle passe l'éponge et chacun a sa chance pour une autre vie.

À l'accent, ou à la mine, j'identifie un Hispanique, un Indochinois, deux Africains du Nord ou Français de cette origine, et un seul « gaulois » comme ils disent. Tous les autres viennent probablement d'Ukraine, de Russie ou des Balkans, de tous ces pays aux marches de l'Europe où la vie ne doit pas être un fleuve tranquille. Après la guerre, la Légion a eu son épisode germanique qui l'a beaucoup marquée, surtout en Indochine, puis dans les années soixante-dix-quatre-vingts, une curieuse époque britannique fin d'empire, assez longue et renforcée après la guerre des Malouines. Depuis 1990, c'est plutôt l'Europe de l'Est et les Balkans. Le recrutement suit l'histoire.

Aujourd'hui, ce recrutement « Europe de l'Est » représente plus de trente pour cent des effectifs et il y a juste assez de « gaulois » pour assurer une assimilation harmonieuse. Le principe de formation est en effet « l'amatelotage », pour parler marin, entre un ancien « gaulois » et des recrues de diverses origines, pour l'apprentissage de la langue et les premiers rudiments de la vie du légionnaire ; encore faut-il assez de « gaulois ». À « la 13 », cinquante-quatre nationalités sont représentées, cent trente au total pour toute la Légion. À mesure que je passe devant chacun des douze légionnaires de cette garde d'honneur, au rythme lent de leur présentation, que je croise leur regard et que j'entends leur voix, c'est un tour du monde que j'ai le sentiment d'accomplir en quelques minutes.

Globalement, la sélection est rude puisque sur seize candidats qui franchissent les portes d'Aubagne, la maison mère où s'effectuent les premiers tests, un seul arrivera quelques mois plus tard en unité de combat ; il n'y a donc pas de problème de recrutement à l'heure actuelle, sauf de « gaulois »... Le niveau général est élevé, parfois trop, et beaucoup d'officiers, de médecins ou d'intellectuels sont laissés de côté au profit de qualifications plus techniques ou plus manuelles immédiatement utilisables. Le légionnaire est engagé pour un contrat initial de cinq ans ; il doit être, ou du moins se déclarer célibataire ; il reçoit ou déclare forcément un nom d'emprunt, généralement proche de son nom d'origine. La Légion devient son pays et sa famille d'adoption. Les unités de Légion sont déployées sur tous les théâtres extérieurs, et dès qu'une opération est déclenchée dans un cadre national ou international, la Légion fait partie des premières unités engagées, comme dans le Golfe, en Afrique ou dans les pays de l'ex-Yougoslavie. Interposition, maintien de la paix, rétablissement de la paix, c'est aujourd'hui le quotidien des légionnaires. Ce sont des missions qui demandent finesse et expérience, maîtrise de soi et retenue, mais aussi la capacité de réagir brutalement si les choses dégénèrent. La Légion y montre son talent, fait de cohésion, de patience et d'un grand professionnalisme. Dans le conflit moderne, les professionnels de la violence doivent savoir avant tout maîtriser la violence.

Au bout de cinq ans, le légionnaire rengage ou quitte la Légion. Dans les deux cas, il peut demander la nationalité française, et faire « rectifier » son nom s'il le souhaite pour retrouver son patronyme d'origine. Que feront ces hommes que j'ai devant moi et qui récitent pour la plupart dans un français encore approximatif la longue formule laborieusement répétée ? Trouveront-ils chez nous ce qu'ils sont venus y chercher : un billet de logement, un ticket pour l'aventure, une autre vie ? Ce qui est sûr, c'est qu'ils auront servi la France et que, s'ils le veulent, ils seront français.

Les étoiles du grand Bara

Djibouti, 8 septembre 2001

Du haut du col d'Iskoutir, lorsqu'on vient de Djibouti par la route de l'Éthiopie, on débouche sur le grand Bara. C'est un immense lac desséché de près de trente kilomètres de long sur vingt de large ; il y a quelque chose de fascinant à rouler en trombe sur cette surface dure de boue séchée et craquelée, sans marque ni repère, bordée de reliefs minéraux qui s'élèvent à ses extrémités, à peine perceptibles dans la lumière voilée de la fin d'après-midi. On se croirait dans le cockpit d'un avion en plein vol au-dessus des nuages. Quelques touffes d'herbe ou de rares épineux dépassent à peine. On peut voir, à la tombée du jour, se rassembler les gazelles, parfois une autruche ou, avec un peu de chance, un guépard. Rien n'interdit alors, à travers l'immensité du lac, de se livrer à une course-poursuite. C'est en général l'autruche qui gagne.

Au sud-ouest, la route s'élève doucement entre les collines de terre rouge et de pierres noires. Le paysage s'élargit et on arrive sur un plateau ; au détour d'un virage, une arche enjambe la route marquant l'abord d'Ali Sabieh. Un poste militaire en contrôle l'accès. Nous sommes à faible distance des frontières éthiopienne et somalienne, et les affrontements des dernières années ont drainé dans la région un nombre considérable de réfugiés, dont plusieurs milliers sont encore rassemblés dans des camps. La surveillance reste normalement vigilante. À l'heure du kat, celle où nous nous présentons, elle est probablement relâchée, à voir le regard halluciné des soldats affalés dans la guérite. Vu de loin, c'est assez coquet, avec les maisons blanches et carrées au toit plat, un peu de verdure, quelques bougainvilliers. De plus près, on reste malheureusement dans un registre connu : routes défoncées, bâtiments lépreux, immondices. En descendant à travers la bourgade, on traverse la voie ferrée, la ligne Djibouti-Addis. La gare est juste là, dernière station avant la frontière. De Djibouti, distante d'environ cent kilomètres, il faut trois heures. Un train par jour dans chaque sens pour les voyageurs, quelques-uns la nuit pour les marchandises. Pour Addis, le voyage dure deux jours. J'ai fait le trajet de Djibouti jusqu'ici en 1989. Oserais-je dire que, comme les gamins, j'étais sur le toit d'un wagon ? Forte expérience, surtout lors du passage du viaduc d'Hollhol, à mi-chemin. La voie étroite y surplombe un précipice vertigineux et je garde le souvenir de m'être tenu très fort.

Un mamelon surplombe la ville, d'où l'on a une bonne vue sur le paysage alentour : au nord-est, la voie de chemin de fer serpente vers Djibouti, au sud-est, une piste gagne rapidement la frontière et la longe au-delà des premiers reliefs ; elle rejoint une ligne de forts toujours occupés par l'armée djiboutienne. Le premier est à Assamo, le suivant à vingt kilomètres, à Kabah-Kabah, déjà sur la frontière somalienne. Ce sont des sortes de Fort-Sagane, tout droit sortis de l'histoire des spahis et des méharées. D'ailleurs on aperçoit, en contrebas, quelques chameaux en groupe de deux ou trois, à la recherche de feuilles nourricières ou pour le moins d'épineux. Plus loin, une petite palmeraie apporte au paysage une touche de fraîcheur. Elle donne envie d'y aller voir et de partir à l'aventure vers le sud. Les camps de réfugiés sont à l'est, au-delà d'Ali-Addé.

En redescendant, on franchit le lit d'un oued qui traverse la ville ; on imagine une petite rivière au milieu d'un village de maison blanches et basses joliment fleuries. Il sert malheureusement de décharge et d'égout et les enfants y font leur jeu en toute insouciance, par-delà les flaques et les odeurs. En remontant les berges, jouxtant les habitations mais un peu à l'écart et entourée de murs, la mission. Un gamin ouvre la porte, espérant quelques pièces. C'est un ensemble assez vaste comprenant une école, une pouponnière et un centre de traitement des tuberculeux. Le dispensaire se trouve dans un autre quartier de la ville. Cour de terre battue, bâtiments simples en carré. Nous croisons rapidement la directrice, jeune femme d'une petite quarantaine, souriante mais visiblement affairée : c'est aujourd'hui la rentrée des classes et en cette fin d'après-midi, même au milieu du désert, il reste des questions à régler. Elle est la seule enseignante européenne.

Plus loin, deux maisonnettes abritent les missionnaires des centres médicaux. Ce sont des laïques de la délégation catholique à la coopération. Accueil sans façon dans le modeste logement : une seule pièce et une petite chambre derrière un rideau, un minimum de meubles bon marché. Il émane de ces jeunes femmes une impression à la fois de douceur et de force, à mesure qu'elles nous racontent leur existence au milieu des malades et des déshérités, qui font parfois des centaines de kilomètres pour se faire soigner et parviennent dans un état d'épuisement extrême. Il n'y a pas de médecin, sinon un itinérant du ministère de la Santé qui passe de temps à autre. Elles interviennent bien au-delà de leurs compétences théoriques. Le centre des tuberculeux est le seul établissement du territoire, hors Djibouti, où les malades sont nourris. Dans les autres ce sont les familles, s'il y en a, qui subviennent aux besoins des pensionnaires. Deux jeunes étudiantes en médecine complètent l'équipe ; elles sont venues de Lille pour les vacances et s'occupent de la pouponnière. Un vieux prêtre de quatre-vingt-sept ans assurait l'aumônerie jusqu'avant l'été, mais il est rentré en France prendre sa retraite après plus de cinquante années de mission ; il a annoncé son retour pour le début octobre… Nostalgie ?

On promet de revenir et on le fera car une telle visite apporte une bouffée « d'autre chose » à celles qui sont là pour quelques mois ou quelques années. Mais c'est aussi un bon moment personnel, où les priorités se remettent en perspective : c'est « Noël Ensemble » au soleil, c'est « Noël de la Solidarité » au désert. Je ne peux m'empêcher de rapprocher les perspectives plutôt planétaires de mon mandat à la tête des forces navales de l'océan Indien et l'action plus prosaïque, mais immédiate et concrète, de ces jeunes femmes d'Ali-Sabieh. Quel est le bon ou le meilleur chemin pour aller au bout du sien, quand on n'a qu'une seule vie ?

Pour le trouver, il n'y a assurément ni sextant ni encore moins de GPS. Peut-être simplement des rencontres. Dans la nuit que je passe au milieu du grand Bara, allongé dans le vent du soir, je m'en remets aux étoiles qui autrefois, dit-on, guidaient les voyageurs.

Chapitre II

11 septembre

Sud mer Rouge, 11 septembre 2001

Journée ordinaire…

Depuis dimanche nous croisons à l'ouvert de Djibouti, dans le sud de la mer Rouge, avec l'ensemble des bâtiments que j'ai pu rassembler. Après les relèves d'équipage de l'été, il faut profiter de la présence de ces unités pour procéder à divers entraînements individuels et collectifs afin de retrouver les bons réflexes. Il s'agit pour moi d'avoir la garantie que les différents bateaux et leurs équipages ont un bon niveau d'entraînement, qu'ils sont capables de naviguer dans ces eaux incertaines en toute sûreté et en toute sécurité, d'y manœuvrer leurs armes, de procéder aux opérations de visite et d'arraisonnement, aux ravitaillements à la mer, aux remorquages de combat, et de faire face à l'imprévu, car ici tous les scénarios sont possibles. L'océan Indien, c'est le lieu de tous les dangers, car les situations y sont presque partout instables et susceptibles d'évoluer rapidement.

Pour les hommes comme pour les matériels, les conditions sont sensiblement différentes de celles des théâtres européens de l'Atlantique ou de la Méditerranée auxquels ils sont plus habitués : extrême chaleur, humidité et salinité sont autant de facteurs à considérer ; il faut s'en accommoder comme il faut s'en protéger. Il y a aussi l'éloignement, la solitude et la promiscuité : les hommes vont vivre un an à bord, les uns sur les autres dans des conditions difficiles. Il faut les préparer en soudant les équipes. Cela demande du temps. C'est donc à une succession d'exercices et de manœuvres très diverses que les bâtiments se livrent depuis trois jours à un rythme soutenu. Mon état-major veille au grain et me rend compte chaque soir du déroulement des affaires, des progrès ou des difficultés. Pour ma part, je ne suis pas directement impliqué dans la conduite de ces différentes séquences et j'ai du temps pour travailler sur l'organisation générale de mon action à venir et la mise au point des méthodes que je compte employer. J'ai aussi pas mal de choses à décanter après mon séjour à Paris fin août. J'ai des masses de notes à relire et à ordonner, j'ai de quoi m'occuper à la mer pendant que tous s'affairent. En outre, les conditions ne sont pas mauvaises. S'il fait encore chaud en ce début septembre, la mer est belle et la stabilité qui en résulte pour le bateau est favorable à la réflexion et aux écritures.

Vers dix-sept heures trente, alors que je suis à mes travaux, mon chef d'état-major m'indique, en passant la tête à la porte de ma chambre, que par une communication téléphonique — nous sommes reliés au réseau via le système satellitaire Syracuse —, il vient d'apprendre que plusieurs avions se sont jetés sur New York et Washington quelques minutes auparavant. Nous avons huit heures d'écart avec les États-Unis et là-bas, il est environ neuf heures trente du matin. Cette nouvelle est rapidement confirmée par une autre source téléphonique. Mais là où nous sommes on ne reçoit pas la télévision et toutes nos tentatives pour capter RFI demeurent vaines. Le téléphone reste toute la soirée, avec Internet, notre seule source d'information. Nous savons simplement que les images des *Twin Towers* passent en boucle sur les chaînes et que la stupeur est totale partout dans le monde. Je n'ai pas beaucoup d'éléments ce soir mais je suis sûr qu'il s'agit d'un événement considérable. Les États-Unis sont touchés dans leur cœur comme ils ne l'ont jamais été. Sûrement le monde va bouger. J'ai le pressentiment, alors que nous sommes loin de tout, entre la mer d'Arabie et le sud de la mer Rouge, entre les côtes du Yémen et celles de la Somalie, frustrés d'informations, de commentaires et d'analyses, j'ai le pressentiment que l'avenir va se jouer ici. Dans une heure, je réunis mon équipe et on fera le point.

Journée ordinaire ?

Message aux équipages

Golfe d'Aden, 11 septembre 2001[15]

À l'aube de ce siècle, une rupture considérable vient probablement de se produire dans les relations entre les hommes. Les schémas anciens se brouillent. L'ennemi n'a plus ni visage ni territoire. Les modes d'action échappent à l'art militaire. L'irrationnel autrefois réservé au maniement des concepts de la dissuasion nucléaire explose devant nos yeux. Vos programmes actuels ont été bâtis selon des critères du « temps ordinaire », rien ne dit qu'ils vont changer car il est évident que l'appréciation de situation dépasse le cadre de notre zone, mais rien ne dit non plus qu'ils ne sont pas susceptibles d'évoluer significativement à court ou moyen terme. En tout état de cause, nous devons nous préparer à gérer l'incertitude.

15. Message adressé aux équipages des bâtiments des forces navales de l'océan Indien le 11 septembre 2001 au soir.

Incertitudes

Mer d'Arabie, 15 septembre 2001

Depuis quelques jours, les centres d'intérêt évoluent. Je perçois les regards et l'attention converger vers cette partie du monde. Les questions qu'on me pose commencent à se faire précises, et nous contribuons nous-mêmes ici à la réflexion de nos commanditaires parisiens. Alindien est le seul dispositif militaire français permanent dans cette zone, il est donc susceptible d'écouter, de voir, de mesurer, de comparer, ici et là, dans la rue comme chez les dirigeants.

Nous sommes restés à la mer jusqu'au 14 septembre afin d'achever notre période d'entraînement. Il est difficile en mer Rouge de capter les radios ou les télévisions, mais nous avons pu recevoir quelques images ou premières réactions via Internet. Nous ne sommes pas comme en métropole assaillis par les médias. On a l'impression de rater une partie du film mais on a plus de temps pour l'observation, pour la réflexion et pour l'analyse. Je suis revenu à Djibouti hier matin pour des rencontres et des visites, sans lien en principe avec l'actualité immédiate, mais elles ont été l'occasion d'échanges et de commentaires. Avec le commandant de la marine locale, homme sage et croyant, qui me disait son inquiétude de voir l'Islam condamné, alors que c'est une religion de paix et de fraternité qui punit le crime aveugle. La veille, dîner avec le Premier conseiller de l'ambassade, homme de culture et d'horizons variés, marié à une Iranienne. Il a été récemment en poste en Ouzbékistan, pays traditionnellement dans la sphère perse, et il m'a fait part de ses impressions et analyses. Il donne de l'Iran une image différente de celle qui est véhiculée d'habitude. Pour lui qui y passe plusieurs séjours chaque année, *Jamais sans ma fille,* le roman de Betty Mahmoody, est contraire à la réalité de la société iranienne et procède d'une volonté de diabolisation et de désinformation. Est-ce lui qui est aveuglé ?

Vous voyez, entre les impressions de voyages et les échanges ou rencontres, que la vie de l'esprit est riche ; il manque toujours du temps. Il y a deux ou trois sujets que je voudrais développer, mais l'écriture m'occupe, même avec les moyens les plus sophistiqués dont je suis devenu presque un champion : j'arrive désormais à « construire » et « concevoir » directement sur clavier. Plus de crissement de l'encre sur le papier ! Je veux aussi continuer à lire ; j'ai apporté d'excellents ouvrages.

Nous appareillons demain pour Oman, puis le Golfe. J'ai livré hier soir mon analyse et mes propositions à l'état-major des Armées pour jouer utilement notre rôle dans les jours qui viennent. Nous pouvons contribuer à établir le panorama de la situation dans la zone Nord de l'océan Indien, à évaluer les trafics maritimes, à contrôler leurs évolutions, à examiner si de nouvelles modalités s'établissent. Nous devons pouvoir proposer des escortes pour les endroits sensibles comme le détroit de Bab el-Mandeb au sud de la mer Rouge et Ormuz à l'entrée du golfe arabo-persique. Nous pouvons agir dès maintenant avec le dispositif en place, mais aussi suggérer des renforts de bâtiments ou d'aéronefs. Le plus urgent me paraît être la mise en place d'avions de patrouille maritime à long rayon d'action, capables de surveiller de très grands espaces. Ils pourraient opérer à partir de Djibouti ou éventuellement d'un pays du Golfe. C'est le travail de mon état-major, désormais familier de ces lieux, d'anticiper, de réfléchir aux évolutions possibles et de faire des propositions à l'échelon parisien. Celles que nous venons de livrer envisagent plusieurs étapes, du simple renforcement ponctuel de quelques navires, jusqu'à des opérations en coopération binationale ou internationale si l'affaire, comme je le pense, doit prendre de l'ampleur et que nous décidons de nous y engager. Seuls les Américains sont comme nous en permanence présents avec des forces significatives, ils devraient naturellement être nos premiers partenaires. Il ne nous appartient pas d'anticiper sur les décisions politiques et les options qui seront retenues, il nous revient simplement d'être les veilleurs et les éclaireurs.

En route donc vers les eaux du Golfe. Selon les vieux livres de géographie, les côtes que nous allons longer dans les jours qui viennent sont celles de l'Arabie heureuse.

Dimanche en mer d'Arabie

Mer d'Arabie, 16 septembre 2001

En quittant Djibouti on sort rapidement du golfe de Tadjoura, on passe au sud du détroit de Bab el-Mandeb qui marque l'entrée de la mer Rouge, puis on remonte cap au nord-est le long des côtes du Yémen. Le Yémen, c'est le « pays de la droite » quand on regarde la Mecque du côté du soleil levant, c'est celui du bonheur. C'est aussi la vieille qualification romaine de la *felix arabia*, l'Arabie heureuse et fertile en comparaison du Rub' al-Khali, la plus grande étendue désertique du monde qui la borde au nord. Naviguer le long de ces côtes, c'est s'inviter au rendez-vous de la géographie et de l'histoire, et aussi de la légende. Sous le regard ancien de la reine de Saba, ce sont les affrontements des Perses et des Éthiopiens, des Juifs et des Chrétiens ; c'est le contrôle de la « route de l'encens », la richesse du royaume d'Hadramaout. C'est, pour l'Europe, la route des Indes et l'installation des Britanniques à Aden en 1839. L'histoire a suivi son cours chaotique, l'Angleterre a quitté Aden ; les super-pétroliers et les maxi-conteneurs ont remplacé les boutres.

Ce dimanche est un dimanche ordinaire, sauf que ce n'est pas vraiment dimanche puisque nous sommes restés au rythme musulman avec repos le vendredi. Journée de transit vers le port de Mascate, capitale de l'émirat d'Oman, notre prochaine étape, que nous toucherons dans trois jours, mercredi 19 septembre. L'équipage du *Var* vaque à ses occupations de fonctionnement et d'entretien du bâtiment tandis que l'état-major s'occupe du suivi de la situation militaire dans l'océan

Indien, des opérations de l'ensemble des unités sous mon commandement et de la préparation des escales à venir. L'établissement de cette situation et sa tenue à jour nécessitent l'exploitation des multiples documents disponibles à bord et d'un nombre important de données reçues en permanence. Elle m'est présentée chaque matin au cours d'un briefing auquel participe toute l'équipe. Cela me permet d'avoir une vue d'ensemble, de m'assurer de la pertinence de notre dispositif, de mesurer les conséquences des informations logistiques ou opérationnelles et d'adapter si nécessaire. Selon l'actualité, tel ou tel point est approfondi et la discussion s'engage, chacun exprimant son avis en fonction de ses compétences et de son expérience.

Les officiers de mon état-major vivent dans une coursive isolée du reste du bord, autour de laquelle ils ont chacun leur chambre-bureau, guère plus de quelques mètres carrés. Ils passent là environ vingt heures par jour, à la mer comme au mouillage, parce que la conduite de l'ensemble des unités de l'océan Indien ne laisse guère de répit. Ce serait impossible à terre ou en métropole, ou du moins faudrait-il deux à trois fois plus de monde. Mais là, ils sont toujours sur place. C'est dire qu'ils profitent médiocrement du voyage… Leur outil de travail, c'est Internet, le téléphone, et tous les dispositifs protégés de transmission de données et de fichiers. Leurs correspondants sont nombreux : états-majors parisiens, ministères de la Défense, des Affaires étrangères et de la Coopération, états-majors amis ou alliés, ambassades, commandants de forces, et toutes les unités à la mer. Dans cette coursive, les échanges sont faciles parce que les officiers ne sont qu'à quelques mètres les uns des autres et parce que, par tradition dans la marine, les portes des chambres et des bureaux restent ouvertes. Je viens souvent humer l'air de ces lieux, sentir l'ambiance, bavarder, tester des idées. Cette proximité et ce contact direct avec mon équipe, même si je suis attentif à ne pas interférer avec leur champ d'action, me sont indispensables.

Le nombre de bâtiments dans la zone est variable selon les circonstances, il est actuellement de six pour les unités de soutien et de combat dans le nord, et de quatre pour celles du sud autour de La Réunion, de Mayotte et des îles éparses du canal de Mozambique. C'est le dispositif permanent qui peut-être renforcé sur décision du chef d'état-major des Armées, « patron » opérationnel de l'ensemble des forces militaires françaises de qui je tiens mon autorité. La préparation des escales à venir mobilise toute l'équipe « relations internationales » et « renseignement ». Il ne s'agit pas comme on pourrait le croire d'organiser les petits plaisirs, mais de me fournir tous les éléments utiles aux rencontres que j'aurai avec nos représentants diplomatiques comme avec les autorités civiles et militaires du pays visité. Pour qu'elles soient productives, il faut que j'arrive avec une solide information. À travers les dossiers constitués, il est nécessaire que j'acquière une bonne connaissance historique et géographique du pays, de sa situation économique, de son système politique et des problématiques de pouvoirs, des difficultés et des tensions internes, de son approche des grands dossiers mondiaux. Il faut que je sois familier de ses relations avec la France dans tous les domaines, et avec beaucoup de précision pour les questions militaires.

Ma visite se prépare en cohérence avec celles que d'autres autorités civiles françaises sont susceptibles de faire dans la même période, pour donner de notre pays une image harmonieuse. Il faut enfin que sur les grandes questions d'actualité internationale, je sois en mesure d'exprimer l'avis de la France ou de répondre aux questions qui pourraient m'être posées sur la position de notre pays. Réciproquement, il m'appartiendra d'avoir à l'esprit les sujets à évoquer avec mes interlocuteurs pour obtenir leur évaluation. Tout doit figurer dans les dossiers que j'ingurgite au fil de l'eau et que mon équipe prépare avec beaucoup de soin, en relation avec les ministères et nos représentations diplomatiques, à grand renfort de téléphone et de transfert de fichiers informatiques. Compte tenu de la succession rapide des escales, en particulier dans le Golfe arabo-persique, les travaux de préparation s'entrecroisent et c'est une véritable ruche qui s'active autour de moi. Après l'escale, il faudra trier et traiter les informations obtenues et les mettre en forme, avant de les diffuser à ceux qui en auront besoin.

Pour moi qui n'ai pas réellement d'utilité dans le fonctionnement quotidien des affaires ni de tâches précises à accomplir, si ce n'est me tenir prêt à décider ou à réagir et à apprendre mes « leçons d'escales », il est important d'avoir un rythme organisé pour profiter de chaque instant et tâcher de mener une vie équilibrée, avec des moments de détente, de lecture, de sport, de réflexion, de promenade, de rien… Au-delà des dossiers que j'engrange, il me manque depuis deux jours le quotidien de l'actualité auquel je suis d'habitude attaché, surtout en période d'événement exceptionnel ; j'ai l'impression de rater une partie de l'histoire, privé des analyses, des commentaires, et des développements. Heureusement, la consultation des sites Internet me procure un bon équilibre entre une tenue trop à l'écart et une surinformation inutile.

Et puis il y a la mer que je retrouve avec plaisir, malheureusement toujours sans hublot ! Alors à la première occasion je sors, mais avec retenue car le déplacement de l'amiral à bord n'est évidemment, du point de vue du quartier-maître, jamais complètement anodin. Et pourtant je jure mon innocence, je veux simplement voir la mer, ou faire quelques pas sur le pont pour me détendre les jambes, ou monter à la passerelle par un vieux réflexe d'officier de quart… Il faut là encore trouver l'équilibre entre manifester de l'intérêt en me montrant suffisamment, mais ne pas gêner par une présence trop attentive ceux qui, comme moi, vivent à bord et ont droit à la tranquillité et à l'intimité, sans l'amiral. Au bilan, j'en fais donc un peu moins que ce que ma nature commanderait, c'est le prix des étoiles. Dans la journée chacun est à son affaire, entre le rythme des quarts pour les uns, un travail plus régulé pour les autres…

Curieusement, le bateau s'anime à l'heure de la sieste quand les plus courageux sortent sur les ponts pour leurs exercices quotidiens de barre, d'haltères ou d'abdominaux qui les transforment rapidement en fontaines luisantes, car à cette heure et sous cette latitude, même avec la brise marine qui nous accompagne, il fait encore chaud. Pour moi, c'est l'heure de la chaise longue, disposée dans « le jardin de l'amiral », espace qui, paraît-il, m'est réservé sur l'arrière du château[16]. Je m'y installe pour lire, et j'ai le choix entre l'ombre des portiques et le rude soleil des côtes arabiques. Le sport, ce sera pour la fin d'après-midi à partir de dix-sept heures ; c'est à ce moment que les coureurs entreprennent leur ronde autour du pont, chacun à son rythme ; il y a les marathoniens, les sprinters, et les promeneurs du dimanche dont je fais partie, une catégorie toutefois assez rare. Je cours généralement quelques minutes puis je marche. Le parcours qui longe les ponts pétroliers et fait le tour de la plate-forme hélicoptère représente environ deux cents mètres ; on a vite fait quelques kilomètres pas trop monotones, vent arrière d'un côté, vent debout de l'autre. La nuit tombe vers dix-huit heures, rendant la « piste » un peu délicate parce que les obstacles sont nombreux sur un pont ordinairement rendu glissant par l'eau et le sel. Ce sera bientôt l'heure des « soupes » et celle où chacun vaquera pour le soir à ses activités personnelles : lecture, courrier, e-mail, jeux de société. Et le quart aussi pour ceux qui ne sont pas

16. On appelle ainsi sur les bateaux le bloc central surmonté par la passerelle de navigation.

« musiciens »[17]. Le soir, dans mes jeunes années de navigation, il y avait séance de cinéma ou partie de dominos dans les postes et dans les carrés. Aujourd'hui, je ne sais pas très bien ce qu'il s'y passe. Je sais que la plupart des marins ont des ordinateurs personnels, avec jeux vidéo et lecteurs de DVD ; c'est donc l'heure où chacun se fait son cinéma.

Mais aujourd'hui, puisque c'est dimanche, il y aura barbecue à l'arrière, sur le pont d'envol, sous les étoiles. On sortira les bidons et les grilles pour faire flamber le charbon de bois, on disposera les tréteaux et les planches pour dresser les tables. On fera griller saucisses et merguez et on servira à la louche de grosses salades familiales. Comme chez nous dans les fêtes de village ou de quartier, on parlera au voisin, le timonier rencontrera le mécanicien, on découvrira le barbu de la coursive arrière. On constatera autour d'une bière qu'il est aussi du Nord-Finistère.

C'est dimanche là-bas en Bretagne. C'est dimanche ici en mer d'Arabie.

17. En « parler marin » le musicien désigne celui qui ne fait pas de quart. Jusqu'à une époque récente, certains bâtiment embarquaient une musique et les artistes ne faisaient pas de quart ; d'où l'expression « être musicien » ou « être de musique ».

Escale Omanaise

En transit entre Bahreïn et Dubaï, 28 septembre 2001

Mon silence prolongé, après avoir tenu un rythme plus soutenu, est peut-être symptomatique du changement de cadence des activités extérieures, de l'évolution de l'actualité internationale, mais aussi, soyons franc, de la bienheureuse présence ces derniers jours à mes côtés de ma chère voyageuse. À cette heure, elle doit être en vol vers Paris, après avoir quitté Dubaï, par où elle transitait aujourd'hui. Nous étions convenus, à la fin du mois de mai dernier sur la route de Cherbourg, que cette étrange vie que j'allais mener pendant quinze à dix-huit mois méritait d'être partagée le plus souvent possible et qu'elle me rejoindrait dès que les circonstances le permettraient. Notre escale à Oman, deux mois et demi après mon départ, en offrait la première occasion, même si les événements de l'Histoire se mêlaient à la nôtre. Au cours de mes navigations dans les années passées, mon épouse était rarement venue me retrouver de par le monde à telle ou telle escale. On ne disperse pas facilement quatre enfants pendant une dizaine de jours, même si on a beaucoup d'amis et si les échanges de bons procédés dans la famille maritime sont pratiques courantes. En outre, l'état des finances imposait rapidement des limites à nos projets de retrouvailles. Si on ne fait pas ce métier pour faire fortune, c'est dans ces circonstances qu'on en mesure la dure réalité. Nous assouvissions alors notre passion d'ailleurs l'été en famille lorsque j'étais là : nous partions sur les routes de France et d'Europe dans des conditions souvent approximatives qui remplissaient d'angoisse nos pauvres parents ; nous gardons de ces équipées de merveilleux souvenirs. Aujourd'hui, c'est plus facile.

Nous nous sommes quittés jeudi matin dernier à Mascate, où j'étais moi-même resté après le départ du *Var*, pour rejoindre Bahreïn par avion dans la journée d'hier, afin de m'entretenir avec le commandant de la 5e Flotte, mon homologue américain dans la région, échanger sans délais nos appréciations et envisager toutes les évolutions possibles. On sent qu'après les événements du 11 septembre à New York et à Washington, les regards convergent vers le Moyen-Orient parce que chacun soupçonne que c'est là le berceau des mouvements terroristes radicaux à l'origine des attentats. L'Afghanistan est proche, les rives du Pakistan bordent la mer d'Arabie. Avec les Américains, nous sommes les seuls à avoir des forces navales organisées et un commandement permanent dans la région. Nous avons des relations et des échanges fréquents, mais en cette période de tension, il me paraît important que nous nous concertions davantage, que nous nous informions des dispositions que nous prenons pour nos forces, que nous envisagions des modes de coopération, si toutefois nos dirigeants politiques en estiment la nécessité. À nous d'en proposer la possibilité et d'en élaborer les modalités techniques. Tel est bien le but de ma visite à Bahreïn. C'est vrai que l'on est ici en ce moment au centre du jeu. Partout la tension et l'inquiétude montent autour du Golfe arabo-persique, comme j'ai pu le constater lors de mes entretiens en Oman avec les dirigeants politico-militaires et les autorités civiles. Tous m'ont paru heureux d'échanger avec les Français et de nous faire part de leurs craintes d'une réaction excessive des Américains qui mettrait le feu à la région.

J'ai pu ménager quelques heures pour profiter de l'accueillant sultanat. Malgré la chaleur de cette fin d'été et les quelques limitations imposées par les événements, nous avons parcouru les alentours de Mascate jusque dans la montagne, les villages, le cours des *wadis*[18], engrangé pas mal de sensations, d'impressions et de souvenirs. C'est un pays riche de son passé mais aussi largement tourné vers l'avenir, sous la conduite de son sultan actuel. Cet homme éclairé a sorti Oman du Moyen Âge en renversant son père qui l'y avait maintenu jusque-là. En vingt-cinq ans, le chemin parcouru est considérable, même si tout n'est pas rose pour les communautés d'immigrés indiens et pakistanais « importés » pour le développement.

Je n'ai pas encore rattrapé mon retard de courrier, de réponses et d'écriture, mais je vais devoir sauter quelques épisodes car dès demain, nous arrivons à Abu Dhabi, et le rythme va se poursuivre, de même que les différents travaux engagés avec l'état-major des Armées et nos divers correspondants. Je n'ai pas idée de la façon dont la situation va évoluer dans les semaines à venir. Je suis heureux de ne pas être à la place des conseillers du président des États-Unis. Il y a en effet pour les dirigeants américains une responsabilité historique ; il leur faut se rendre compte que le monde a changé et qu'on ne peut pas traiter cette nouvelle forme de guerre avec les méthodes et les outils de l'ancien temps.

Auront-ils la sagesse de résister à la pression de leur opinion, de mesurer l'exaspération du monde arabe, même des plus opposés au terrorisme ? On est bien placé ici pour comprendre, peut-être mieux qu'ailleurs, parce que c'est dans toutes les conversations, dans tous les regards, dans toutes les attitudes. Notre pays a, dans cette affaire orientale, comme souvent depuis plusieurs dizaines d'années, une position raisonnable transcendant les clivages politiques. J'ai pu constater combien la liberté de parole que nous avons à l'égard des Américains était appréciée et profondément respectée, enviée même par les représentants de certains pays européens que les événements des cinquante dernières années ont enchaînés aux Américains.

18. Les oueds en langue omanaise.

Pour la continuité de l'histoire, il me faut préciser qu'après la visite d'hier à Bahreïn, je retourne actuellement à Dubaï en avion et que je regagnerai le *Var* cette nuit à bord d'une embarcation qui m'attendra au port ; demain, nous arriverons à Abu Dhabi. J'y resterai cinq jours. Je dois m'y entretenir avec plusieurs autorités locales, et bien sûr nos diplomates, toujours contents des rencontres et des échanges que suscite notre visite. Nos escales ou nos passages sont pour eux de bonnes occasions d'accéder à des milieux que notre présence les conduit à découvrir. Hier ainsi à Bahreïn, j'ai pu noter la satisfaction de l'ambassadrice, énergique femme d'une cinquantaine élégante, que je retrouverai dans quelques jours puisque son pays de résidence sera notre destination suivante. En outre, ils sont preneurs de nos analyses, puisque notre « itinérance » — je ne dis pas notre errance —, nous donne une vision globale qui en général intéresse.

Ainsi, au rythme des habitudes (déjà…), mais aussi des interrogations et des incertitudes, lesquelles sont assez grandes, *« life is going its way »*, puisque je parle ici davantage anglais que notre propre langue.

Tendresse

Dubaï, 28 septembre 2001

Il y a quelque chose d'angoissant à parcourir un port du Golfe la nuit. Lumières crues, postes de gardes, kilomètres de quais, kilomètres de routes. On se perd entre les hangars, on est bloqué par des murs de conteneurs ; on cherche la mer, on cherche le bateau désespérément.

Là un monstre aux formes étranges, davantage fer à repasser que belle de mer, débarque des voitures venues du bout du monde, par milliers, dans un ballet incessant. Une guirlande de feux s'échappe des entrailles ; ce sont les véhicules, à la queue leu leu, qui descendent par la passerelle Ro-Ro et vont rejoindre d'immenses parkings sur le quai. Les chauffeurs indiens, pakistanais, bengalais, chinois, les garent avec un soin méticuleux et remontent à bord pour continuer la ronde. Ici, dans les bassins ou sur les docks flottants, un essaim de tôliers, de soudeurs, de peintres ou de chaudronniers s'active pour remettre en état, en quelques heures, en quelques jours, toutes sortes de navires.

Ces hommes qui passent leur nuit sur ces chantiers, ce sont les frères ou les cousins de nos chauffeurs qui vident le transporteur de voitures. Ils sont là pour la même raison : plusieurs années de sacrifice, de travail acharné, de solitude, et au bout du compte le retour au pays, fortune faite. Une fortune à la mesure de leur niveau de vie, quelques milliers de francs, mais qui leur permettront de changer de vie : en payant la dot pour le mariage, l'école pour les enfants, en achetant une boutique ou un atelier. C'est comme cela que le système fonctionne. La vie rêvée au bout de la nuit. De milliers de nuits… Il faut aller vite parce que l'immobilisation du navire coûte cher, les équipes travaillent donc jour et nuit. La nuit c'est même mieux, car il fait moins chaud. Aux environs de trente-cinq degrés en ce début septembre.

C'est cela le port de Dubaï. Le port moderne, car le port des boutres, en ville, c'est autre chose : on y pratique le business aussi, mais avec un côté plus humain. Apparemment… Le nouveau port est plus fonctionnel. C'est le poumon de cette ville exceptionnelle. Les navires du monde entier viennent décharger d'Europe, d'Asie, des Amériques, pour approvisionner le Moyen-Orient. Car une grande partie de ce qui arrive repart vers l'Iran, le Pakistan, le Koweït, les autres pays du Golfe. On décharge mais à côté, on recharge. Cette ville qui ne produit rien vit de ces échanges. C'est le côté commerçant des Maktoum, la famille dirigeante de cet émirat, les rulers comme on dit ici. C'est leur génie.

C'est un mouvement permanent de navires qui accostent ou qui appareillent. Il n'y a pas d'heures, simplement des impératifs commerciaux. Le port paraît vide tellement il est grand, mais ces espaces sont trompeurs car c'est une ruche, à quai comme dans les bassins. Sur l'eau les remorqueurs, les pilotines, les pousseurs, les embarcations des lamaneurs, mais aussi les *supply-ships* qui ravitaillent directement à la mer dans les eaux du Golfe les navires de passage, vont et viennent dans le halo des projecteurs. On les distingue parfois juste par un reflet.

J'arrive directement de Bahreïn en avion, et il me faut regagner le *Var* qui croisera cette nuit au large de Dubaï, en route pour Abu Dhabi. Je dois transiter par le port et emprunter une vedette qui me mènera jusqu'au bateau. Aux services de police et de l'immigration où j'accomplis les formalités, je partage quelques instants le sort des marins de commerce qui rejoignent leur navire, ceux qui embarquent pour une nouvelle période de navigation, comme ceux qui rentrent à bord après une brève soirée de liberté. Loin de chez eux pour de longs mois, ces hommes mènent sur les bâtiments de commerce, pétroliers, cargos, porte-conteneurs, une vie terriblement solitaire.

Souvent sans collègues de leur propre pays, car les équipages sont constitués de bric et de broc, ils ne perçoivent du monde qu'ils courent à longueur d'années que des visions furtives, à travers des terminaux isolés, des quais vides, et des sorties sans joie dans les bars à marins. Quelques-uns pourtant ce soir sont là en compagnie. À leur bras, deux ou trois *natachas* — c'est ici l'expression consacrée, parce qu'elles sont russes, biélorusses ou ukrainiennes — les accompagnent à bord, vêtues de circonstance, pour un dernier moment de tendresse… Et de partage peut-être avec le reste de l'équipage.

Croisement de destins dans la lumière blafarde des embarcadères.

Le temps des cathédrales

Abu Dhabi, 1er octobre 2001

En prenant la route de Dubaï à Abu Dhabi, on parcourt cent quarante kilomètres de désert pratiquement en ligne droite, le long de la côte du Golfe arabique. Mais le désert se remplit. Il y a Djebel Ali, l'immense port marchand, avec des quais à perte de vue, un trafic considérable de marchandises et huit cents entreprises industrielles dans son environnement immédiat. Des raffineries, des centrales électriques, des usines de dessalement d'eau de mer, tout pour industrialiser le pays mais aussi pour vivre normalement dans une région sans eau, où pendant plusieurs mois la température dépasse quarante degrés. Il faut une quantité incroyable d'énergie pour produire, pour construire, et des milliers de bras. Le désert se couvre de villes et de quartiers qui surgissent au milieu de nulle part le long de la route, comme dans les villages américains de la conquête de l'Ouest : la piste poussiéreuse est une autoroute, les chevaux sont des 4x4 climatisés. On se demanderait presque qui sont les Indiens s'ils n'étaient bien là, eux ou des Pakistanais, en plein soleil, pour les travaux les plus durs. Grâce au pétrole qui paie et fournit l'énergie à bon compte, le désert se peuple et se civilise. C'est la conquête du Far West mais c'est aussi, comme chez nous autrefois, le temps des cathédrales. Car ce qui est frappant sur cette route, comme partout dans la région du Golfe, c'est qu'au milieu de ces chantiers, il y a aussi ceux d'innombrables mosquées. J'en ai compté plus de trente en construction entre

Dubaï et Abu Dhabi ; certaines modestes, d'autres grandioses, toutes élégantes et élancées.

On pense à notre Europe avec ses chapelles dans chaque hameau, dans chaque village, avec ses cathédrales, dès qu'un seigneur a pu payer pour se faire pardonner quelque turpitude, pour rivaliser avec ses voisins, pour exprimer sa puissance ou tout simplement pour rendre grâce. Ces minarets qui montent vers le ciel, ce sont aussi ces « piliers de la terre » dont l'épopée a marqué chez nous la fin du Moyen Âge et le début de la Renaissance. Étrange poursuite de l'histoire dans ce Moyen-Orient compliqué qui a vu naître la civilisation, entre Tigre et Euphrate, pas loin d'ici, qui a vu naître Dieu à la conscience des hommes, Dieu ou Yaweh, Dieu ou Allah, et leurs fils et leurs prophètes. Alors comme nous il y a six cents ans, les hommes d'ici construisent leurs mosquées à la croisée des chemins, au milieu des villes nouvelles. Leurs raisons sont les mêmes que celles de nos ancêtres : louer, remercier, se faire pardonner, rivaliser, dominer. Les dirigeants veulent la plus belle : Qabous à Mascate ou Zayed à Abu Dhabi. L'immense chantier de cette dernière-née, le long de la route qui vient de Dubaï, est à la démesure des réserves de pétrole de l'émirat.

À Mascat, l'autre jour, dans le matin encore chaud de la fin septembre, la mosquée de Qabous resplendissait de paix et de sérénité. Dans la salle de prière des femmes, de belle taille, comme dans celle des hommes qui peut accueillir plus de quinze mille fidèles sous son dôme, son immense lustre, sur son tapis d'une seule pièce, tissé sur mesure en Iran par des nuées de mains expertes — près de cinq mille mètres carrés, transporté dans un immense Antonov ukrainien spécialement aménagé —, on priait Allah. Rien n'est trop beau pour la gloire de Dieu.

Message au chef d'état-major des Armées

Golfe arabo-persique, 4 octobre 2001[19]

Près de trois semaines après les attentats de New York et de Washington, alors que bien des regards se tournent vers le Moyen-Orient, les contacts établis à l'occasion du passage des bâtiments d'Alindien dans quatre pays de la région permettent, au travers de quelques constatations convergentes, de porter une appréciation sur l'ambiance et l'état d'esprit qui prévalent dans la région.

La première constatation est qu'à Mascate, à Dubaï, à Abu Dhabi et à Manama[20]*, la rue est calme et chacun vaque à ses activités quotidiennes. Les expatriés sont sereins. Les dirigeants des grands hôtels se désespèrent toutefois de l'avalanche des annulations enregistrées pour les mois à venir, en particulier pour la période des fêtes de Noël qui correspond cette année à la fin du Ramadan. Il est arrivé à plusieurs reprises que des taxis s'enquièrent de la nationalité des marins français avant de les prendre en charge, en indiquant qu'ils n'auraient pas accepté de passagers américains. Dans les lieux publics, les attitudes procèdent de la même défiance. Ce ressentiment à l'égard des Américains n'est pas seulement celui d'une partie de la population : il est le trait dominant pour l'ensemble des catégories sociales, y compris pour la classe dirigeante pourtant formée en Grande-Bretagne ou aux États-Unis, et largement impliquée dans de nombreuses et fructueuses affaires.*

19. Message adressé le 4 octobre 2001 au chef d'état-major des Armées.
20. Capitale de l'émirat de Bahreïn.

Les chefs militaires très proches du pouvoir, ou familialement associés, minimisent l'aide qu'ils fournissent aux Américains en terme de facilités de stationnement et de déploiement. La réalité est qu'ils n'ont pas le choix. Il est clair qu'au nom de la garantie suprême de sécurité qu'apportent les Américains, vis-à-vis de la menace de « pays tiers » selon la formulation en usage dans la littérature politico-stratégique, ceux-ci se comportent comme en terrain conquis. Or, il existe, en particulier chez les militaires, un sentiment national fort et une fierté qu'il ne faut pas sous-estimer. En outre, et c'est le point déterminant, l'attitude américaine dans le conflit israélo-palestinien est jugée sévèrement, et la collusion avec Israël, au-delà du langage convenu, est vigoureusement dénoncée. La poursuite des bombardements sur l'Irak est une plaie communément évoquée. Les dirigeants sont entraînés dans un délicat exercice de « grand écart » de plus en plus difficile à assumer. Leur sentiment personnel rejoint celui de l'opinion publique qui ne fait pas mystère de son appréciation : ce qui est arrivé aux Américains est un juste retour des choses. Les attentats ont libéré bien des frustrations. Qu'on le regrette ou non, telle est ici la réalité, il importe d'en avoir clairement conscience ; le registre n'est plus celui de la guerre du Golfe.

Au milieu de ce paysage tourmenté, l'attitude de notre pays est appréciée comme mesurée et raisonnable. Les égards particuliers dont nos escales ont fait l'objet au cours de ce mois sont certainement le signe que pour nos hôtes, la relation avec la France est importante et qu'ils veulent la cultiver. Ils nous ont tous indiqué combien ils avaient apprécié le maintien de ces escales selon le programme et les modalités prévus. Dans ce contexte, les informations véhiculées hier par la presse française soulignant sans nuance le soutien que nos bâtiments déployés dans l'océan Indien pourraient apporter aux forces américaines risquent de brouiller la perception de notre attitude dans la crise actuelle. L'exercice d'explication et de communication lors des prochaines rencontres risque d'être particulièrement subtil.

Qatar ou Djibouti ?
(ou l'histoire de cheikh Saoud)

Doha,10 octobre 2001

Assurément, il vaut mieux être né Qatari que Djiboutien. Le Qatar est deux fois plus petit que Djibouti. Vu de loin, à l'échelle de la planète, c'est du même ordre de grandeur : un département français. Même nombre d'habitants : 750 000, à 95 pour cent musulmans, avec beaucoup d'immigrés. À Djibouti, ils sont somaliens ou éthiopiens et ce sont plutôt des réfugiés ; au Qatar, ce sont des Indiens, des Pakistanais, des Iraniens venus travailler dans un pays en mal de main-d'œuvre. La comparaison s'arrête là car à Djibouti il n'y a rien, sinon un port et l'armée française, tandis que le Qatar a devant lui cent quarante ans de réserve pétrolière et gazière. Le revenu par habitant y est de 28 000 $, étrangers compris, pour moins de 1 200 $ à Djibouti. Ça change la vie. À Djibouti où les affrontements entre Afars et Issas sont endémiques et où la guerre civile couve en permanence, les élites sont surtout occupées à s'enrichir de l'aide française et internationale devant un océan d'indigence ou de dénuement. Le Qatar en revanche est dirigé par un homme avisé, cheikh Hamad Bin Khalifa Al Thani, qui a tranquillement déposé son père il y a six ans, considérant que ce dernier ne faisait pas suffisamment évoluer le pays. Comme le remarque l'ambassadeur de France, son grand ami, il n'y a qu'un seul gauchiste au Qatar, c'est lui. Gauchiste mesuré, rassurons-nous, qui a réuni un collège de juristes internationaux pour doter son pays d'ici deux ans d'une constitution de type occidental, avec parlement élu, vote des femmes et autres attributs de la démocratie, dans le cadre d'une monarchie héréditaire.

Cheickh Hamad est un homme jovial, simple et décontracté qui aime se promener incognito dans Paris, ou dans l'arrière-pays niçois au volant d'une de ses nombreuses motos. La troisième épouse de l'émir, cheikha Mosa, est une femme remarquable. C'est, paraît-il sa préférée. C'est elle qui pousse son mari sur le chemin de la modernité, ayant intelligemment compris qu'il n'y a pas d'autres voies possibles pour faire avancer son pays : il est vrai que les espérances pétrolières et gazières lui laissent quelques libertés et beaucoup de sérénité. Cheikha Mosa a convaincu l'émir de désigner son fils comme prince héritier. Car la famille, ici, continue de compter. La famille au sens large, il va de soi. Celle de l'émir compte environ huit mille hommes, tous cheikhs, avec en plus les femmes et les enfants. Chaque cheikh trouve dans son berceau un « salaire » mensuel d'environ quarante mille francs ; il est bien placé en outre pour s'impliquer dans toute sortes d'affaires lucratives et les possibilités ne manquent pas, qu'il s'agisse d'immobilier, d'importation de voitures, de chevaux de course ou de complexes touristiques.

J'ai fait hier une visite étonnante dans la ferme de cheikh Saoud, un probable cousin de Hamad. Au milieu de rien, c'est-à-dire du sable, un mur en carré d'environ un kilomètre de côté entoure la propriété de cheikh Saoud ; on y aperçoit beaucoup de verdure, des palmiers, d'autres arbres. Il y a quelques années, cheikh Saoud, un homme d'environ trente-cinq ans, est tombé amoureux des oiseaux, des antilopes et des gazelles. Alors il a acheté des oiseaux, des antilopes et des gazelles dans tous les pays du monde. Il a monté l'enceinte, beaucoup arrosé, planté des arbres et de l'herbe, construit des cages, des volières et de vastes enclos. Il s'est offert les services d'éminents vétérinaires et d'ornithologues réputés qui sont désormais installés à demeure. On parcourt le parc dans un gros 4x4 climatisé conduit par un ouvrier pakistanais, et l'on découvre des oiseaux rares, rouges ou bleus, venant d'Indonésie, d'Amazonie ou d'Afrique australe. Ils valent chacun plusieurs milliers de dollars ; leurs volières, souvent climatisées, feraient pâlir d'envie n'importe quel directeur de zoo. Plus loin, les antilopes et les gazelles du Yémen, d'Érythrée ou d'Asie centrale, aux cornes élancées, fines et majestueuses, bondissent au moindre bruit et s'élancent avec élégance pour des sauts magnifiques. Au milieu de la « ferme », un curieux hangar occupe un bel espace. Étrange caverne d'Ali Baba !

Notre cheikh en effet, outre sa passion de fermier, a des fonctions officielles relatives à la culture, celle de l'esprit cette fois. Entre deux quêtes d'oiseaux rares, il court les ventes les plus prestigieuses, Christies, Drouot ou d'autres, et il achète, parfois même le catalogue entier, dans l'ordre. Tout est mis en caisse et acheminé dans ce coin de désert où une armée de magasiniers indiens ou pakistanais déballent, enregistrent et stockent comme dans les entrepôts d'un étrange Emmaüs où chaque objet vaudrait des milliers de dollars. On y trouve des livres rares, des squelettes d'animaux préhistoriques, des voitures de course, un carrosse, des colonnes doriques, d'immenses portails en fer forgés, des défenses d'éléphants, des couteaux suisse, des tandems avec side-car, des miniatures d'ivoire, un salon kitch des années cinquante, des météorites, des colliers de jade… sur des kilomètres de rayons. Sur tous ces objets, une étiquette avec la date d'achat, la vente concernée et le prix. À l'extérieur, des centaines de cartons attendent, comme des milliers de colis numérotés : c'est un manoir normand acheté sur pied et transporté pierre à pierre pour une destinée encore en devenir. Cheickh Saoud vient dans sa ferme deux ou trois fois par an pour contempler les gazelles ou enfourcher une draisienne. Il paraît qu'il fait des émules et que dans le désert alentour, plusieurs cavernes recèlent de semblables bric-à-brac.

Avec le prix de quelques rayonnages, il y aurait de quoi nourrir tout Balbala pendant des mois. Voilà pourquoi il vaut mieux naître au Qatar qu'à Djibouti. Mais souvenons-nous que dans la corne d'Afrique, Djibouti apparaît comme un îlot de prospérité aux yeux de ses voisins. À chacun ses pauvres.

Veillée d'armes

Golfe arabo-persique, 12 octobre 2001

L'eau du Golfe arabique est lisse comme un miroir. Un miroir sombre, c'est la nuit noire. En cette mi-octobre, un mois après les attentats de New York et Washington, la tension internationale est encore montée d'un cran avec les perspectives d'opérations punitives américaines de grande envergure en Afghanistan. En temps ordinaire, le paysage est déjà assez tourmenté.

À l'Est, l'Iran sort lentement et laborieusement de vingt ans d'obscurantisme. Pour les autres riverains, ce pays représente la menace. Ce n'est pas nouveau. La Perse a toujours ici été ressentie comme un danger, depuis la nuit des temps. Même si les échanges à travers le Golfe sont permanents, si les boutres vont et viennent, chargés de mille trafics, la rivalité entre la Perse et l'Arabie est plus ancienne que l'histoire. Au sud et à l'ouest, la péninsule arabe, avec Oman à la pointe d'Ormuz, les Émirats Arabes Unis, le Qatar, Bahreïn, l'Arabie Saoudite, tout au fond le Koweït et enfin l'Irak. Côte des perles, Côte des pirates, Côte de la Trêve, les géographes n'ont pas été avares de noms pour baptiser cette rive au climat désertique. Ces noms parlent d'eux mêmes, sauf la Trêve qui évoque un accord conclu entre les Britanniques et les cheikhs de la région en 1835. Les Britanniques font depuis longtemps partie du jeu ; la route des Indes n'est pas loin. Pour les pays de la péninsule, l'Arabie Saoudite se sent un rôle d'aîné, un peu envahissant.

À partir des années soixante, le pétrole va changer la donne puisque les plus grandes réserves sont là, inégalement réparties entre les uns et les autres. C'est la richesse sans mesure pour les États chanceux que les mystères de la géologie ont pourvu. C'est l'envie pour les autres. Aux rivalités ancestrales des Persans et des Arabes, à celles des Chiites et des Sunnites, va alors s'ajouter l'enjeu du pétrole, objet de toutes les convoitises, préoccupation majeure pour les grands pays qui ne sauraient s'en passer. Ils sont tous là dans le jeu, tandis qu'aux marges des puits, d'autres acteurs compliquent encore la partie : Israéliens, Palestiniens, fondamentalistes religieux, trafiquants internationaux, blanchisseurs d'argent… À portée de missile, le Pakistan de tous les risques, dont les ressortissants sont également présents dans les pays du Golfe, jusqu'à représenter parfois la majorité des populations, et l'Afghanistan de tous les mythes, de toutes les folies, de toutes les guerres… Au sud, en mer d'Arabie, trois groupes de porte-avions américains, vingt plateformes de lancement de missiles, deux cents avions de combat, les bâtiments d'escorte et le train logistique.

La France est là aussi à la mesure de ses moyens, modulables en fonction des circonstances. Ses unités navales ou aéronavales agissent en sentinelles, prêtes à entreprendre les premières actions et à préparer la voie à des interventions de plus grande envergure, si nécessaire. La montée de la crise dans cette région n'a pas entraîné de mesures particulières sur les bâtiments : à la mer, on est déjà au seuil maximum de vigilance en permanence. Lors des escales, en revanche, des dispositions spéciales ont été adoptées depuis quelque temps pour protéger les navires des attentats, côté quai comme côté mer. L'attaque de la frégate américaine *USS Cole* à Aden en 2000 nous incite à la prudence, même si cela implique des contraintes lourdes pour les hommes.

Le *Var* est en route stable. Tout est prêt sur les aires de manœuvre pour le ravitaillement à la mer. Pas un bruit hormis le ronronnement des moteurs. Pas une lumière, sauf tout en haut, les étoiles. Parfois au loin, l'éclat d'une torchère et tout près, dans l'ombre, la silhouette d'un boutre : c'est le Golfe. Chacun est à son poste, les hommes de la ligne de distance, ceux du gréement de transfert, ceux des treuils, ceux du PC cargaison. À la passerelle, calme identique ; l'officier de quart veille à la tenue du cap, les timoniers scrutent la mer, un œil dehors, un œil sur le radar. Quelques lumières rouges, très atténuées pour ne pas éblouir, éclairent la carte et les pupitres de commandes.

Sortie de la nuit, la frégate surgit sur l'arrière, à quelques dizaines de mètres à peine, et remonte vivement pour prendre son poste de ravitaillement. Lignes pures… Toujours aucun bruit, aucun échange. Chacun connaît son rôle, gestes répétés mille fois. La pénombre, la proximité des bâtiments, la complexité des gréements et des manœuvres ne souffrent aucune improvisation, aucun amateurisme. Seul un coup de sifflet annonce le tir du lance-amarre ; deux coups répondent et la ligne est passée, vite récupérée, vite embraquée. La ligne passe d'un bord à l'autre ; elle est marquée tous les six mètres d'un lumignon de couleur, bleu, vert ou rouge. D'un simple coup d'œil, l'officier de quart peut ainsi apprécier la distance entre les deux bateaux qui doit être maintenue aux environs de trente mètres. Dans le même temps, sur l'arrière, une autre ligne permet d'entreprendre le passage du gréement de ravitaillement. À la main d'abord pour les lignes légères puis, dès que possible, avec les treuils de manœuvre. Entre bâtiments, sur les aires de travail, on communique par signaux lumineux pour marquer chaque étape et passer en sécurité à la phase suivante. Tout doit être précis parce que les masses peuvent riper, les câbles peuvent fouetter, le pont peut glisser, tout est dangereux. Rapidement, le câble support est croché, hissé au portique, mis sous tension, et voilà les deux bâtiments amarrés l'un à l'autre, solidaires, à trente mètres de distance. La manche de ravitaillement glisse sous le câble et vient se fixer dans « l'entonnoir » sur le pont de la frégate. Un déclic marque nettement l'opération, et le pompage commence. Cette nuit, la frégate prend deux cents tonnes de gazole ; quelques dizaines de minutes suffisent. Un signal marque la fin du transfert, et les opérations de retrait et de séparation commencent. Même silence, même rigueur, même calme. La manche est rentrée, le câble est détendu, descendu, décroché et rapidement embraqué. Il ne reste plus que la ligne de distance, vite ramenée. Dernier mouvement, dernière manœuvre : la frégate s'écarte d'abord doucement, puis franchement, et s'éloigne dans la nuit. Silhouette furtive rapidement disparue. Direction la mer d'Arabie, au plein complet, via le détroit d'Ormuz.

L'amiral cow-boy

Manama, 15 octobre 2001

Chaque fois qu'il me présente à un nouveau visiteur, l'amiral Charles W. Moore, commandant la 5e Flotte américaine, déclare avec un large sourire : « Cet homme — *« this gentleman »* — est extraordinairement puissant. Il est responsable de la zone la plus vaste et la plus sensible du monde, de l'Afrique jusqu'à la mer de Chine, de la mer Rouge jusqu'à l'Australie. » Il le dit avec une pointe d'humour mais aussi avec une petite dose d'envie, car lui-même partage cet espace avec son collègue du Pacifique, compétent jusqu'à l'Inde, et celui de l'Atlantique, zone qui englobe l'Afrique du Sud et Madagascar. C'est la géographie vue du Middle West. Charles W. Moore lorgne sur le territoire de ses voisins, non pas qu'il se sente à l'étroit dans une zone très largement stratégique, mais il aimerait disposer de recul pour avoir une vision globale. Ambition justifiée par la présence permanente de deux groupes de porte-avions, trois actuellement, avec plus de vingt navires d'escorte et de ravitaillement, deux cents avions embarqués, des sous-marins et des croiseurs lance-missiles. Charles W. Moore est donc également puissant ; nous le sommes chacun dans notre registre.

Que j'arrive pour lui rendre visite ou pour une séance de travail, Ch. W. Moore m'attend à l'extérieur de son bunker. Il me faut au préalable franchir, derrière une voiture d'escorte, plusieurs chicanes, des plots de béton, des rouleaux de barbelés, cheminer entre les tireurs couchés et les factionnaires en armes. J'imagine que depuis les alertes bio-terroristes, on doit également passer dans des sas de décontamination et des pédiluves désinfectants.

Charles W. Moore est vêtu d'une incroyable tenue léopard couleur sable clair et coiffé d'une indescriptible casquette affublée de trois étoiles en tissu, insigne de son grade. Ce couvre-chef est l'intermédiaire entre la casquette de combat de Fidel Castro et celle des gardes-frontières moldo-valaques dans les aventures de Tintin, genre tuyau de poil avec courte visière, camouflée bien sûr. Charles n'est pas très grand, plutôt large, un brin rougeaud, ce qui s'accommode bien de la couleur sable clair ; il est surtout jovial. Il me salue à l'américaine, la main à quarante-cinq degrés dans les trois plans, et me la tend chaleureusement.

À l'arrivée à son bureau, séance photo devant la bannière étoilée. Deux caporaux photographes, une jeune noire et un fils du sud-ouest amateur de crème fraîche, s'activent de façon très professionnelle. Comme leur patron, ils sont en sable clair. Poignée de mains et sourire pour l'histoire. J'ai déjà une belle collection de ces photos puisque la séance se renouvelle à chaque visite, avec remise de l'épreuve au moment du départ, sous verre ou dans une pochette aux armes de la 5e Flotte, avec carte de compliments. Et en prime, la médaille de l'amiral gravée de sa devise personnelle, mais sans portrait, pour rester simple. Charles W. Moore, Willy pour les amis dont je suis rapidement, est en poste depuis trois ans. Il a le privilège de la durée, il connaît remarquablement la région et les dirigeants des différents pays. Il est pour eux un interlocuteur privilégié, représentant du grand tuteur qui garantit leur sécurité et même leur maintien au pouvoir. Croisement d'intérêts, puisqu'ils permettent eux-mêmes aux Américains de rester pour contrôler de près cet espace éminemment stratégique.

Willy a quelques démêlés avec son ambassadeur qui n'a ni porte-avions ni missile de croisière. Il reconnaît, avec son franc sourire, que le jeu n'est pas égal. L'ambassadeur va bientôt changer. Mais lui va rester quelques mois. Son patron, le général Franks qui dirige le *central command*[21] et l'opération « liberté immuable » à laquelle nous participons, ne veut pas le voir quitter son poste, alors que son remplaçant est déjà désigné. C'est le côté pragmatique et souple des Américains qui fait leur force. Willy ne voit aucun inconvénient à cette perspective car il se plaît à Bahreïn. Il y est avec son épouse, Californienne d'origine philippine, très heureuse également. Le golf de Bahreïn est excellent, ceux de la région aussi ; ils y jouent régulièrement. Le Pentagone où il devrait retourner pour d'autres responsabilités est aujourd'hui, me dit-il avec le sourire, « l'endroit le moins sûr du monde »[22]. Ici il ne craint rien. Il n'est pas pressé de retrouver à Washington le monde politique. Il me livre d'ailleurs avec une grande franchise son opinion sur les hommes et les événements. J'apprécie cette liberté de propos, au-delà de nos étoiles, dans la confiance et sans inquiétude, car nous saurons, le moment venu, faire la part des choses. Cette complicité est utile au véritable exercice de notre métier. En cas de coup dur, quand il faudra s'expliquer vite et se comprendre à demi-mot, chacun au bout du fil, on connaîtra l'homme. Pour moi c'est indispensable. Pour Willy aussi. Bonne pioche.

On change de registre. Willy parle des actions en cours, de ses certitudes comme de ses interrogations et puis des erreurs de tir de missiles de croisières qui ont accidentellement frappé des cibles civiles les jours précédents : mauvaise programmation des données, vétusté de certains matériels. « Ce sont des aléas bien compréhensibles », me glisse-t-il. On se décale. Un ange passe… Soudain, il évoque sa retraite, comme s'il voulait s'aérer l'esprit, penser à autre chose,

21. Commandement américain de la zone du Moyen-Orient.

22. Le Pentagone a été frappé et partiellement détruit lors des attentats du 11 septembre.

laisser les missiles au vestiaire. Ce sera en Floride ou en Californie. Dans un ranch ? Sacré cow-boy, Willy, terriblement chaleureux.

De l'autre côté des chicanes et des barbelés, quand je repars, un homme en *dishda* portant la barbe marche vers son destin, chapelet à la main. C'est bientôt l'heure de la prière.

Message au chef d'état-major des Armées

Golfe arabo-persique, 16 octobre 2001[23]

Au Qatar comme à Bahreïn, l'impression est la même et confirme les observations effectuées dans les autres pays de la région. Le ressentiment à l'égard des Américains n'est pas seulement le fait de la rue, mais aussi celui de la classe dirigeante, des responsables militaires, des hommes d'affaires ou des milieux intellectuels.

Si les autorités politiques continuent de tenir à l'extérieur un langage modéré, les propos entendus à l'occasion des visites aux responsables de la Défense ne laissent planer aucun doute. Encore moins lors des séances de travail ou des exercices avec des officiers des différentes armées. Les rencontres civiles sont sur la même tonalité : une fois les regrets sincèrement exprimés pour les attentats de New York et Washington, la condamnation de l'attitude américaine au Moyen-Orient est unanime, considérée comme elle-même terroriste ou encourageant et laissant faire le terrorisme. Dans le même registre, la poursuite des bombardements de l'Irak est une plaie à nu, même si les sentiments à l'égard de Saddam Hussein sont peu amènes.

Dans ce contexte tourmenté où les dirigeants politiques locaux sont confrontés à un délicat exercice d'équilibrisme, la position de notre pays me paraît toujours comprise. La poursuite de notre programme de visites sans modification majeure, le maintien des séances de travail et des exercices depuis longtemps programmés, sont pour nos interlocuteurs des

23. Message adressé le 16 octobre 2001 au chef d'état-major des Armées.

signaux rassurants alors que les Américains restent cantonnés dans leurs ambassades ou dans leurs bases, derrière des chevaux de frises et des blocs de béton.

L'escale à Bahreïn est l'occasion de contacts approfondis avec les Américains, qu'il s'agisse pour moi d'entretiens personnels avec l'amiral, ou de travaux d'état-major qui vont trouver leur application concrète avant la fin de la semaine. Le délai entre les premiers contacts et les premières applications pratiques s'explique par la lourdeur, sous estimée au départ, de la machinerie américaine, par la multiplicité des interlocuteurs — l'état-major de Bahreïn, récemment renforcé, compte quatre cent dix personnes, pour huit officiers tout compris chez Alindien — et aussi par la grande méconnaissance qu'ont les Américains de nos capacités et de nos compétences qu'ils ont découvertes avec surprise ; à leur décharge, le turn-over *de leurs équipes est important. Les choses me paraissent maintenant sur les rails. Les Américains accueillent visiblement notre coopération avec satisfaction, et ne souhaitent nous imposer ni contrainte ni entrave. Chacun garde sa liberté, conformément à nos souhaits.*

De mes diverses conversations, je retiens l'impression que les objectifs des Américains sont clairs, au moins dans leur expression :

— d'abord liquider le (ou les) réseau Ben Laden, en commençant par neutraliser son chef ;

— renverser le pouvoir Taliban et le remplacer par un autre ;

— constituer une coalition solide et durable pour lutter contre le terrorisme ;

— gagner la guerre contre le terrorisme.

Mais tout cela, précise l'amiral Moore, doit se faire sans la perte de la position américaine au Moyen-Orient, c'est-à-dire avec le souci de garder l'appui et la bienveillance des régimes qui les soutiennent actuellement.

Les premières opérations aériennes sur l'Afghanistan, à partir des portes-avions américains croisant en mer d'Arabie, et les premiers tirs de missiles de croisières pourraient intervenir dans les jours qui viennent. L'amiral est optimiste sur le renversement des Talibans à brève échéance mais il est réservé sur un succès global d'une guerre contre le terrorisme. On est bien au cœur des contradictions puisque cette guerre ne peut que fragiliser les régimes en place dans le sud et l'ouest du Golfe, principaux supports des Américains dans la zone. Il n'aborde jamais ou élude la question des causes profondes du terrorisme. Il reste dans un registre strictement militaire. Il n'a pas d'état d'âme ; il est là pour faire sa part de travail. On mesure bien la distance qui sépare cette approche de la réalité vécue de l'autre côté des murs de la base.

Message aux équipages

En mer d'Arabie, 17 octobre 2001[24]

Au lendemain des premières opérations américaines sur l'Afghanistan[25]*, je souhaite vous présenter, à vous tous qui servez à bord des unités déployées dans le nord de l'océan Indien, ma perception de la situation dans laquelle nous nous trouvons et de ce que nous faisons. Les autorités françaises, et hier soir encore le président de la République, ont clairement indiqué notre soutien aux Américains. Ils ont précisément fait référence à nos unités comme participant à ce soutien. Je sais que nos familles peuvent s'inquiéter de nous imaginer en première ligne, ils nous appartient de les rassurer. La réalité de notre situation est la suivante.*

*Le 27 septembre dernier, j'ai rencontré l'amiral commandant la 5*e *Flotte pour lui indiquer notre capacité à réaliser des opérations de ravitaillement à la mer, de patrouille, d'accompagnement et de collecte d'informations. Ces propositions ont été renouvelées de manière concrète aux Américains le 4 octobre, après les déclarations des dirigeants français de la veille. L'état-major américain a pris en compte l'ensemble de ces capacités et notre disponibilité à les mettre en œuvre sans délais. Il est clair que pour les opérations de frappes menées hier soir, la marine américaine dispose de tous les moyens nécessaires et n'a pas eu besoin d'un appui supplémentaire. Pour autant je sais que vous restez prêts et attentifs.*

24. Message adressé le 17 octobre 2001 aux équipages des bâtiments en opérations dans le nord de l'océan Indien.
25. Les premiers tirs américains sur l'Afghanistan ont eu lieu le 16 octobre 2001.

Ainsi, grâce à la vigilance des hommes du Courbet *qui ont pu détecter le départ et la trajectoire des missiles de croisière américains, j'ai donné hier aux autorités françaises un préavis avant les frappes.*

Même si nous n'en mesurons pas toujours la portée, ces informations sont utiles. Nous ne les obtenons que parce que nous sommes déployés sur le théâtre. Pour le moment, notre présence et notre attitude mesurée sont aussi essentielles par leur signification politique que les actions que nous pourrions mener en appui de la marine américaine. Ainsi, en poursuivant nos activités et nos exercices avec les pays du Golfe, nous montrons clairement la permanence de l'engagement français à leur côté. L'équilibre alors réalisé, entre un soutien aux Américains et une coopération régionale, est essentiel et fait partie de notre mission. Il est important que chacun d'entre vous se rende bien compte de l'utilité de sa partition propre. En outre, la situation peut changer d'une minute à l'autre et nous pouvons à tout moment être sollicités. Le programme de nos activités peut être modifié avec un faible préavis. C'est pourquoi je vous demande de rester prêts et disponibles mais sans impatience, même si je comprends votre souhait de participer concrètement à l'action.

Pour votre sens du devoir et votre sérénité, je vous exprime toute ma confiance, et reste attentif à vos attentes.

Diwaniya

Koweït City, 25 octobre 2001

Au Koweït, où le *Var* est en escale après une série d'opérations de ravitaillement à l'ouvert du Golfe et en mer d'Arabie, cheikh Hamad est un homme en vue. Proche du pouvoir, introduit dans tous les milieux, il est de ces personnages utiles à rencontrer pour mieux percevoir les subtilités locales. Notre ambassadeur m'a chaudement recommandé la visite.

Tous les mardis à vingt heures trente, cheikh Hamad reçoit ses amis dans sa villa, ou plutôt son palais, à une vingtaine de kilomètres de Koweït City. C'est ce qu'on appelle une *diwaniya*. La meilleure traduction de *diwaniya* serait probablement « salon ». C'est un homme jovial d'une quarantaine d'années. Il appartient à l'une des plus grandes familles du pays, celles dont on fait les ministres et les ambassadeurs. Dans les années passées, il a été diplomate puis directeur de ministère. Pour l'instant, il est « en réserve de l'émirat », pour six mois me dit-il. Naturellement, il doit avoir ici ou là des affaires lucratives qui lui permettent de vivre : appartement à Londres, villa à Cannes, yacht de trente-cinq mètres en Méditerranée, voyages à travers le monde. Quand il est là le mardi, cheikh Hamad tient salon. La *diwaniya*, c'est d'abord une vaste pièce rectangulaire dont l'entrée occupe l'un des petits côtés, les trois autres étant bordés de vastes fauteuils ou plutôt de banquettes, sur lesquelles les hôtes s'assoient après avoir salué le maître de maison. Au mur, trois grands portraits, celui du père, du frère, tous les deux décédés, et d'un oncle. Ici le clan a une vraie réalité, la vie de famille est intense, on se voit beaucoup, on se soutient dans les moments douloureux, on se visite, on se téléphone et sans arrêt les portables crépitent.

Tous les personnages importants au Koweït ont leur *diwaniya*, chacun son jour. L'émir aussi a la sienne. Ces réunions sont en principe ouvertes, n'importe qui peut venir. C'est le système qui prévalait chez nous au temps des rois et des seigneurs : c'est le lit de justice, c'est Saint Louis sous son chêne. Dans la réalité, les choses sont plus subtiles, ce sont les cousins, ce sont les amis, parfois les obligés, ceux qui ont le même intérêt aux mêmes choses. Les hôtes arrivent un à un, sans formalité, et viennent saluer le maître de maison qui les accueille chaleureusement, assis au fond de la salle, au pied des portraits. Ils portent tous la *dishda* blanche, si noble, si élégante, et le *keffieh,* blanc également ou à carreaux, retenu par l'agal noir. Selon le degré de familiarité, on se serre la main, on s'embrasse sur les joues ou délicatement sur les lèvres, signe alors d'une grande intimité. On salue les connaissances à la ronde, c'est-à-dire tout le monde, et l'on vient s'installer là où une place est disponible sans protocole particulier. Tout se fait joyeusement, dans la bonne humeur, à grand renfort d'accolades et d'interpellations. S'il y a un hôte d'honneur, cheikh Hamad l'invite à prendre place à sa droite et le présente à chaque nouvel arrivant. Ce soir, j'ai cet avantage.

Trois autres étrangers participent avec moi à la *diwaniya* : un diplomate égyptien, un Italien de ses amis et un Indien, parfumeur de son état, qui fournit la famille en senteurs des plus exotiques. Ce sont visiblement des habitués. Après un moment de bavardage et d'échanges, pendant lequel des serviteurs pakistanais proposent silencieusement de petits verres de thé ou des jus de fruits frais pressés, cheikh Hamad se lève et invite l'assistance à passer à table dans une pièce contiguë dont les portes sont alors ouvertes. Grande table en U, comme un tableau de la Cène, déjà garnie de plats de viandes grillées, de poissons, de riz, de salades, de sauces et de condiments. Cette fois, le familier le plus proche est à la droite de l'hôte tandis que l'invité d'honneur est installé à sa gauche. C'est la tradition bédouine scrupuleusement respectée, alors que chacun prend place sans autre étiquette là où bon lui semble et entame son dîner, avec ses couverts ou ses mains, dans la plus grande liberté. Le repas est rapide, chacun va et vient, change de place et on se lève pour le dessert, pris debout près du buffet : fruits et gâteaux orientaux bien sucrés.

C'est l'occasion d'autres conversations en cercle élargi. On parle de la situation au Moyen-Orient, d'Israël, de la Palestine, de l'Irak et, bien sûr, de l'Afghanistan. Je ressens à la fois de l'inquiétude, peut-être pour le bon déroulement des affaires, mais aussi une certaine sérénité face à l'incertitude ; ce n'est pas du fatalisme, ni de la résignation, juste l'affirmation que ce qui doit arriver arrivera, car c'est la volonté de Dieu. Tout est dit calmement, sans passion ni agressivité, entre amis. On en vient aux choses importantes : la famille, l'âge des enfants, leurs études, les voyages, les affaires. Et l'on retrouve place tranquillement dans le *diwaniya*, parfois en compagnie différente, alors que déjà certains prennent congé, remerciant affectueusement cheikh Hamad ravi du déroulement de la soirée. Encore une demi-heure d'échanges à bâton rompu. Quelques fidèles prolongent. Nous parlons du désert. Cheikh Hamad me dit qu'il aime bien y partir pour quelques jours se ressourcer. C'est une pratique fréquente ici : le retour au désert est une tradition bédouine. On y est loin de la ville, du bruit et des sollicitations. Pour autant, on ne s'y aventure pas sans biscuit et c'est une petite expédition ; cheikh Hamad y va en camping-car ou plutôt en van comme on dit ici. Il en a déjà quatre de belle taille mais ils sont probablement devenus insuffisants : un autre est en construction et il s'intéresse de près à son aménagement, c'est pourquoi il le fait réaliser dans le parc de sa résidence. L'engin comptera plusieurs salles de bains avec baignoires et d'autres facilités. Bien sûr, il doit être accompagné d'un camion-citerne pour l'eau et d'un autre pour le gas-oil, climatisation oblige ! La seule chose que cheikh Hamad n'a pas bien évaluée, me dit-il dans un grand éclat de rire, c'est que le van ne passe pas dans le portail de la résidence et qu'il faudra le démolir pour sortir ; le van fait dix-huit mètres de long.

À vingt-deux heures trente, cheikh Hamad se lève et marque la fin de la réunion, toujours souriant et affable. Il m'invite chaleureusement à revenir chaque fois que je serai là : je fais désormais partie de sa *diwaniya*, me dit-il. Un mot rapide à chacun alentour et il s'engouffre dans la limousine qui l'attend à la porte. Pour aller traiter quelque affaire importante, ou pour se ressourcer au désert.

Message au chef d'état-major des Armées

Golfe arabo-persique, 26 octobre 2001[26]

Moins de quinze jours après le début des frappes américaines sur l'Afghanistan et une semaine après nos premières opérations effectives de soutien des forces navales américaines dans la région du Moyen-Orient, le Var *et Alindien viennent d'achever, selon le programme établi initialement, le tour des capitales du Golfe. Le moment est venu de dresser le bilan des actions menées, de tirer les premiers enseignements, de tracer les perspectives et d'envisager les échéances.*

La première constatation est qu'au plan technique, qu'il s'agisse des ravitaillements ou des escortes effectués, les choses se passent de façon satisfaisante et les prestations de nos unités sont appréciées. La seconde est une tentative de réponse à la question souvent posée entre Français : « Les Américains ont-ils vraiment besoin de notre participation pour des raisons opérationnelles ou nous font-ils une place pour des raisons politiques ou médiatiques ? » Les éléments d'ambiance recueillis par les contacts fréquents avec les unités américaines ou leur état-major laissent penser que ceci est une question bien française. Pour les Américains, nous sommes dans le paysage avec des capacités utiles. Ils les utilisent sans arrière-pensée et les utiliseront aussi longtemps qu'elles seront disponibles. La question est de savoir si les moyens actuellement présents sont bien adaptés à ce que, de notre côté, nous recherchons.

26. Message adressé le 26 octobre 2001 au chef d'état-major des Armées.

Si l'événement du 11 septembre est unanimement et très sincèrement condamné, le sentiment qu'une certaine justice s'est opérée vis-à-vis d'un puissant qui méritait une leçon est largement répandu. Dans ce contexte, compte tenu de la sensibilité de l'opinion de tous les pays du Golfe, toutes classes confondues, et de leur réserve à l'égard des bombardements américains sur l'Afghanistan, la position française vis-à-vis des Américains continue à être bien comprise. Toujours vu du Golfe, il paraît intéressant de poursuivre avec les Américains selon les mêmes errements, en continuant à fournir les services « ravitaillement et escorte » et pour nos propres besoins, « écoute et suivi de situation ». Outre le déploiement en cours des chasseurs de mines et de leur bâtiment de commandement, le dispositif naval est adapté à la ligne politique choisie par la France. Sa dimension actuelle ne permet de remplir les tâches que de façon discontinue, ce qui est toutefois compris du côté américain. L'arrivée d'une seconde frégate, voire d'un second ravitailleur, permettrait de remplir les missions de façon permanente. Par ailleurs, tout développement de notre activité au sud de la mer Rouge dans le cadre de l'opération Héracles nécessitera l'appui d'un avion de patrouille maritime.

Mon sentiment est en définitive que la nature de notre soutien actuel aux Américains dans leur action ciblée contre l'Afghanistan les satisfait. Sa permanence, qui me paraît personnellement souhaitable, passe par un léger renforcement : une frégate et un ravitailleur. Si une évolution de notre ligne de conduite était décidée dans l'optique d'une participation plus importante aux opérations, c'est évidemment la question du déploiement d'un groupe amphibie ou du groupe aéronaval qui se poserait :

– le groupe amphibie pour des opérations spéciales qui seraient menées à partir du sud, soit en parallèle soit en coopération avec les Américains ;

– le groupe aéronaval pour des missions d'assaut ou de reconnaissance, également en parallèle ou en coopération avec les Américains.

Je ne vois pas aujourd'hui, avec les éléments dont je dispose, une telle nécessité à moyen terme. Les dirigeants rencontrés récemment expriment clairement qu'il serait souhaitable pour la stabilité régionale que les frappes américaines cessent vite. Une participation de la France aux actions de bombardement ne serait pas comprise des pays de la région.

Message aux équipages

Golfe arabo-persique, 28 octobre 2001[27]

Dans le prolongement des informations que je vous ai déjà personnellement données, je vous indique ci-après mon appréciation sur la situation et son évolution, et sur les opérations dans lesquelles vous êtes engagés.

Depuis maintenant quinze jours, vos unités sont entrées concrètement en action. Le Nivôse *est en patrouille le long des côtes somaliennes. Le* Var *a procédé à trois ravitaillements de frégates américaines. Le* Courbet *a mené il y a quelques jours sa troisième escorte dans le détroit d'Ormuz. Le* Bougainville *participe au recueil de renseignements avec le* Commandant L'Herminier. *Les autorités américaines ont salué le professionnalisme des unités qui ont apporté un soutien d'escorte ou de ravitaillement à leurs bâtiments. Les actions dans cette zone de l'océan Indien sont dans la ligne voulue par les autorités françaises et exécutées selon les directives du chef d'état-major des Armées. N'ayez aucun doute, quelle que soit votre place dans ce dispositif, sur l'utilité de l'action que vous menez car vous participez à l'œuvre commune. Nul n'est en mesure de dire à ce jour comment les choses vont évoluer. Pour les semaines qui viennent, l'action de soutien et d'escorte devrait se poursuivre selon les errements actuels avec une visibilité jusqu'aux premières semaines de décembre. Des réflexions portent évidemment à l'échelon central sur des déploiements complémentaires mais*

27. Message adressé le 28 octobre 2001 aux équipages des bâtiments en opérations dans le nord de l'océan Indien.

aucune décision n'est prise. Compte tenu des enjeux et de la complexité de la situation, ces décisions sont d'abord de nature politique, puisqu'elles concernent au plus haut point l'engagement global de notre pays dans la lutte contre le terrorisme. J'apporte pour ma part, avec l'état-major embarqué, ma contribution aux réflexions en fonction de la perception locale de la situation, élaborée à l'occasion des différentes visites et escales effectuées par vos unités dans les pays de la zone. Ces visites participent ainsi utilement à l'analyse de la situation.

Soyez fiers de l'action que vous menez ici, et continuez d'exercer votre mission dans la sérénité.

Anthrax ?

Golfe arabo-persique, 30 octobre 2001

Aux États-Unis comme en Europe, la psychose du terrorisme est partout. Ces derniers jours, avec l'affaire de l'anthrax, elle a pris une dimension plus insidieuse : le terrorisme est devenu bioterrorisme ; chacun se sent personnellement menacé jusque chez lui. J'imagine le casse-tête des organismes, entreprises ou administrations qui reçoivent chaque jour des centaines ou des milliers de lettres, paquets et marchandises, et qui doivent prendre des mesures adaptées pour limiter les risques. Sur les bateaux c'est la même chose, et j'ai dû prescrire dans l'urgence des dispositions pour protéger les équipages et donner l'alerte en cas de doute lors de l'arrivée du courrier ou des embarquements de vivres. Nous n'avons pas attendu longtemps pour expérimenter le dispositif.

Samedi dernier, à bord du *Var* en escale à Dubaï, une enveloppe contenant une poudre suspecte a été découverte par les marins au milieu des sacs de farine qu'ils chargeaient pour recompléter les stocks. Selon les directives, les dispositions conservatoires ont été immédiatement prises par le commandant du *Var* pour assurer le confinement, la décontamination des locaux concernés, le recensement des hommes ayant été exposés puis le traitement de l'ensemble du personnel. Dès que possible, une information a été communiquée à tout l'équipage pour expliquer la situation et faire appliquer les mesures prévues. Dans le même temps, les journalistes que nous avions à bord depuis quelques jours et qui suivaient nos activités ont été informés, et je leur ai demandé de ne pas faire état de cette nouvelle avant les résultats d'analyse. La police locale a été saisie en liaison avec les services de l'ambassade de France et les autorités émiriennes ; le produit incriminé a été acheminé vers un laboratoire spécialisé. Dès dimanche, l'enquête a établi que le *shipchandler* accompagnait chaque livraison d'une dose de poudre insecticide disposée dans une enveloppe sans marquage particulier. Nous l'ignorions. Les analyses de laboratoire reçues sont négatives, ce qui confirme bien l'hypothèse du *shipchandler*.

Heureusement, malgré le climat d'inquiétude, chacun a réagi sans affolement et avec sérénité, peut-être grâce aux précautions que nous avions prises depuis le début de cette crise et à la campagne d'information qui les avait accompagnées. Nos journalistes ont également joué le jeu, c'est une preuve de confiance. Fausse alerte donc, mais alerte tout de même. Cette affaire est finalement significative de l'évolution des choses. Autrefois, l'escale était un moment de détente et d'insouciance après les longs séjours à la mer parfois monotones. Elle était l'occasion d'échanges et de rencontres avec les autorités des pays visités et participait à la mission de présence et de représentation, mais elle avait aussi un côté voyage et découverte qui a toujours fait rêver le marin. « Engagez vous dans la marine, vous verrez du pays » recommandaient longtemps les affiches colorées et joyeuses de nos bureaux de recrutement.

Les temps ont changé et les escales deviennent des contraintes : il faut des mesures de précaution sévères pour les hommes comme pour les bateaux. On limite l'accès aux quais par des murs de conteneurs ou des plots de bétons afin d'empêcher un camion fou de se précipiter sur la coque. On surveille les plans d'eau pour éviter l'abordage d'embarcations chargées d'explosifs. C'est un dispositif lourd et gourmand en hommes à mettre en place chaque fois qu'il y a des risques et qu'on a des doutes. Il convient d'élaborer des consignes contraignantes pour les marins qui sont à terre des cibles faciles. Ces mesures sont à peser à chaque escale, en relation avec les autorités locales et nos ambassadeurs : ils savent la nécessité d'assurer un juste équilibre entre la susceptibilité du pays hôte et les impératifs de la sécurité.

Heureusement, il reste des contrées autour de l'océan Indien où la pression est moins forte ; je tâche d'y envoyer les bateaux à tour de rôle pour faire rêver les marins et préserver l'avenir, pour continuer d'assurer aussi notre mission régionale d'échange et de coopération.

Anniversaire

Détroit d'Ormuz, 31 octobre 2001

Le *Var* a repris la mer pour quinze jours d'opérations de soutien avec nos alliés américains, puis il gagnera l'Inde en compagnie de trois autres bâtiments pour un exercice programmé de longue date avec la marine indienne. Il n'y a pas lieu de remettre ces prévisions en cause. Notre coopération avec l'Inde est importante parce que c'est un grand pays, parce que c'est un acteur majeur de la zone, parce que nous avons besoin d'y préserver des facilités d'escale ; nous devons aussi être attentifs à l'équilibre des relations que nous entretenons par ailleurs avec le Pakistan, son frère ennemi.

Pour l'heure, le *Var* fait route au nord-est et s'apprête à franchir le détroit d'Ormuz dans la soirée en compagnie du *Courbet* qui nous escorte. Tout est calme alentour. Un bateau sort devant nous en limite d'horizon, un autre rentre en provenance de la haute mer. Un boutre longe de plus près la terre, en sortie également, vers l'Inde ou l'Afrique. Rose et ocre de la côte, bleu de la mer, éclat déjà rasant du soleil, progression silencieuse des bateaux en harmonie avec le paysage, tout dégage une impression de sérénité, presque d'éternité. J'aime regarder ce spectacle en fin de journée, du haut de la plateforme supérieure au-dessus de la passerelle, alors que le bateau s'apprête à prendre sa tenue de nuit. Les hommes sont attentifs et toutes les dispositions sont prises pour réagir rapidement si nécessaire. À quelques centaines de yards[28], le

28. On compte encore en yard dans la marine ; deux mille yards valent un nautique, soit mille huit cent cinquante-deux mètres.

Courbet veille car le détroit d'Ormuz reste un endroit sensible.

L'air du soir, plus frais en ce milieu d'automne, la solitude sur cette plate-forme élevée d'où l'on domine le navire, le silence et la mer autour, tout engage à prendre un peu de hauteur, à mettre les choses en perspective, à revoir le fil des événements, à relire l'histoire, à fêter les anniversaires. Les années passent…

Il y a tout juste un an, le 31 octobre 2000, c'était le début de l'affaire du *Iévoli Sun* qui allait tant marquer notre année cherbourgeoise. Avec bien d'autres événements de mer qui sont le lot quotidien du préfet maritime, cet épisode avait largement occupé notre année normande et nous avait curieusement attaché au pays. Les Normands nous l'avaient amicalement rendu : je figurais sur la liste des « Normands qui avaient fait l'année 2000 », publiée par le journal *Ouest France*. Quel paradoxe pour le Breton du Pas-de-Calais ! Il est vrai que nous étions à la pointe du Cotentin, à peu près à mi-chemin de ces deux terres familiales. Après une année si dense en aventures nautiques et en gloire provinciale, je redoutais le désœuvrement dans l'océan Indien, en mer, loin de tout. Finalement, je m'étais trompé : je ne m'ennuie pas.

Ce 31 octobre, je m'apprête à passer le détroit d'Ormuz en sortie du Golfe arabo-persique, cap sur la mer d'Arabie, le long des côtes du Pakistan. Comme la Manche et la mer du Nord mais dans un autre registre, c'est une zone de risques vers où les regards du monde convergent, particulièrement depuis le 11 septembre. Le danger ici est récurrent : réserves pétrolières immenses, choc des idéologies, des cultures et des religions, tous les ingrédients sont réunis pour entretenir une ébullition permanente. Les crises se succèdent : je n'oublie pas que j'ai passé Ormuz bien des fois aux postes de combat il y a une douzaine d'années. Aujourd'hui, c'est la frégate *Courbet* qui escorte le *Var*, « navire amiral » où j'ai ma marque, et d'où je dirige l'ensemble du dispositif des navires français actuellement dans l'océan Indien, qu'ils soient engagés dans les opérations avec les Américains ou occupés à d'autres missions. Une dizaine au total en ce moment.

Après recomplètement des soutes à Djebel Ali et un arrêt rapide à Dubaï, le *Var* rejoint la mer d'Arabie où croisent les trois groupes de porte-avions américains avec leur escorte et leur train d'escadre, une trentaine de bâtiments au total. Cela représente une force de deux cents avions embarqués et vingt plates-formes de missiles de croisière. Ils sont là en position de catapultage des avions d'assaut et de lancement des missiles, à environ douze cents kilomètres de leurs objectifs en Afghanistan, en passant au-dessus du territoire pakistanais qui a autorisé les survols. Ni les ravitaillements, qu'il s'agisse de vivres ou de combustible, ni les escortes dans les détroits ne posent le moindre problème de compréhension ou d'interopérabilité ; les procédures sont connues et respectées de part et d'autre, les coutumes également : les ravitaillements sont toujours l'occasion d'échanges d'amabilités et de cadeaux, c'est la tradition entre marins. Ainsi, à quelques mètres au-dessus de l'eau, dessous parfois, à côté des portiques qui supportent les manches à combustible ou les palettes de charges lourdes, transitent canettes de bière, bouteilles de vin ou autres gourmandises dans des sacs de toile suspendus aux lignes de passage. Les orchestres d'équipages qui rivalisent de décibels encouragent la manœuvre. À la séparation, on se salue par des signes amicaux, tandis qu'au sommet des mâtures les pavillons de tradition sont déployés dans le vent.

Ainsi va la vie du bord entre Ormuz et mer d'Arabie tandis que de son côté, l'état-major embarqué, en liaison permanente avec le centre opérationnel interarmées à Paris, les Américain à Bahreïn, nos ambassadeurs et attachés de défense, ainsi que l'ensemble des autres bâtiments de la force, planifie l'activité à venir, centralise et diffuse le renseignement, élabore et transmet des analyses, prépare mes rencontres avec les autorités politiques et militaires des prochains pays visités. Une machine qui tourne à cent à l'heure, sept jours sur sept, s'affranchissant des fuseaux horaires, soumise à tous les décalages et à toutes les humeurs. Et d'abord à la mienne, puisque j'en suis le chef et qu'on vit les uns sur les autres, réunis par le hasard pour des mois dans quelques dizaines de mètres carrés, sans échappatoires, sans courants d'air extérieurs. Je sais que dans un tel bouillon, l'humeur du patron est déterminante. On ne peut pas se composer un rôle ni se regarder vivre pendant si longtemps ; les personnalités se révèlent dans toute leur richesse comme dans leur fragilité. C'est décapant. Il faut pas mal d'humilité, de recul, garder du temps pour soi, s'aérer l'esprit, s'efforcer parfois de ne rien faire, souvent même ! Et c'est le plus difficile. « Seul un homme relaxé est vraiment créatif, et les idées lui viennent comme l'éclair », disait sagement Cicéron. Il aurait pu être marin ou chef d'escadre, il a choisi d'écrire !

Les années passent, drôle de temps, drôle d'anniversaire. Le soleil a plongé derrière les côtes omanaises sur tribord. Du haut de ma plate-forme, je hume avec bonheur le vent du soir et la nuit qui monte. Car vue de la mer j'ai le sentiment que c'est la nuit qui monte. Le *Courbet* est toujours en flanc-garde ; j'aperçois encore les lignes pures de sa silhouette furtive mais aussi déjà son feu de hune et sa marque de bâbord. Il veille sur nous. À l'horizon, quelques lumignons apparaissent, modestes embarcations de pêche probablement, il est encore trop tôt pour les trafics vers la côte iranienne.

Chapitre III

Bombay

Bombay, 13 novembre 2001

Il est présomptueux de vouloir écrire sur l'Inde après un si court passage, après une égratignure si ténue de quelques jours à peine. Il faudrait pouvoir décanter le choc de la rue, de la foule, des odeurs, de la pollution, de la pauvreté, mais aussi celui d'un monde autre, étrange, étranger. J'ai peur que les impressions s'évanouissent, que les contrastes s'estompent, que le temps passe. Alors c'est plutôt une série de photos qu'il faut mettre sur la table en vrac, comme elles se présentent dans le mystère de la mémoire.

La première image est banale, c'est celle de la voiture « officielle » qui m'attend au pied de la coupée pour partir saluer mes hôtes : c'est une « Ambassador », tout un programme ! Un look des années cinquante, genre Zil soviétique en miniature, aux formes arrondies ; ce pays a été un grand partenaire de l'URSS pendant des années. Déjà le temps est fixé. L'image suivante est encore celle de voitures, juste à la sortie du port et c'est le premier contact avec la ville : les taxis jaunes et noirs sont d'un modèle intermédiaire entre l'Aronde de Simca et la Traban d'Allemagne de l'Est, et pas mal d'heures de marche en prime. Bombay est une ville à l'européenne mais dans laquelle pratiquement aucune construction n'aurait été entreprise depuis cinquante ans, où aucun bâtiment n'aurait été réparé, ravalé ou même entretenu. Tout semble déglingué, noir, voire abandonné ; on a l'impression que le temps s'est arrêté il y a plusieurs dizaines d'années. Même image à Malabar Hill, la presqu'île qui ferme la baie au nord-ouest ; autrefois les patriciens y habitaient de somptueuses demeures ou d'étranges palais ; quelques-uns sont préservés, hébergeant toujours de riches Parsis, descendant des Zoroastriens émigrés de Perse dès le huitième siècle pour fuir les persécutions musulmanes. La plupart paraissent en ruine ou à l'abandon, derrière les arbres séculaires et des monceaux d'immondices.

À l'extrémité de la presqu'île, au détour de ruelles étroites, tortueuses ou pentues, encombrées de véhicules hors d'âge, de bicyclettes, de motos, de scooters, de chiens, de vaches errantes et de toute une humanité affairée, artisans devant leurs échoppes, porteurs d'eau, pousseurs de charrettes, femmes en saris multicolores, on débouche sur les temples de Valkeshwar qui surmontent des citernes entourées de vastes gradins. Là encore tout est en ruine, délabré, parsemé de détritus, mais l'endroit est incroyablement calme, presque majestueux. Il faut s'abstraire d'une partie du paysage, y mettre un filtre pour mesurer la solennité des lieux et la grandeur passée. Deux ou trois visiteurs égarés, comme nous ; au fond, sur une modeste esplanade surplombant l'ensemble, de jeunes garçons jouent une partie de cricket. En haut des gradins, trois femmes en sari orange sont assises en rond avec des enfants dans les bras. Elles semblent papoter comme le feraient chez nous de jeunes mamans au square en attendant l'heure du dîner. Et lorsque nous nous approchons, l'une d'elles, tout juste adolescente, nous tend avec un drôle de sourire la petite fille qu'elle porte. Pour nous la vendre. Peut-on ôter le filtre ? Faut-il désespérer et rentrer se cacher ou bien faut-il poursuivre ? On nous avait prévenu que ce voyage était d'abord une épreuve, avec des moments d'émerveillement et des chocs en pleine figure. Le choc est rude, comme est rude celui de la route de l'aéroport au petit matin alors que la ville dort encore. On dort aussi sur les trottoirs. Dès qu'on dépasse le centre où les sans-abris sont systématiquement ramassés, des hommes et des femmes, des enfants parfois sont là, sur le bord des voies, aux carrefours, dans les recoins, isolés ou par groupes, alignés ou recroquevillés sur des cartons, sur des vieux sacs, sous une vieille toile, par centaines. C'est l'Inde immense, c'est l'Inde de la foule, c'est l'Inde de la pauvreté.

Mais ce soir, plus loin, à Colaba, c'est l'Inde qui marche, qui vit, qui prospère. Sur le front de mer, à deux pas de la « *gate of India* », l'arche qui marquait autrefois pour les voyageurs l'entrée aux Indes, l'hôtel Taj Mahal, anachronique et majestueux, symbolise encore le joyau de l'empire. Ce soir, c'est le rendez-vous de la jeunesse branchée de Bombay qui y converge en groupes joyeux et sonores. Élégantes et avantageuses beautés, scintillantes parures, chatoiements des étoffes, impudeurs des voiles, éclat des lamés, dans un ballet de coupés multicolores, de voituriers affairés et de portiers enturbannés. Dans ce pays où plus de cent millions d'hommes et de femmes vivent selon le standard occidental le plus sophistiqué, qui a développé des industries performantes dans des domaines complexes comme l'informatique ou le nucléaire, qui est doté d'écoles et d'universités prestigieuses, ce spectacle après tout n'est pas choquant ; qu'aurions-nous à y redire ? Ce qui fait choc, c'est la proximité des images dans l'espace et dans le temps. Pour aujourd'hui, la pellicule est pleine.

Message aux équipages

En mer d'Arabie, 14 novembre 2001[29]

Pour beaucoup d'entre nous, ces quelques jours en Inde auront été le premier contact avec cet immense pays. Découverte d'une civilisation millénaire entièrement différente de la nôtre, mais aussi choc du spectacle de la rue, de la pollution, et d'une pauvreté parfois insoutenable. Nul doute que le côtoiement de l'extrême dénuement nous fera mesurer la chance d'être nés au bout de l'Europe. Si nous avons parfois, les uns et les autres, des soucis et des difficultés, nous avons toutefois l'essentiel. Cela nous donne des devoirs.

Notre pays a choisi il y a deux ans déjà de renforcer et d'intensifier sa coopération avec l'Inde, et notre escale groupée de quatre bâtiments s'inscrit dans cette perspective. L'accueil soigné de la Marine indienne, l'excellent déroulement de l'exercice Varuna, aussi bien dans sa phase préparatoire que dans son exécution à la mer, permettent de penser qu'une étape a été franchie dans l'amélioration de cette coopération. Je vous remercie tous pour votre participation à cette œuvre commune, chacun à votre place. Je vous adresse mes félicitations pour votre parfaite tenue au cours de cette escale, qu'aucun incident n'est venu entacher. C'est l'honneur de la Marine de savoir représenter la France à l'étranger, c'est votre honneur personnel d'en être les acteurs.

Nous reprenons aujourd'hui la mer pour notre mission dans le Golfe d'Oman et en mer d'Arabie, en coopération

29. Message adressé le 14 novembre 2001 aux équipages du *Var,* du *Nivôse,* de *L'Herminier* et du *Courbet.*

avec la Marine américaine. Vous avez certainement noté que des progrès déterminants ont été accomplis sur le terrain ces jours derniers, cependant que dans le champ diplomatique l'activité demeure intense. Ainsi notre président de la République était-il ce matin aux Émirats Arabes Unis et cet après-midi en Arabie Saoudite. Dans la lutte que notre pays a décidé de mener contre le terrorisme aux côtés de ses amis et de ses alliés, les fronts sont multiples : politique, diplomatique, économique, civique et bien entendu militaire. Il n'y a pas de grand ou de petit rôle, il y a une place que notre pays a décidé d'occuper. Nous sommes au cœur de ce dispositif. D'autres déploiements font actuellement l'objet d'études et de planification mais aucune décision n'a été arrêtée. Les remplacements d'unités se feront selon le calendrier connu. Ainsi verrons-nous partir dès les jours prochains le Nivôse *qui regagne le sud et plus tard* L'Herminier *cap à l'ouest, puis le* Courbet. *Je vous adresse mes encouragements et vous exprime ma confiance pour la poursuite de notre mission.*

Message aux commandants

En mer d'Arabie, 16 novembre 2001[30]

Je vous adresse ce message pour faire le point de l'opération « Héracles » et vous donner mon appréciation des évolutions possibles telles que je les perçois aujourd'hui. Je vous laisse juge des explications qu'il convient d'en faire à vos équipages.

La situation, vous l'avez bien noté, évolue rapidement. Sur le terrain, en Afghanistan, l'avance de l'Alliance du Nord se poursuit avec la prise de Kaboul et l'annonce, encore à confirmer, de celle de Kandahar. L'opération « Enduring Freedom » entre dans une nouvelle phase. Comme nous l'avions évoqué avec l'amiral Moore lors de nos entretiens du mois d'octobre 2001, les perspectives d'action pour les forces navales pourraient s'étendre vers les zones de refuge possible des réseaux terroristes. La mise en place d'un dispositif naval permettant de contrôler le trafic vers ou en provenance de ces zones, tout en maintenant une vigilance particulière en mer d'Arabie, pourrait venir à l'ordre du jour. En plus des Américains et des Britanniques déjà largement présents, plusieurs nations annoncent l'arrivée de forces navales en océan Indien ou les ont déjà mises en route. Nous y sommes avec dix unités. Des planifications sont en cours qui pourraient déboucher à brève échéance. L'état-major américain à Bahreïn s'impose de fait comme le pilote du dispositif naval coalisé. Mais dans la perspective d'une opération de plus grande

30. Message adressé le 16 novembre 2001 aux commandants des bâtiments en opérations dans le nord de l'océan Indien.

ampleur, c'est un état-major multinational qui pourrait se mettre en place autour du noyau dur américain. Certaines nations y ont déjà des officiers de liaison, la Grande-Bretagne, le Canada et l'Italie. La France ne saurait être absente de cette structure. Ainsi le commandant de la force d'action navale accompagné de deux officiers de son état-major devrait arriver dès dimanche 18 novembre à Manama pour marquer fortement notre implication dans ces projets. Je l'y rejoindrai lundi 19 avec le Var *dont les capacités de transmissions sont indispensables à un dialogue efficace avec l'état-major des Armées. Pour préparer ces rencontres, j'ai dépêché dès aujourd'hui mon chef d'état-major vers Manama qu'il rejoint en ce moment à bord du* Courbet.

Il convient de continuer à nous adapter avec rapidité aux évolutions incessantes d'une situation internationale complexe et aux enjeux multiples. Je mesure les contraintes et les interrogations que tous ces changements entraînent pour vos équipages. Je vous demande de faire le maximum pour donner à chacun les explications nécessaires.

Préparatifs

Golfe arabo-persique, 25 novembre 2001

On change de pied. Ou plutôt on accélère. Le Premier ministre a annoncé le 21 novembre, la semaine dernière, à la tribune de l'Assemblée Nationale, que notre pays allait déployer le groupe aéronaval autour du porte-avions *Charles de Gaulle* en océan Indien pour contribuer plus fortement, aux côtés des Américains, à la destruction des Talibans et à la lutte contre le terrorisme. C'est une décision politique majeure qui montre notre engagement résolu dans ce conflit. Le groupe aéronaval va permettre à la fois d'effectuer des opérations de bombardement sur les objectifs terrestres dans les montagnes d'Afghanistan — centres de commandements, caches d'armes, refuges —, mais aussi de continuer à mener à la mer les missions de surveillance et de contrôle maritimes pour éviter la fuite des terroristes.

Pour les bombardements, les aéronefs du porte-avions décollant de mer d'Arabie auront une longue trajectoire à parcourir d'abord au-dessus du Pakistan puis de l'Afghanistan pour atteindre leurs objectifs au cœur du pays. Cela nécessitera à l'aller comme au retour des ravitaillements en vol car les distances sont très importantes. Ce sont des opérations complexes mais pour lesquelles nos pilotes sont entraînés. Il ne faudra au porte-avions et à son escorte que quelques jours, le temps du transit depuis Toulon, pour gagner la mer d'Arabie, alors qu'il faudrait des semaines pour obtenir de pays étrangers l'autorisation d'installer une base si les avions devaient opérer à partir de la terre. Des accords diplomatiques compliqués à établir seraient également indispensables à leur trajet depuis la France. Le porte-avions s'affranchit de cela puisqu'il navigue en eaux internationales.

La décision de ce déploiement était en gestation depuis quelques jours et j'avais été largement associé à son élaboration. J'en avais pré-informé l'amiral Moore lors de mon passage à Bahreïn le 19 novembre. Nos états-majors ont désormais du pain sur la planche pour préparer cette arrivée et l'imbrication du groupe aéronaval français dans le dispositif américain ; il n'y a pas de temps à perdre. Ce projet mûrissait depuis un mois et j'avais donné mon sentiment à ce sujet. Vu du Golfe, il ne m'apparaissait pas utile à notre politique dans la région ; je m'en étais expliqué. Pour autant je ne considère pas la décision comme un désaveu. J'avais exprimé mon point de vue et c'était mon rôle de le faire. D'autres arguments ont prévalu. L'arbitrage appartient au chef d'état-major des Armées et au pouvoir politique, car cette initiative a d'importantes répercussions internationales. Une fois la décision prise, il revient à la Marine de la mettre en œuvre et au commandant local que je suis de préparer le terrain.

Pour mon état-major et pour moi, l'arrivée du porte-avions dans cette zone va changer la donne. Le commandement d'une opération aéronavale, surtout lorsqu'elle s'effectue en coopération internationale, est une affaire compliquée. Elle nécessite la mise en œuvre de techniques que seules des équipes spécialement entraînées sont capables d'opérer. Elle dépasse largement la compétence de mon état-major plutôt dimensionné pour traiter les affaires du temps de crise. En fait, les choses se feront simplement, et je n'envisage pas de difficultés particulières. Le groupe aéronaval arrivera avec sa propre équipe de commandement pour traiter une opération bien définie et clairement circonscrite. Je lui apporterai de mon côté le soutien dont il aura besoin. Nous déterminerons des zones géographiques de compétence et il nous appartiendra de baliser soigneusement les limites. Je connais bien l'amiral placé à la tête de la force. La Marine est une petite maison et nous avons la plupart du temps de solides liens d'amitié. Nous devrons rester attentifs l'un et l'autre à ne pas nous laisser entraîner dans des querelles de frontières susceptibles de dégénérer et de compromettre l'efficacité. C'est ainsi et nous le savons bien, les états-majors sont sourcilleux sur le territoire et le domaine de leurs chefs ; c'est humain. Nous calmerons le jeu si les esprits s'échauffent.

Nous aurons d'ailleurs les uns et les autres largement de quoi nous occuper. Pour le patron du groupe aéronaval, la charge sera lourde dans un environnement difficile. Quant à moi, il me faudra soutenir sans interférer, gérer l'augmentation importante du nombre des bâtiments déployés en complément à la périphérie de l'opération, et surtout veiller sur le reste de l'océan où nos partenaires sont nombreux et les risques de crises toujours latents.

Un boutre pour Bossasso

Dubaï, 27 novembre 2001

Dubaï semble étrangère à ces événements et à ces préparatifs. C'est un lieu d'échanges et de rencontres. Les marins, les aventuriers, les commerçants s'y croisent depuis des centaines d'années. Elle est paradoxale dans cette région agitée, vivant probablement de la guerre et de ses trafics, mais attentive au calme pour remplir les hôtels et développer les affaires.

J'y passai l'autre soir après mes rencontres de Bahreïn avec l'amiral Moore, et avant de reprendre la mer à bord du *Var* : nous appareillons demain matin pour une nouvelle séquence d'environ trois semaines en mer d'Arabie qui permettra au bâtiment de continuer sa mission de ravitaillement des différentes unités, tandis que mon état-major poursuivra ses travaux en liaison avec les Américains pour faciliter l'arrivée du *Charles de Gaulle* et sa bonne intégration dans le dispositif. Je quitterai le *Var* vers le 10 décembre pour accueillir le porte-avions et son groupe d'escorte à son arrivée en océan Indien, et je l'accompagnerai quelques jours dans ses premières navigations orientales.

Ce soir-là, je suis sorti quelques heures pour marcher, pour prendre l'air, pour respirer la ville et la vie. Brève échappée après ces semaines étranges depuis les attentats des *Twin Towers*. En cette fin novembre, la température est agréable, ce ne sont plus les chaleurs écrasantes. L'air est doux, juste un peu frais parfois, comme chez nous par un bel été. La Creek de Dubaï est un endroit magique, c'est l'âme de cette ville.

C'est la raison même de son existence et de son développement puisqu'elle a toujours offert un abri commode pour le débarquement des marchandises et le commerce des perles. C'est un bras de mer étroit en forme de rivière qui s'enfonce dans les sables sur une dizaine de kilomètres. Quand elle se perd dans le désert, c'est le paradis des flamants roses. Dès son embouchure, protégée du Golfe par des bancs de sable, la Creek sépare la ville en deux parties : Bur Dubaï à l'ouest sur la rive droite, plus ancienne et plus traditionnelle autour du vieux souk, du fort Al-Fahidi et du palais de l'émir, et Deira à l'est, moderne, avec son architecture audacieuse, ses tours et ses grands hôtels le long du rivage. Des dizaines d'*arba*, sorte de taxi d'eau en bois, brinquebalants et pétaradants, assurent jour et nuit la liaison d'une rive à l'autre car les ponts sont éloignés du centre. Pour quelques dirhams, on peut en louer un pour remonter la rivière et s'offrir le spectacle étonnant de cette ville surgie du désert. On va généralement jusqu'à Al-Garhoub Bridge après avoir laissé sur la gauche le golf de Dubaï et son club-house, copie en miniature de l'opéra de Sydney. Les berges ont toujours servi de port pour les boutres du Golfe. Malgré le développement des vastes installations commerciales de Port Rashid et surtout de Jebel Ali à trente kilomètres à l'est de Dubaï, cette activité a été maintenue et même soigneusement organisée puisque la Creek a été draguée et des quais aménagés sur la rive droite en bordure de la route, au pied des tours et des grands immeubles.

Il y a un contraste saisissant entre un développement débridé et audacieux de la ville et l'activité séculaire des boutres qui trafiquent depuis des siècles de l'Inde jusqu'en mer Rouge, de l'Arabie jusqu'à Zanzibar. Sur environ deux kilomètres, entre le souk aux épices et la tour triangulaire en verre de la chambre de commerce, les boutres s'alignent à couple par rangs de quatre ou cinq ; il y en a certainement trois cents, à différents stades de chargement. Ce sont de fortes embarcations de bois de vingt à trente mètres de long, de hauts bords, flanquée d'un château sur l'arrière qui dépasse à peine lorsque la cargaison est chargée. Quand on les croise, en mer d'Arabie ou dans le Golfe, on aperçoit un homme de veille sur l'étrave. Tout le jour et une partie de la nuit, le long de la Creek, c'est une activité incessante : un ballet de camionnettes, de charrettes à bras, d'hommes portant d'incroyables ballots en équilibre précaire, grimpant à bord sur d'étroites passerelles, une ou deux planches jetées là. Le quai est encombré de mille marchandises, en cartons ou en vrac, tout un bric-à-brac tenant du rayon de supermarché et du hangar pour une opération vide-grenier : postes de télévision, bicyclettes, seaux de lessives, rouleaux de moquette, congélateurs usagés, pots de peinture, lampes à pétrole, services de porcelaine, vieux pneus et machines à coudre flambant neuf, et probablement d'autres objets moins recommandables soigneusement camouflés. Tout cet attirail vient d'Europe ou d'Asie dans des conteneurs déchargés par milliers aux ports de commerce de Dubaï ou de Jebel Ali, gigantesques plateformes de redistribution régionale. De là, après avoir été éclatées, les marchandises repartent par camions ou par boutres lorsque les destinations sont plus lointaines, peu accessibles ou peu avouables. Beaucoup de ces matériels se retrouveront dans d'innombrables épiceries ou étals de villages d'Irak, d'Iran, du Yémen, d'Érythrée ou de Somalie, mais quelques caisses pourraient aussi atterrir chez des particuliers moins préoccupés d'activités commerciales… Bossasso est l'un de ces ports incertains de la côte nord de la Somalie, ou plus exactement du Puntland puisque depuis l'éclatement de ce pays et sa mise en pièce par les seigneurs de la guerre, cette province a fait sécession ; Bossasso est, dit-on, au cœur d'une zone à forte implantation islamiste.

Je ne sais si le patron du boutre qui m'invite à monter à son bord par l'étroite passerelle est au fait de ces subtilités de l'histoire et de la géographie. Il me hèle alors que je déambule comme souvent le soir sur le port, séduit par l'atmosphère et sans doute fasciné par le mystère de ces trafics. Je regarde le va-et-vient des porteurs, le dîner tranquille des hommes d'équipage sur l'arrière du bateau, le défilé des *arba* sur la Creek. Je crois l'homme iranien comme ceux que j'ai rencontré les fois précédentes ; en fait, me dit-il dans un anglais approximatif, il est indien, d'un village au sud de Goa. Le boutre appartient à son grand-père qui en possède quelques autres ; le village en arme trois cents qui commercent ici ou là. Lui se rend à Bossasso, « parce qu'on va là où on fait les meilleures affaires » : le critère est simple ! Pour aller à Bossasso, il compte une dizaine de jours de navigation mais auparavant, il complète le chargement, ce qui lui prend une vingtaine de jours. Il ne partira que lorsqu'il sera plein. Dans la petite communauté commerçante des parages, on sait que le boutre pour Bossasso est là et qu'on peut y apporter sa marchandise. La cargaison déjà embarquée est à l'image du spectacle sur le quai, hétéroclite, à moitié ensevelie sous les ballots, il y a même un camion. Dans l'abri de navigation, seule concession à la modernité, un récepteur GPS est fixé là, juste au-dessus du bat-flanc servant de couchette au capitaine. Dans quelques semaines, après dix-huit mois d'absence, il rentrera au village pour caréner le boutre et voir sa famille avant de repartir vers d'autres aventures. Depuis mille ans ce sont toujours les mêmes.

Sauf qu'avant le GPS, on regardait les étoiles.

À l'équipage du *Courbet*

En mer d'Arabie, 11 décembre 2001[31]

Adieu Courbet…

Alors que vous vous apprêtez à prendre le chemin du retour en métropole après quatre mois de déploiement dans le nord de l'océan Indien, et une participation majeure aux opérations « Enduring Freedoom » et « Héracles », je vous exprime ma grande satisfaction et je vous adresse mes félicitations pour l'excellent travail accompli. Les événements du mois de septembre, au moment de votre entrée sur le théâtre, ont conduit naturellement à changer profondément la nature de votre mission. Vous avez su vous adapter avec une grande réactivité aux opérations de veille, d'escorte, de contrôle et surveillance maritimes dans des conditions nouvelles et souvent délicates. Votre action, dont la qualité a été maintes fois soulignée par nos partenaires, a été précieuse, non seulement pour notre pays mais aussi pour la coalition engagée dans la lutte contre le terrorisme. Elle a été justement appréciée. La victoire obtenue à terre par les troupes américaines et les forces de l'opposition aux Talibans permet de penser que les opérations vont bientôt changer de nature. Vous avez éminemment contribué à la mise en place de cette nouvelle forme de lutte en mer et vous avez ouvert la voie pour ceux qui vous relèveront demain. Lorsque vous croiserez le groupe aéronaval qui fait son entrée sur le théâtre d'opérations, vous pour-

31. Message adressé le 11 décembre 2001 à l'équipage du *Courbet,* à l'occasion de son départ vers la France.

rez lui passer le flambeau avec fierté et je suis sûr qu'en retour il saluera vos succès.

Que la Méditerranée vous porte calmement vers vos familles et vos amis pour d'heureuses retrouvailles. Joyeux Noël.

À l'équipage du *Charles de Gaulle*

En mer d'Arabie, 12 décembre 2001[32]

Bienvenue...

Nous sommes heureux et fiers de voir arriver une force navale française puissante articulée autour du porte-avions, dont les capacités vont permettre de poursuivre les opérations décidées par les autorités nationales. L'histoire continue de montrer que cette région qui recèle tant de richesses est aussi celle de tous les désordres. Au fil du temps, Alindien y assure la veille avec les unités qui lui sont affectées aux longs cours, il fait vivre les relations avec nos alliés et nos amis, il ouvre la voie. Quand la tension monte, il conduit les premières actions et s'assure que les portes restent ouvertes. Ainsi, depuis trois mois, un contact plus étroit est entretenu avec les forces et l'état-major de la Marine américaine qui se sont trouvés dès le 11 septembre en première ligne pour mettre en place la riposte. Des relations ont été établies avec les forces britanniques, canadiennes, australiennes, italiennes et japonaises déjà présentes ou dès leur arrivée. Dans le même temps, des opérations de surveillance maritime et de renseignement, d'escorte et de ravitaillement à la mer ont été menées quotidiennement par des unités françaises, en contribution aux efforts d'une coalition conduite par les forces américaines. Il est clair que les actions lancées à partir de la mer ont été déterminantes dans les succès remportés sur le

32. Message adressé à l'équipage du porte-avions *Charles de Gaulle* le 11 décembre 2001, à l'occasion de son arrivée en océan Indien pour participer aux opérations.

territoire afghan. Au moment où les opérations entrent dans une nouvelle phase, pour une autre étape de la lutte contre le terrorisme, la voie qui a été tracée et inaugurée vous est ouverte.

Je vous adresse des vœux chaleureux pour le succès de votre mission et vous assure de mon soutien et de celui de mon état-major autant qu'il sera nécessaire.

Souffler

À bord du Var, *Dubaï, 19 décembre 2001*

Faut-il une pause alors que la vie continue, que la campagne se poursuit, qu'il y aura d'autres épisodes, d'autres rencontres, que l'histoire va son chemin ?

Le retour du *Var* à Dubaï, après quatre mois, marque une étape et la fin d'un cycle. Pour beaucoup, à bord comme dans l'état-major, c'est la moitié du séjour, c'est le temps de se poser, de souffler, de refaire ses forces. Pendant ces mois, les événements du 11 septembre auront marqué notre activité de manière exceptionnelle et déterminé notre action, peut-être modifié notre regard sur les choses et sur les hommes. L'arrivée du groupe aéronaval ce 19 décembre va donner une nouvelle dimension à l'action de notre pays. Spécialement entraîné pour ce type de situation et d'opérations, il va prendre notre relais. Avec les moyens que nous avions, c'est-à-dire ceux que notre pays avait décidé dans un premier temps de consacrer à cette affaire, nous avons fait ce qu'il fallait et quand il le fallait. Le moment venu nous reprendrons la main, car c'est notre vocation d'être les permanents de cette région éminemment stratégique : quand les feux de l'actualité auront pâli sur les eaux du Golfe et de la mer d'Arabie, nous continuerons à surveiller la braise ; elle couve toujours. Mais pas seulement là, car l'océan est vaste. Sur son pourtour, près de quarante pays poursuivent leur chemin. Pour eux le temps ne s'est pas arrêté le 11 septembre. Ils vivent leurs difficultés, leurs affrontements, leurs transformations, leurs espérances. Nous irons les voir pour essayer de les comprendre. De la mer Rouge jusqu'à l'Australie, du Golfe du Siam jusqu'à l'Afrique du Sud, de l'Inde jusqu'aux mers australes, le champ est immense, démesuré peut-être. Mais nous sommes là pour veiller, pour alerter, à la mesure de nos moyens, de notre zèle et de notre détermination. Pour agir si la nécessité l'impose. Mais pour l'heure, on a besoin de souffler. Dans cinq jours, c'est Noël.

Deuxième partie

Janvier 2002-Octobre 2002

Cette deuxième période de fin 2001 jusqu'à octobre 2002 est marquée par de nombreux déplacements à travers l'océan Indien, que ce soit à bord du *Var*, du *Prairial* en Asie, ou en avion lorsque le programme des bâtiments ou les opérations en cours ne permettent pas de détacher un bâtiment dans ces eaux. Elle débute par un séjour à Dubaï et aux Émirats, agréable et reposant intermède après cinq mois bien remplis. Les textes qui suivent retracent les différents épisodes qui ont ponctué ces dix mois.

Chapitre IV

Intermède

Dubaï, décembre 2001-janvier 2002

Les six semaines, du 20 décembre jusqu'à la fin janvier, au cours desquelles le *Var* est revenu à Dubaï pour des travaux d'entretien et pour permettre à l'équipage et à l'état-major de souffler après l'activité intense que nous avions vécue depuis l'été, m'apparaissent avec le recul comme un moment de calme et de sérénité. Des jours où l'on se contente de vivre sans éprouver le besoin de raconter ou d'écrire. Au risque, lorsque les souvenirs s'estompent, de n'en avoir aucune trace. Paradoxalement, cela met en lumière le fait qu'écrire, tenir sa chronique ou rapporter ses impressions est le résultat d'un décalage et le besoin de partager ou de compenser l'absence et la solitude.

Dubaï en décembre est une villégiature agréable : il fait bon, il fait beau, la colonie française est sympathique et dynamique, la ville est animée et la région, désert ou montagne, offre de multiples possibilités d'échappées. On comprend qu'il ne reste pas de temps pour écrire lorsqu'on est deux et qu'on reste curieux de toutes les découvertes accessibles.

Au fil de la mémoire, que reste-il de cet intermède ? D'abord le désert.

Depuis longtemps il nous titille. À Dubaï il n'est pas loin, juste à la sortie de la ville, il ne fait pas peur. Ce n'est pas celui des grands espaces et des grandes solitudes qui fascinent. C'est le désert des dunes où l'on va « voir si ça passe » en équipée de 4x4. Nous y fêtons le 31 décembre, avec une panoplie de familles, jeunes et moins jeunes, de couples devenus amis, une ribambelle d'enfants, les tables et les fauteuils pliants, les nappes blanches et le champagne frappé : après le rodéo, il faut reprendre des forces sous les étoiles et fêter l'an neuf. Nous retournons plusieurs fois goûter au plaisir des dunes ; la maîtrise de la conduite y reste un sujet à approfondir.

Au bout du désert, il y a la montagne. Celle du nord dans la presqu'île de Musadam en Oman, qui forme la rive sud du détroit d'Ormuz, et celle de l'est qui domine la mer d'Arabie du côté de Fujeirah. Ce sont les mêmes paysages minéraux et acérés. Nous partons trois jours dans le Musadam entre mer et montagne. Nous plantons les tentes dans une surprenante forêt d'acacias, au milieu d'une vallée suspendue au-dessus du petit port de Khasab ; de là, nous rayonnons, escaladant les pistes vertigineuses ou au contraire plongeant vers les plages aperçues en contrebas des escarpements. Ici ou là, au détour du chemin, quelques amas de pierres, quelques terrasses suggèrent que des hommes ont pu vivre dans ces montagnes, peut-être pour trouver le frais pendant la saison chaude, peut-être pour chercher refuge quand leur tribu avait été attaquée ou vaincue. Car dans ces parages, la principale activité a toujours été la guerre. Ou le trafic, ce qui revient au même.

Au pied de la montagne, il y a la mer. À Khasab, nous louons un boutre pour la journée et nous parcourons, au rythme lent de ces majestueuses embarcations, le dédale des baies et des anfractuosités du détroit d'Ormuz. Parfois, dans un recoin du rivage ou perchés à mi-pente, apparaissaient de modestes villages de pêcheurs abordables uniquement par la mer. Longtemps les dauphins nous accompagnent, venant chercher sur l'avant du boutre la caresse de l'étrave. Cette côte découpée où toutes les caches sont possibles, située à quelques dizaines de kilomètres de l'Iran, est depuis toujours le paradis des trafiquants et des contrebandiers, mais aussi maintenant une zone majeure pour l'immigration clandestine, politique ou économique. De ces rives de Musadam arrivent et repartent chaque nuit des essaims d'embarcations à fond plat surmotorisées, qui traversent le détroit à vive allure chargées d'hommes ou de marchandises. Le soir, au retour à Khasab, on les voit avec leurs équipages en *dishda* blanche, attendant le crépuscule pour tenter leur chance.

Parfois dans la montagne, il y a un *wadi*. Le *wadi*, c'est la petite rivière, c'est l'oued… c'est l'eau, c'est la verdure, c'est la vie. Nous avons aimé, dans la région d'Al-Ayn, à proximité ou même déjà en Oman, le village de Khutwa, tranquille oasis le long d'une gorge profonde avec son falaj[33], ses petites maisons blanches, ses palmiers. Quand on chemine longtemps dans le désert ou dans la montagne écrasée de soleil, sans rien que des pierres ou du sable, et qu'au détour d'une courbe on débouche sur un écrin de verdure, on comprend pourquoi l'idée du paradis est née dans ces terres arides du Moyen-Orient.

On se dit que si l'on avait vécu à l'époque du Livre, ou des livres, on aurait été capable de l'inventer, nous aussi, ce paradis, puisque ce 4 janvier 2002, vers l'heure du déjeuner, on y arrive. C'est Daqeeq. Quel bonheur de flâner paisiblement le long des canaux à l'ombre des palmes, dans le bruissement de l'air, d'enjamber un muret de pierres, de contourner un jardinet planté de légumes, d'entendre l'eau qui sourd, de voir un âne boire au ruisseau. Daqeeq, comme Khutwa, ou la belle Kitnah que nous découvrons plus tard s'étale sur les bords du *wadi*. L'eau est captée en aval et irrigue le village par un système maillé de rigoles et de vannes. Chaque pied, chaque

33. Système d'irrigation traditionnel.

pousse reçoit son filet d'eau et c'est le miracle, c'est la vie depuis des centaines d'années. Aujourd'hui, ce ne sont plus les Émiriens qui habitent le village et s'occupent des cultures comme leurs pères, mais des immigrés qui viennent seuls, pour quelques années, amasser une maigre fortune et qui repartent dans leur pays profiter du fruit de leur labeur, en général un humble commerce. À Kitnah, ce sont trois Bengalais, le regard allumé par la belle étrangère.

Mais ce 4 janvier, c'est vendredi en terre d'Islam et il n'y a personne dans les jardins. Pourtant, quelque part, la table est mise et nous y trouvons notre place. C'est cela le paradis. Dans les rochers au bord de l'eau, juste sous l'élégante mosquée, une famille est installée pour le pique-nique ; les voitures sont à l'ombre, le feu est allumé, la marmite de riz bouillonne, les poissons crépitent et l'on papote à la ronde. Il y a le père dans sa majestueuse tenue blanche, que les hommes d'ici portent avec tant d'élégance, la mère voilée et même masquée, les fils et les filles, les gendres, les jeunes enfants, pas encore de bébé. Tout est joyeux. On nous hèle et on nous invite à prendre place, on échange comme on peut avec les enfants qui parlent un anglais rudimentaire et traduisent aux parents. On devine que la mère, confortable et drôle sous son masque, aimerait pouvoir aussi bavarder. C'est une famille omanaise venue en voisin passer le vendredi à la campagne. On nous offre des dattes, du coca, des fritures par poignées. À notre surprise, lorsque le poisson est grillé et que le riz est cuit, les hommes s'installent d'un côté et les femmes de l'autre, à quelques mètres. On est au paradis mais chacun à sa place. Faut-il s'en offusquer ? Nos coutumes sont différentes mais je ne suis pas sûr que chez nous, une famille installée au bord d'un torrent de montagne aurait invité deux Arabes en balade à s'asseoir pour partager le panier du repas. Au paradis, c'est l'habitude.

Retour à Dubaï l'extravagante. Finalement, on a l'impression d'y être chez nous. Preuve que dans une vie d'errance, le marin a besoin de sentir une base, de retrouver des lieux, des visages, des formes. C'est rassurant. Pourtant, que de facettes à cette ville folle dont la moitié n'existait pas il y a dix ans. C'est peut-être cela sa magie : cette année, on y a nos racines.

Adieu cow-boy

Bahreïn, 10 février 2002

Ce dimanche 10 février, l'amiral Moore passe la main à l'amiral Keating au commandement de la 5e Flotte. Cérémonie dans la grande tradition américaine. Tous les attributs du décorum naval —musique, garde d'honneur, sifflets de gabier, cloches et pavillons de timonerie — ont été transportés dans la grande salle de bal de l'hôtel du Golfe de Bahreïn, sous les lustres de plastique et les tentures de velours rouge. Plus de mille cinq cents invités participent à la manifestation présidée par le général Franks en personne, venu des États-Unis pour la circonstance : personnalités politiques bahreïnaises, corps diplomatique, ambassadeurs américains des pays voisins et chefs d'état-major de toutes les marines du Golfe.

Après un moment de prière et une invocation de l'aumônier de la 5e Flotte, qui placent résolument la cérémonie sous le regard de Dieu, on en vient aux discours, aux panégyriques, aux échanges de médailles et aux compliments. Dans une déclaration de plus de vingt minutes, très construite mais prononcée sans notes et avec élégance, l'amiral Moore manifeste une fois de plus son habileté. Il rend un hommage appuyé au général Franks pour sa victoire en Afghanistan, puis il s'étend sur les opérations qu'il a lui-même menées depuis son arrivée en 1998, quelques semaines avant les attaques terroristes en Afrique de l'est. Il confirme que les forces américaines sont installées à Bahreïn pour longtemps. Personne n'est oublié dans les nombreux remerciements qu'il adresse aux autorités locales, aux forces armées des pays du Golfe, à son état-major et très largement aux hommes et aux femmes de l'US Navy et des Marines, sans compter son épouse couverte de fleurs et de médailles. Il rend hommages aux alliés de la coalition, France, Grande-Bretagne et Italie, cités dans cet ordre. Le propos du général Franks prend un tour plus politique, affirmant que si les objectifs militaires en Afghanistan ont été atteints, les opérations de guerre contre le terrorisme ne font que commencer, et que les États-Unis sont résolus à aller jusqu'au bout quoiqu'il arrive et à extirper le mal où qu'il se trouve.

Il revient à l'aumônier de clore la cérémonie et de prodiguer à chacun, en cette terre d'Islam, la bénédiction du Dieu des chrétiens. Seul le crépitement des téléphones portables, sortis sans précipitation des *dishdas*, vient à cet instant, comme d'ailleurs pendant les hymnes et les discours, perturber le silence et l'attention, voire le recueillement. Après une heure trente sous les faux ors de la salle de bal, l'amiral Moore puis le général Franks et enfin l'amiral Keating quittent l'estrade au bas de laquelle une haie de marins en bob rendent les honneurs au sifflet.

De Dubaï à Aqaba

Février 2002

Je reprends ce récit alors que je suis à Djibouti depuis une semaine et pour encore deux jours. Je l'avais laissé en plan après l'heureux intermède de Dubaï. Je circule pas mal depuis un mois. Un saut en Australie d'abord, pour une semaine au total avec les transits et les décalages. J'ai retrouvé Sydney avec plaisir vingt ans après l'époque de la Nouvelle-Calédonie, quand nous étions allés y passer des vacances. Le séjour a été studieux, marqué de rencontres avec les responsables des Forces armées australiennes et des marines voisines réunis à cette époque à Sydney. L'Australie est en marge du théâtre de l'océan Indien mais c'est un partenaire important, même s'il est plus volontiers tourné vers le Pacifique. Pour les riverains de l'Asie du Sud-Est, côté océan Indien, il est un acteur incontournable : grand territoire, grand pouvoir d'achat, assise internationale. Il dispose d'une flotte significative. C'est donc naturellement que nous entretenons une relation suivie avec ce pays. Il y trouve de son côté l'avantage de la coopération avec une marine hauturière, opérationnelle et bien entraînée, ce qui n'est pas fréquent dans la région. Nous convenons, avec le chef d'état-major de la Marine que je rencontre sur sa vedette dans la baie, qu'il faut me rendre à une prochaine occasion à Perth sur la côte ouest, ainsi qu'à Darwin au nord, afin d'y approfondir et d'y développer, avec les autorités maritimes locales, les modalités de notre coopération.

Retour d'un coup d'aile vers le Golfe, par *Emirates* qui entretient plusieurs lignes avec l'Australie comme avec la plupart des villes d'Asie du Sud-Est. Le succès fulgurant de cette compagnie n'est pas le résultat du hasard : efficacité, accueil, discrétion, ponctualité.

Je ne suis pas de première fraîcheur, tout juste arrivé à Dubaï après dix-sept heures de vol pour y accueillir le chef d'état-major de notre Marine, de passage aux Émirats pour visiter les équipages. C'est l'occasion de lui présenter la situation, de lui livrer de vive voix mes commentaires et mes analyses, mais aussi d'aborder quelques sujets difficiles relatifs à la situation du personnel. Il connaît remarquablement le théâtre pour avoir été à ma place tout juste deux ans auparavant. Pour les questions de personnel, l'exercice est plus subtil.

Départ le lendemain même pour Oman en avion, vers Salalah, une ville du sud presque à la frontière du Yémen, pour rejoindre par hélicoptère le porte-avions *Charles de Gaulle* qui fait route de la mer d'Arabie vers Djibouti, après deux mois de présence et d'opérations. Je l'avais accueilli en mer Rouge lors de son arrivée dans l'océan Indien. À l'époque, c'était la mi-décembre, on sentait nettement une certaine fébrilité à son bord : il allait faire ses premières armes. Or, après une période d'essais médiatiquement douloureux, il n'avait pas le droit à l'erreur. Notre porte-avions était mal né ou plutôt, sa gestation avait été laborieuse. Il avait été brocardé et même tourné en dérision : construction interminable, pont trop court, hélice cassée… Toutes ces attaques nous semblaient injustes, puisqu'il était encore en fabrication et qu'il n'appartenait pas à l'époque à la Marine[34]. Mais nous avons probablement été de médiocres communicateurs, incapables d'expliquer simplement les choses. Je crois qu'en deux

34. Il a été admis au service actif en mai 2001.

mois d'opérations au cours desquels il a été rudement sollicité, notre porte-avions a fait ses preuves. Je suis bluffé de voir une mécanique si bien huilée, loin des polémiques, avec une étonnante sérénité de tous après ce long temps à la mer en opérations sans la moindre escale. Je sens que l'équipage fait corps avec son bateau et qu'il se l'est approprié : on parle maintenant familièrement du *Charles* comme on parlait du vieux *Clem*[35]. De ce côté-là, c'est gagné. J'apprécie ce sentiment de paisible résolution et de détermination partagé par l'ensemble du bord. C'est pourquoi je suis surpris peu après de lire un article de tonalité différente, décrivant une ambiance morose et une certaine lassitude. Renseignement pris, le journaliste rédacteur n'est pas allé à bord et s'est contenté d'une vague rencontre dans un bar montant de Djibouti avec quelques marins en goguette. Chacun fait son métier comme il le peut. Les marins, eux, n'ont pas à rougir.

De Djibouti je rejoins Bahreïn, toujours en avion mais via Nairobi, au Kenya. Les liaisons aériennes sont compliquées puisque Nairobi est très au sud de Djibouti et Bahreïn largement au nord-est, Nairobi étant plus loin de Djibouti que Bahreïn. Je traverse l'Éthiopie entre l'Ogaden et les montagnes, le long de la grande faille de la Rift Valley, et presque tout le Kenya dans un sens puis dans l'autre, avant d'enjamber l'Arabie au-dessus du grand désert du Rub' al-Khali. Le survol de ces contrées est étourdissant : plateaux arides, montagnes, vallées sèches… On se dit qu'il reste de la place sur la terre mais qu'il y a des endroits où il fait mieux vivre que d'autres. Le survol de l'Éthiopie est le plus surprenant, avec des habitations partout, même dans les coins les plus reculés, sans la moindre trace de route ou de piste. En ce début du XXIe siècle, tous les hommes ne vivent assurément pas à la même époque.

35. Le porte-avions *Clemenceau,* prédécesseur du *Charles de Gaulle*.

Retour au présent à Bahreïn, avec l'étonnante cérémonie de changement du commandant américain de la zone, mon ami le cow-boy. Encore une belle expédition de Bahreïn vers Djibouti via trois haltes au Yémen : Saywun au beau milieu du pays et en plein désert montagneux (je peux cependant joindre plusieurs correspondants par téléphone portable ; mieux qu'en Bretagne Nord !), puis Aden la mythique ou l'inspiratrice — Rimbaud, Monfreid, Nizan : « J'avais vingt ans et je ne laisserais personne dire que c'est le plus bel âge de la vie… » —, et enfin Sanaa, où j'aimerais bien m'arrêter plus longuement et m'échapper quelques jours. Ce sera pour une autre fois.

Je me demande si vous ne vous perdez pas ou plutôt si je ne vous perds pas dans tous ces périples, ces croisements, ces passages d'un pays à l'autre, d'un bateau à l'autre, d'un avion à l'autre, d'un avion à un bateau. Si vous n'avez pas de carte sous les yeux ou la géographie de l'océan Indien dans la tête, j'ai peur que vous n'ayez le tournis. Pardonnez-moi. Pardonnez-moi mais c'est ma vie depuis un mois qui est une vraie cavalcade, à travers trois continents, une dizaine de pays, plusieurs centaines de milliers de kilomètres. Pour m'y retrouver moi-même je note tout cela consciencieusement au jour le jour, la nuit plutôt ! De temps en temps, je fais le bilan et une courte pause pour reprendre haleine. Pour l'heure, c'est à Djibouti.

C'est devenu un port recherché, plusieurs nations voulant se manifester dans cette région de la Corne de l'Afrique pour apporter leur contribution à la lutte contre le terrorisme. Les plus inhabituels dans ce paysage sont les Allemands arrivés récemment avec huit bâtiments, surpris des conditions locales d'hygiène. À terre, ils investissent tout ce qui est fréquentable, c'est-à-dire pas grand-chose ; le Sheraton est devenu une sorte de *kommandantur* qu'ils occupent en treillis. Ils y ont installé bureaux et état-major. Beaucoup parlent le français et nous entretenons les meilleures relations. Ils s'interrogent sur leur mission, plus démonstrative que réellement opérationnelle, et ils voient venir l'été avec inquiétude. Nous tâchons de les aider tout en restant prudents, chacun ayant ses propres intérêts politiques.

Je n'avais pas eu le temps en août dernier de retourner dans le nord du Territoire, où j'aimais à me rendre lors de mon premier séjour. C'est plus difficile aujourd'hui, me dit-on, mais j'ai envie de tenter ma chance. C'est vendredi. La route qui mène à Tadjoura est au début celle de l'Éthiopie, jusqu'à l'entrée du petit Bara. Angoissante. Des centaines de camions dans un décor sordide de faubourgs glauques, de décharges en plein vent, de bidonvilles et de garages de brousse. C'est la loterie à chaque virage ou à chaque haut de côte. À partir d'Arta, on est dans un paysage plus minéral, très lunaire quand on s'approche du Goubet, avec des failles grandioses, vertigineuses et sombres. Au fond, on surplombe le lac Assal, à moins deux cents mètres sous le niveau de la mer. On aperçoit nettement la croûte blanche de sel au loin, et la distance permet d'ignorer le massacre du site qu'une exploitation déraisonnable va compromettre à jamais. Après la bifurcation, la voie est excellente. Elle est dénommée route du roi Fahd, probablement parce que c'est l'Arabie Saoudite qui l'a payée, ou encore route de l'Unité parce qu'elle joint le Sud « Issa » au Nord « Afar », du nom des ethnies historiquement en conflit de la République de Djibouti. La paix a été conclue entre les adversaires mais cette paix est toujours fragile ; elle permet néanmoins depuis quelques mois de se rendre sans difficulté dans ce nord resté fermé de longues années. On rejoint la mer une vingtaine de kilomètres avant Tadjoura, par une plaine côtière plus aérée et plus verte en cette saison. Ce qui frappe en effet, c'est cette verdeur relative que les pluies d'hiver amènent, et qui contraste avec la grisaille du sud ou le noir des reliefs volcaniques.

Comme dans les livres de géographie et dans les romans, Tadjoura paraît endormie. Son sultan jouait autrefois un rôle important. L'indépendance et « l'avènement de la démocratie » lui ont fait perdre une partie de son influence. Il reste compétent pour les questions familiales et les affaires judiciaires dans lesquelles il intervient en premier, décidant ou non de passer la main à la justice civile. Après Tadjoura qui manque d'intérêt, je poursuis jusqu'aux « Sables blancs » où nous avions passé une nuit en famille à la belle étoile à la Noël 1988. Je finis par en retrouver l'accès malgré l'absence de signalisation et de cartes. Il faut prendre la piste d'Obock, en mauvais état au départ de Tadjoura, puis obliquer au sud, passer sur une ancienne piste d'aviation impraticable aujourd'hui et terminer à pied, car la descente vers la mer est complètement défoncée.

Aucune piste n'a été entretenue depuis dix ans à cause des combats ; les choses commencent à s'améliorer avec un bon coup de main de la compagnie du génie de la Légion étrangère. La recherche de la plage me conduit en surplomb d'un endroit à la fois superbe et irréel, le Rassâli. Modeste baie cachée au détour d'une falaise, protégée d'une langue de sable en crochet devant la mer, une passe étroite pour accéder. On devine le repère de pirates ou de trafiquants que ces lieux étonnants ont dû abriter : un vieux boutre est là, échoué sur le sable, témoin probable de bien des aventures. Et comme posée là au bord de l'eau, tout au bout du monde, une villa blanche sous le soleil. Retour en littérature puisque c'est la villégiature du ministre-écrivain Jean-François Deniau. Il y vient plusieurs fois par an. On comprend la fascination d'un homme de plume et de bosses pour un tel lieu hors du monde et hors du temps. Il dort beaucoup et il se baigne, me dit le jeune gardien accouru aussitôt, surgi de nulle part. Je gage aussi qu'il y écrit, loin des estrades et des bruissements de la ville. C'est probablement là qu'il a conçu bien des épopées, des Afghanistan et des mers de Chine. Parce que le soleil enflamme l'esprit et promeut les héros.

Lundi matin, nouveau départ pour le nord, mais en hélicoptère cette fois ; je rejoins une escouade du commando Trepel[36] en sortie d'entraînement dans les Mablas, fortes collines très isolées à l'est d'Obock. Halte d'abord sur la montagne d'Arta, à quarante kilomètres de Djibouti, où se trouve la base des commandos, pour m'équiper de la tenue et du sac et embarquer le chef du commando, un lieutenant de vaisseau de belle carrure. Le posé à Arta est impressionnant, en bordure de la falaise d'où l'on aperçoit, en contrebas, des colonies de singes. Je suis heureux de passer un long moment sur le terrain avec les commandos, mais légèrement inquiet de ma capacité à les suivre dans leurs évolutions. Même si nous avons quelques kilos de différence sur le dos, j'ai quelques années de plus au compteur. Je retrouve la colonne vers dix heures après la traversée du golfe de Tadjoura et le survol des territoires du Nord : paysages sublimes par la porte ouverte de l'hélicoptère au-dessus des collines, des montagnes ou des oueds. Les hommes m'attendent près du village de Médého que ne dessert aucune route, seulement des pistes chamelières. Il regroupe plusieurs familles de pasteurs qui cultivent de petits jardins pour leur subsistance. Il y aussi une école à flanc de colline, mais c'est l'époque des vacances. Nous longeons l'oued jusqu'à la mer sur une vingtaine de kilomètres, rencontrant ici ou là des bergers dans leur toukoul, des chameaux, des cabris, quelques maigres bovins, mais aussi des bandes de singes hurlants et des rapaces à l'affût. Marche rude en terrain instable, sur les rochers, les cailloux, le sable ou la broussaille. Mais marche sans précipitation, au rythme calculé, très professionnelle. Après sept heures, je me sens en forme, plutôt fier de tenir le coup au milieu de jeunes guer-

36. Un des cinq commandos de la Marine appartenant aux « forces spéciales ».

riers entraînés. Nuit au bord de l'oued sous les étoiles, bien calé entre sable et rocher, et sans demander mon reste. Retour en hélico à Djibouti dans la matinée, heureux de cet intermède sportif en compagnie de ces hommes discrets et pudiques.

Étape rapide mais dense à bord du *Var*, le temps de traiter les questions en suspens, et en route pour le lac Abbé dès le début de l'après-midi. Je rêve depuis longtemps de voir ce site réputé et lointain, et je tente de saisir une des dernières occasions. Je suis subjugué par ce paysage de commencement du monde que j'ai la chance de parcourir seul, je veux dire sans autre voyageur. Non pas que les touristes y affluent en nombre d'habitude, parce que la distance est là et que Djibouti n'est pas une destination courue, mais il peut y avoir malgré tout quelques 4x4 baladeurs. Aujourd'hui, j'ai tout pour moi dans toutes les directions : les étranges cheminées aux formes fantomatiques dressées au milieu de la mer asséchée il y a des millions d'années, les sources chaudes fumantes, les flamants roses au bord de l'eau, les herbus ressemblant curieusement à ceux du Mont-Saint-Michel, l'archange en moins, la solitude en plus. Au sud et à l'ouest, les montagnes de l'Éthiopie, vers où filent de loin en loin les caravanes de sel ou les contrebandiers. De l'est, ce sont les troupeaux des bergers afars qui, dans la journée, descendent des hauteurs caillouteuses pour trouver l'eau, ou de longues colonnes de chameaux pour l'eau également. Un chacal vient tenter sa chance, mais les bergers sont attentifs et ils ont vite armé leurs fusils. Vieilles armes de guerre passées on ne sait comment d'Éthiopie du temps des Soviétiques. Ce trafic a toujours fait partie du paysage, Arthur Rimbaud et Henry de Monfreid en savaient quelque chose. Aujourd'hui, les affaires continuent : à l'occasion de la halte du soir au campement, on me propose des kalachnikovs en état de marche et d'autres engins du même type. Je craque simplement pour un poignard-baïonnette inquiétant, parvenu là sûrement après d'obscurs combats.

Au-delà de Dikhil, la ville de l'Unité comme le proclame au fronton l'arc qui marque l'entrée, les paysages sont plus dégagés, jaunes ou sableux. Çà et là, on aperçoit un poste ou un fort sur frontière éthiopienne qui n'est guère éloignée. On franchit le village d'As'Ela dont l'oued est bordé de jardins potagers qui fournissent quotidiennement Djibouti, puis Kouta-Bouyya, hameau de bergers et de nomades, constitué de quelques *toukouls*. Au passage, les gosses accourent en faisant des signes. Qu'espèrent-ils du fond de ce désert ?

En redescendant vers Djibouti mercredi en début d'après-midi, nous sommes, comme en septembre dernier, à l'heure du kat. L'avion vient chaque jour de Dire-Dawa, sur les plateaux d'Éthiopie non loin d'Harar, où les coloniaux du Territoire montaient autrefois par le train prendre le frais pendant la saison chaude. Il est chargé à ras de branches et de feuilles de kat cueillies le matin même sur les collines. À l'aéroport de Djibouti, les véhicules des sociétés de distribution attendent dans le plus grand brouhaha et l'impatience monte. Dès que l'avion se pose, c'est la ruée : les moteurs vrombissent, on charge les ballots et les voitures filent vers tous les coins du pays, vers les multiples échoppes des revendeuses. Plusieurs foncent vers le port où des canots rapides sont au poste d'appareillage pour servir Tadjoura, Obock, et jusque plus au nord. Le kat va partout, me dit mon chauffeur, il se répand comme l'eau… Partout, on l'attend avec impatience et s'il y a du retard, la tension monte. S'il ne vient pas, c'est la fièvre. Les voitures sont blanches pour être repérées ; elles clignent des phares pour passer plus vite. On s'arrête devant la voiture du roi, me précise encore mon chauffeur. Le roi kat !

On parvient à bon port entre les camions d'Éthiopie et les voitures de kat, probablement sous la protection d'Allah. C'est d'ailleurs vendredi la grande fête de l'Aïd et chaque famille doit égorger un mouton. Il y a un dernier obstacle sur notre route : les troupeaux qui affluent en ville pour le sacrifice.

Après cette semaine djiboutienne, le *Var* reprend la mer. Nous partons samedi pour Aqaba en Jordanie ; je suis heureux de naviguer vers le nord de la mer Rouge que je ne connais pas : après le détroit de Bab el-Mandeb, cap au nord-ouest vers la pointe du Sinaï puis à droite, le détroit de Tiran. La Jordanie est tout au fond, entre Israël à gauche et l'Arabie Saoudite à droite.

Incertitudes malgaches

Glorieuses, Mayotte, La Réunion, février-mars 2002

Le *Var* n'est jamais arrivé jusqu'en Jordanie.

Seule mon épouse y est allée. Nous avions prévu de nous retrouver à cette escale après une assez longue séparation, mais notre demi-tour en mer Rouge a été si brutal et si inattendu que je n'ai pas eu le temps de la prévenir : la veille de notre arrivée, elle était en route et même parvenue à Amann. Ainsi va la vie de marin avec ses va-et-vient, ses surprises heureuses et ses rendez-vous manqués. Nous n'en n'étions pas à la première expérience de ce genre. C'était raté pour cette fois, mais c'était partie remise. Heureusement, grâce à la gentillesse d'amis français installés en Jordanie et à la sollicitude de l'ambassadeur de France, elle a pu profiter de son séjour et même pousser jusqu'en Syrie où nous souhaitions depuis longtemps aller. À front renversé, c'est donc elle qui m'a raconté son escale.

J'avais invité plusieurs officiers-mariniers à déjeuner ce dimanche. Nous étions rendus au nord de la mer Rouge, à quelques heures du détroit de Tiran qui marque l'entrée du Golfe d'Aqaba. C'est la coutume à la mer d'inviter les uns et les autres à partager un repas, à échanger de carré à carré, et je suis attaché à cette heureuse tradition. J'avais moi-même eu l'occasion plusieurs fois d'être reçu chez les officiers-mariniers supérieurs ou chez les plus jeunes, et dans les carrés d'officiers. Après un moment en général un peu raide en début de rencontre — je sais bien qu'il reste impressionnant de venir chez l'amiral, c'est ainsi... —, l'atmosphère se détend et l'on passe des moments chaleureux à échanger nos expériences ou nos souvenirs ; c'était le cas ce dimanche, nous faisions aussi des projets pour la visite de Pétra et une échappée dans le Wadi Rum. Vers quatorze heures, nous attaquions le café lorsque j'ai été appelé au téléphone par l'état-major des Armées ; notre saga malgache a commencé. À l'heure qu'il est, elle dure toujours. J'ai fini ma tasse et nous avons immédiatement fait demi-tour, cap au sud. J'ai appelé notre ambassadeur à Amann pour lui annoncer notre défection. Je regrettais l'escale dans ce pays attachant, les retrouvailles attendues, mais aussi la rencontre avec un diplomate fin et talentueux avec qui je me réjouissais de partager mes expériences et mes analyses.

En route désormais vers Madagascar. À l'automne, la situation politique dans ce pays s'est dégradée et rapidement envenimée à la suite de l'élection présidentielle dont les résultats ont été contestés. Le président Ratsiraka, en place depuis de très nombreuses années, n'admet pas le verdict des urnes qui semble plutôt donner la victoire à son challenger Ravalomanana, maire de la capitale Tananarive. La proclamation officielle des résultats est sans arrêt différée et les partisans du maire s'impatientent, les vieilles querelles entre côtiers et habitants des plateaux s'exacerbent comme chaque fois dans les moments troubles. Plusieurs ressortissants français ont été pris à partie et menacés. La colonie française à Madagascar est nombreuse puisqu'elle comprend vingt-six mille personnes, dont une dizaine de milliers de bi-nationaux, et la France est attentive à leur sécurité, même si celle-ci doit être garantie par les autorités locales.

Le contexte politique franco-malgache est complexe, parce qu'après sa longue aventure socialo-marxiste qui a conduit son pays à la ruine, « l'amiral rouge » — le président

Ratsiraka est un officier de marine issu de l'École Navale — s'est rapproché de notre pays, jamais indifférent au sort de la Grande Île, et il a tenté de renouer un début de coopération. Il a certainement encore quelques appuis en France et peut-être des intérêts. Ravalomanana en revanche est réputé proche du monde anglo-saxon. Dans ce paysage confus, nos compatriotes sont en position inconfortable. En France, on est en pré-campagne électorale[37], les enjeux sont importants, cela ne simplifie pas les choses, et la cohabitation n'est pas un facteur de clarification. Pour l'heure, l'analyse politique est qu'il faut se préparer à évacuer nos ressortissants de façon massive si la situation se dégrade encore. Les directives précisent que la manœuvre doit être discrète pour n'alarmer ni nos résidents ni les autorités malgaches, qui pourraient considérer une telle perspective comme un aveu d'inquiétude voire d'impuissance, et déclencher la panique.

L'évacuation de ressortissants en situation précaire dans un pays troublé est clairement une mission des forces françaises à laquelle les armées se préparent, en relation avec les autorités diplomatiques dans les pays concernés. Dans les vingt dernières années, la Marine a participé à plusieurs d'entres elles, que ce soit au Moyen-Orient ou sur les côtes africaines. Les bâtiments de l'océan Indien et mon état-major y sont entraînés. Les plans d'évacuation privilégient la voie aérienne évidemment plus rapide, encore faut-il disposer d'un aéroport et pouvoir y acheminer en sécurité les candidats au départ. Si ce n'est pas le cas, ou s'il y a beaucoup de monde, ou encore si les réfugiés sont disséminés le long de la côte, la voie maritime s'impose. Dans le cas de Madagascar, il faut combiner tous les modes d'action, en envisageant une vaste opération par voie aérienne sur la capitale qui nécessite la prise de contrôle de l'aéroport international d'Ivato, mais

37. Campagne pour les élections présidentielles.

aussi une multitude d'opérations maritimes, parce que nos compatriotes sont dispersés, tant au nord aux environs de Diégo-Suarez, que dans les villes ou les bourgades côtières de l'est ou de l'ouest. C'est au général commandant supérieur des forces françaises basées à la Réunion qu'il appartient de piloter l'ensemble des préparatifs, mon état-major lui apportant la compétence et le complément maritime. J'ai pour ma part la charge de toute cette partie nautique.

La longue descente vers le sud nous permet de préparer l'opération en relation avec la Réunion et l'état-major des Armées, d'envisager la mobilisation de huit navires, dont le *Var* qui a de bonnes capacités d'accueil de passagers pour une courte période, mais aussi le *Siroco*, transport opérationnel moderne et bien équipé, notamment d'hélicoptères. Ce bâtiment se trouve engagé dans une vaste manœuvre internationale sur la côte orientale de l'Afrique du côté du Kenya et de la Tanzanie et j'obtiens de pouvoir en disposer quelques temps avant son retour en métropole. Il pourra aussi, le cas échéant, héberger pas mal de monde.

Les unités stationnaires à la Réunion complètent le dispositif, la Garonne, bâtiment-atelier de soutien mobile, ainsi que la frégate de surveillance *Floréal*, les patrouilleurs *La Rieuse* et *La Boudeuse* et le bâtiment de transport léger *Jacques Cartier*, capable de « plager », c'est-à-dire d'embarquer personnel et matériel directement sur une côte non aménagée. Toutes ces unités stationnaires ont une bonne pratique de la côte malgache et des îles du canal du Mozambique ; c'est un avantage précieux. Ainsi, nous avons la capacité d'embarquer simultanément plusieurs milliers de personnes que nous acheminerions en quelques heures vers l'île de Mayotte, où un pont aérien pourrait être organisé vers la France. Au-delà de ces préparatifs que nous conduisons avec précision, je dois dire franchement que je ne sens pas très bien cette affaire parce que le contexte, aussi bien en métropole que sur place, me paraît totalement ambigu. Je ne vois pas notre pays déclencher une telle opération dans les semaines qui viennent. J'ai à ce sujet des débats avec l'état-major des Armées, à qui je fais valoir mon point de vue, mais sans le moindre succès cette fois. Évidemment, à distance on est en position de faiblesse, ne sachant pas si les interlocuteurs relaient au niveau approprié les observations et les considérations du terrain. Ma crainte est que cette affaire s'enlise et qu'on ait beaucoup de difficultés à démonter l'opération, qui risquerait dès lors de traîner inutilement en longueur, alors que beaucoup de moyens sont mobilisés. La période électorale en France va compliquer le jeu.

J'évoque mes doutes et mes difficultés avec mon chef d'état-major et le commandant du *Var*, puisque nous partageons au quotidien, midi et soir, la même table, les mêmes lieux de vie. Difficile dans ces conditions de garder pour moi seul ces interrogations. En revanche, il est important que nous portions tous trois ces décisions vis-à-vis du reste du bord, car il est nécessaire que chacun puisse travailler dans la sérénité, même s'il est probable que le changement inattendu de programme ait suscité quelques doutes. Pour autant, du seul point de vue technique, le montage de cette affaire nous permet un entraînement grandeur nature, une vérification des procédures et un balancement de toute la chaîne, en relation étroite avec l'état-major de la Réunion.

Il faut une dizaine de jours de navigation pour rejoindre les eaux malgaches à partir du nord de la mer Rouge. Nous repassons le détroit de Bab el-Mandeb, piquons vers l'est le long de la côte somalienne, et doublons le cap Gardafui qui marque l'extrémité orientale de la Corne de l'Afrique, laissant l'île de Socotra sur bâbord. Puis route au sud vers l'équateur. C'est une zone de navigation où la piraterie fait rage. Il s'agit plutôt de banditisme nautique, des brigands montés sur des embarcations rapides sont à l'affût des navires qui longent la côte ou qui s'en rapprochent pour réparer des avaries. L'État somalien n'existe plus depuis des années, les pirates opèrent à partir de la côte en toute impunité. Le scénario est toujours le même : ils rattrapent leurs proies par l'arrière, les prennent d'assaut, ce qui n'est pas difficile avec de la détermination et un armement lourd face à des équipages hétéroclites ; ils négocient ensuite une rançon avec l'armateur avant de relâcher les malheureux bougres ou de les liquider. Plusieurs affaires ont marqué les mois passés. Il faut effectuer une veille attentive et tous nos bateaux qui fréquentent ces eaux ont des consignes de vigilance. Cette fois-là, notre silhouette grise et massive fait probablement hésiter les pirates qui restent invisibles et nous poursuivons sans encombre vers le sud.

C'est l'occasion pour le *Var* de passer la ligne[38] avec l'habituelle cérémonie d'initiation des néophytes. Une affaire délicate aujourd'hui sur les bateaux, parce qu'on est, là comme ailleurs, très attentif aux dérapages et aux débordements que des traditions parfois douteuses pourraient encourager. Il faut réaliser un harmonieux mélange d'encadrement vigilant, de minutieuse préparation mais aussi d'esprit de fête et de bonne humeur. Tout se passe dans la sérénité.

La région intertropicale que nous atteignons bientôt marque les retrouvailles avec un ciel couvert, la pluie et la chaleur, alors que nous quittons le printemps. Une halte de quelques heures aux Glorieuses, îlots français dans le nord du canal de Mozambique, permet de rejoindre le *Siroco*, mais aussi un premier contact avec le commandant supérieur venu par avion de la Réunion. Après les nombreux échanges téléphoniques et les travaux de nos états-majors, nous pouvons faire le point de nos préparatifs et mettre au clair les modalités d'opérations. C'est un homme aux vues larges avec qui il est facile de s'entendre. Le *Var* est mouillé loin de terre parce

38. L'équateur.

que le lagon est mal pavé pour un pétrolier à fort tirant d'eau, et que l'hydrographie des lieux mérite quelques rafraîchissements. On voit l'île à la jumelle, sable blanc et cocotiers, mais il faut se remettre en route sans délai pour fuir vers le nord le cyclone Harry, très creux, qui arrive tout droit de l'est. Il finit par incurver sa route pour se perdre entre la Réunion et Madagascar sans trop de dégâts, sauf quelques inondations dans l'est de la Grande Île.

Nous rejoignons Mayotte le 13 mars, et je retrouve avec plaisir sa silhouette montagneuse et verte qui nous change des rivages plats et désertiques de la péninsule arabique. J'ai beaucoup fréquenté ces eaux il y a trente ans, lors de mon premier embarquement comme second du patrouilleur *Altaïr* stationné à Diégo-Suarez, où notre pays entretenait une base navale. Les Comores, et singulièrement Mayotte, étaient l'une de nos destinations favorites. À Mayotte, je quitte le bord sous des trombes d'eau pour gagner l'aéroport dans le milieu de l'après-midi, en route pour la Réunion où je souhaite un nouveau contact direct avec le commandant supérieur, mais aussi rencontrer le préfet et l'administrateur des Terres Australes qui sont pour moi des autorités de voisinage.

Déjeuner le 14 à la belle préfecture de la Réunion au centre de Saint-Denis ; le préfet[39] est un homme subtil et chaleureux. C'est presque un collègue puisque outre-mer il exerce les fonctions de préfet maritime, et nous avons plusieurs sujets d'intérêt commun. Quant à l'administrateur des Terres Australes, c'est un solide client de la Marine qui lui fournit plus de deux cent cinquante jours de patrouille de surveillance par an dans le grand Sud, afin de lutter contre la pêche illicite à la légine. Ce poisson des mers froides, abondant dans la

39. L'auteur le retrouvera comme préfet du Finistère à l'été 2005 (Note de l'éditeur).

zone des Kerguelen, est très réputé au Japon où il se vend cher, et nos eaux sont régulièrement pillées par des armements exotiques (chinois, chiliens, russes...) qui exploitent une main-d'œuvre sous-payée de pêcheurs-esclaves sur des bateaux de misère. L'île Maurice voisine fournit complaisamment aux pilleurs un port de débarquement pratique.

Un impressionnant vol en hélicoptère me permet de remonter le cirque de Mafate et de découvrir les terres les plus isolées de l'île de la Réunion, qui ont servi de refuge au siècle dernier aux Noirs marrons et aux petits Blancs ruinés. Spectacle saisissant, à la fois par la beauté et la grandeur du site, mais aussi par l'idée que des hommes et des femmes ont été contraints de vivre là, plus loin qu'au bout du monde. Leurs descendants y sont toujours, mais l'hélicoptère autorise désormais le ravitaillement, l'école et les secours. En fait, la plupart des habitants se sont reconvertis dans le tourisme vert car le cirque de Mafate, comme ceux de Cilaos et de Salazie, est devenu le paradis des randonneurs. On comprend cet engouement quand on endure les invraisemblables embouteillages de la principale route de l'île, et on est inquiet de voir dans le port les milliers de véhicules juste déchargés des bateaux. L'île est au bord de l'asphyxie et personne n'imagine de solution car le relief d'une part, et les cyclones de l'autre, ne favorisent guère de développement routier. En revanche, le RMI et les batteries d'allocations font largement prospérer le commerce automobile.

Retour à Mayotte qui ne souffre pas encore du même syndrome automobile (les mêmes causes produisant les mêmes effets, on est en droit de s'interroger pour l'avenir), mais d'un autre plus inquiétant : l'immigration clandestine. Le préfet lui-même ne sait pas combien il y a d'habitants. Entre cent cinquante et deux cent mille probablement, dont environ trente pour cent de clandestins. Il en arriverait une centaine par jour en provenance d'Anjouan sur des embarcations de fortune. Les Anjouanais sont attirés par le mirage mahorais car Mayotte la Française apparaît comme un îlot de prospérité pour les malheureuses Comores voisines, soumises depuis l'indépendance à une succession de coups d'État et de querelles de pouvoir, de rivalités de mercenaires et de soldats perdus. Il y a cent soixante-dix ans, Mayotte s'est offerte à la France pour qu'elle la protège des incursions et de l'hégémonie de la Grande Comore et d'Anjouan. Aujourd'hui, fatiguée de l'indépendance, Anjouan demande son rattachement à notre pays et ses enfants « votent avec leurs pieds » en fuyant. Cruelle histoire !

Pour autant la situation à Mayotte n'est pas reluisante parce qu'en cent cinquante ans, la France n'y a pas beaucoup investi. Elle avait certainement dans l'idée de se séparer de ce « confetti de l'Empire » pour donner des gages aux bons esprits. Ainsi il y a vingt ans, il n'y avait que trois modestes écoles pour près de cent cinquante mille habitants et aucune route. Mais Mayotte, qui avait de la mémoire, a voulu rester française, à la différence de ses voisines. Son statut au sein de la République vient d'être clarifié après des années de palabres et d'irrésolution. Aujourd'hui beaucoup reste à faire, même si depuis mes derniers passages le changement est considérable : il y a des chantiers partout, un port, d'innombrables écoles et une maternité, où soixante pour cent des accouchées sont des illégales venues d'Anjouan. Elles espèrent que leur enfant né en terre française pourra revendiquer quelques bribes de droits. Elles ont probablement raison : la France, au-delà des atermoiements, reste généreuse. Pourtant notre personnel politique donne parfois de lui-même une image brouillée : dans l'avion qui me ramène à Mayotte, je partage la cabine avant avec un trio de politiciens venus de métropole pour la campagne électorale ; ils préparent bruyamment et sans égards pour le voisinage les meetings et rencontres qu'ils vont tenir sur l'île. C'est tristement édifiant :

leur méconnaissance de l'histoire, des enjeux et des réalités locales tapageusement claironnée a quelque chose d'affligeant et de pathétique.

J'ai parcouru le sud de l'île à pied dimanche, au cours d'une superbe mais chaude balade de plusieurs heures autour de la pointe Sazilé, d'abord sur les crêtes avec une étonnante perspective du lagon, puis plus bas, près de la mer, dans un terrain humide et accidenté qui m'a donné ici où là quelques frayeurs. Ensuite je suis allé observer les tortues à la plage de Ngouja : spectacle fascinant que de les voir nager paisiblement entre deux eaux en bordure de la plage, prendre l'air pour respirer et plonger majestueusement. Elles sont si énormes, plus d'un mètre d'envergure, qu'on peut s'installer dessus ou se faire tirer quelques longueurs sans les effrayer. Les enfants du village s'y amusent et j'ai vu de petits requins se blottir sous leur carapace.

Un dîner à bord avec le préfet et son épouse permet de prendre la mesure des problèmes de ce lointain territoire et des défis qu'il doit affronter, maintenant que la quasi-départementalisation souhaitée par les Mahorais a été décidée. Ils y auront un intérêt financier important avec la mise en place des allocations familiales et d'autres mesures sociales. Cela veut dire investissements, arrivée d'argent mais spirale de la dépendance et décalage de plus en plus fort avec les autres îles, et donc, un appel amplifié à l'immigration. On voit qu'au-delà de la générosité de la métropole, contrainte malgré tout, il n'y a pas de bonnes solutions. Que faire dans un pays éloigné et sans ressources, à l'exception de quelques gousses de vanille, d'ilang ilang et d'une ribambelle d'enfants ?

La situation à Madagascar s'embourbe comme prévu. En cette mi-mars, notre dispositif maritime est opérationnel, prêt à l'intervention si nécessaire. Je continue de douter que dans les circonstances actuelles, il soit utile de le maintenir longtemps. Mais la période n'est pas propice aux décisions.

J'obtiens toutefois un allègement pour le *Var*, compte tenu d'engagements antérieurs avec l'Inde. C'est un partenaire auquel nous restons attentifs ; le *Var* peut donc faire route vers Goa. S'il doit revenir après la séquence indienne, je laisserai la main à mon état-major pour continuer la saga malgache, et je rejoindrai la frégate *Prairial* en Asie du Sud afin de visiter cette partie de la zone et d'y entretenir les contacts nécessaires. Il sera temps, si la situation se dégrade ici, de revenir d'un coup d'aile. Mais je ne crois pas à cette hypothèse. Peut-être les élections d'avril dans notre pays permettront-elles de faire évoluer la situation ambiguë de nos ressortissants et de résoudre la crise.

La campagne électorale en France est lancée. Je ne la suis qu'à distance et par intermittence. Vue de loin, elle me paraît étrange, irréelle et pour tout dire décalée. À distance, on met mieux les choses en perspective, on compare plus facilement notre sort de citoyens français avec l'état du monde. On mesure notre chance et on se dit que nos compatriotes jouent les enfants gâtés. Un jour, il faudra se réveiller. Quel dommage, nous avons tant d'atouts.

La pluie redouble alors que le *Var* aborde la partie la plus resserrée du lagon ; on voit à peine l'avant. La saison des pluies devrait durer encore quelques jours. Mais cap au nord : nous allons retrouver le printemps et plus loin l'Inde. C'est de nouveau la mer.

Chapitre V

Asie

Goa, Delhi, Agra, Dacca, Katmandou, Singapour, Cambodge, Thaïlande, île Maurice, mars-avril 2002

Cap au sud cette fois, en direction de l'Afrique australe. Au-delà de Madagascar, les houles se croisent et impriment au bateau un balancement auquel nous ne sommes plus habitués. L'écriture est presque un exploit. Mais il y a tant de retard dans les récits.

La Grande Île n'a pas réglé sa crise et le dispositif de précaution qu'il a été décidé de maintenir à quelques jours d'intervention pour rassurer nos ressortissants est toujours en place. C'est la raison de la présence du *Var* dans ces eaux ; l'échappée vers l'Inde n'a duré que le temps d'un aller-retour à travers l'océan. Ce sont cette fois des considérations nouvelles qui ont conduit à prendre la décision de maintenir les bateaux en alerte, après l'allègement décidé en mars : on espère que l'importante communauté française de Madagascar sera reconnaissante au gouvernement de son attention en cette période électorale, et qu'elle manifestera sa reconnaissance.

Au résultat le 21 avril, quel vote ! Quel traumatisme pour notre pays ! Même à des milliers de kilomètres, on ressent le choc, j'allais dire la honte. J'apprends la nouvelle tôt le matin du 22 avril à Singapour, alors que je rejoins la frégate *Prairial* qui doit me conduire jusqu'aux limites de mes eaux, au Cambodge et en Thaïlande. Il faut désormais regarder notre pays en face et prendre nos compatriotes comme ils sont, s'interroger sur les causes et espérer que le prochain attelage pourra gouverner et expliquer de façon cohérente. Cela suppose de la part de ceux qui sont aux affaires ou qui prétendent y aller, lucidité, humilité et abnégation, de la part du peuple que nous constituons sens de l'intérêt général et sagesse collective qu'il faut s'attacher à puiser dans notre histoire, peut-on encore oser dire dans notre génie. Les Français seraient bien inspirés de voyager davantage et d'ouvrir les yeux sur le monde pour calmer leurs nerfs et quitter leur nombril. Pour l'instant, entre le deuxième tour des présidentielles et les élections législatives des semaines à venir, notre pays, malgré le sursaut, semble flotter et balancer entre les eaux. Nous aussi avec cette grande houle. Retour à la mer.

Le contrat pour le moment est de rester à moins de trois jours d'intervention de Madagascar, toujours pour l'éventuelle opération d'évacuation de nos compatriotes. Le « champ de manœuvre » est limité aux îles Mascareignes (la Réunion et l'île Maurice), à la côte sud-est de l'Afrique jusqu'au Kenya, et au nord vers les Seychelles. Lorsque l'ordre a été donné, alors que nous étions à Goa, de repartir vers le sud, j'ai réorienté le programme de navigation et d'escales du *Var* vers ces destinations. Après un séjour prolongé à la Réunion, où il a repris quelques forces mécaniques que les longues navigations avaient entamées, le *Var* s'est positionné à l'île Maurice pendant une semaine, à la grande satisfaction de son équipage qui peut courir les ateliers de fabrication de maquettes et les échoppes de fringues. Je regrette pour ma part de ne passer que quelques heures à Maurice, occupé en visites ministérielles ou diplomatiques, mais dois-je me plaindre alors que je reviens tout juste d'une tournée de quarante jours en Asie du Sud-Est, la tête pleine d'images, de couleurs, d'odeurs, de sensations, riche de rencontres et de découvertes.

Car depuis Goa, je laisse le *Var* vivre sa vie et je mène la mienne de mon côté, en essayant de tenir, par d'autres moyens, les engagements que j'ai pris avec nos ambassadeurs et nos représentants militaires de visiter tout l'est de la zone. J'utilise largement l'avion, parfois le train et la frégate *Prairial* pour un périple hors du commun et des catalogues de voyages : New Delhi et Agra en Inde, Dacca et Chittagong au Bangladesh, après une rapide halte à Katmandou et un superbe vol au-dessus de l'Himalaya, puis Londres et Paris en passant, la Bretagne pour reprendre du grand air vif pendant trois jours, détour par Bordeaux d'un coup d'aile avec l'aîné de mes petits-fils, et l'Asie de nouveau. À Singapour, j'embarque à bord du *Prairial* qui me fait un peu de place, et nous remontons le golfe du Siam le long de la péninsule malaise pour rejoindre Sihanoukville au Cambodge, de là Phnom Penh et la merveilleuse Angkor, puis de nouveau en mer vers la Thaïlande : Pattaya et Bangkok, Chang-Mai et le triangle d'or à la frontière de la Birmanie et du Laos. Et pour revenir vers Port-Louis de l'île Maurice, il faut aller jusqu'à Hong Kong en survolant dans les deux sens le Vietnam qui me laisse, au-dessus des plateaux du nord et de la Baie d'Along, le furieux goût d'y revenir. Quel parcours !

Jour après jour le téléphone portable, le fax, les circuits de transmission des ambassades, Inmarsat, les salons d'affaire des grands hôtels, les *lounges* des aéroports permettent un lien quasi permanent avec le *Var*, où mon état-major assure les arrières pour me permettre de mener l'esprit serein les divers aspects de ce curieux métier, un peu diplomate, un peu chef d'escadre, un peu explorateur, parfois simple voyageur, en continuant de donner aussi souvent et justement que nécessaire les directives et les recommandations pour les opérations de l'ensemble du théâtre. Tout au long de ces quarante jours en Asie, j'ai le sentiment de rester proche de mon équipe et de garder les affaires en main. Les moyens de communications modernes, mais aussi le développement de leur sûreté, facilitent cette nouvelle façon de commander que mes prédécesseurs ont moins eu l'occasion d'expérimenter. Mon métier nécessite ces visites et ces rencontres renouvelées mais elles sont incompatibles avec un attachement trop rigide au *Var*, dès lors qu'il doit croiser de longues semaines à proximité de Madagascar. J'ai donc pris le parti de rejoindre d'autres bâtiments comme le *Prairial* ou de me déplacer sans support lorsque aucun n'est disponible. J'utilise alors les lignes aériennes ; je pars en équipage léger puisqu'un seul collaborateur m'accompagne. J'ai heureusement une perle rare : il m'assiste le jour, rédige la nuit, transmet à l'aube, veillant aux détails comme à l'essentiel.

Quel bonheur de retrouver ma chère voyageuse ici et là, en Inde, au Cambodge, en Thaïlande, bientôt à Johannesburg, jonglant avec les horaires des compagnies aériennes, les devoirs de grand-mère et l'attention aux ventres rebondis de nos belles parturientes. La Jordanie se trouve vengée. Nous n'avions pas eu beaucoup l'occasion, au cours de ma carrière, de nous retrouver à des escales, comme c'est parfois la pratique dans notre métier : l'éducation des enfants, son métier de professeur, ou tout simplement nos finances avaient rarement permis des retrouvailles exotiques lors des longs mois d'absence. Nous avons du retard à rattraper ; les circonstances aujourd'hui sont plus favorables et cette tournée en Asie tombe bien.

Que d'images, que d'impressions, que de sensations qui se pressent en désordre et dont je garde le souvenir diffus. Comment les ordonner pour en garder la mémoire ? D'abord peut-être par amusement, l'écume des choses ou leur vanité : l'accueil au salon dans les aéroports, car les formalités sont pour les voyageur ordinaires… ; les chambres du ministre dans les ambassades, les gyrophares et les motos pour faciliter la circulation. Soyons honnête, tout cela est agréable et facilite la vie en voyage. Le risque est de finir par trouver ces attributs naturels et nécessaires ou tout simplement dus, mais c'est aussi celui d'enfiler un jean pour voyager confortablement et d'être accueilli au pied de l'avion par une garde d'honneur et des photographes. On n'est pas à l'abri d'une erreur de casting ; l'essentiel est de rester digne.

Les entretiens avec les « officiels », ministres, gouverneurs, chefs d'armées, commandants de flotte, me laissent un souvenir chaleureux mais contrasté quant au contenu, parfois riche et passionnant, parfois purement protocolaire dans l'inévitable salon carré avec canapé et petits napperons, soda orange ou thé fade ; le décor préfigure en général la teneur des échanges. Et l'on repart chargé de cadeaux-souvenirs échangés devant les photographes : trente kilos de plaques, plateaux et autres médailles. Gare au supplément de bagage ! Mes interlocuteurs parlent de la France avec chaleur, tel exalte les bienfaits de la coopération, tel autre fait part de son admiration pour Napoléon ; parfois l'entretien est plus technique, plus précis en réponse à mes questions, plus dense.

Bien des images surgissent et s'imposent au fil du voyage.

À Goa, l'atmosphère est sereine. Ce n'est pas l'Inde frénétique, l'Inde de la misère. C'est un paysage de cocoteraies au milieu des rizières, une immense plage de sable le long de la mer d'Arabie et partout, l'empreinte portugaise avec ses chapelles colorées, ses sanctuaires et ses croix. On visite le Bon-Jésus et le tombeau de saint François-Xavier et les églises de Velha Goa. On se joint aux innombrables fidèles pour les cérémonies du vendredi saint et on partage, en hindi, leur immense ferveur. On loue des vélos et même un scooter pour parcourir, cheveux au vent, les villages et les digues. Et plusieurs fois au détour du chemin, on rencontre de vieux hippies fatigués venus là il y a trente ans chercher le paradis, tandis que dans les villages le long de la mer, les pêcheurs et leurs femmes ratissent dans la puanteur les crevettes qui sèchent au soleil.

Une heure d'avion mène à Delhi. New Delhi, la « nouvelle », c'est la capitale construite par les Anglais et qui garde leur empreinte, avec ses larges avenues, ses belles maisons coloniales pour hauts fonctionnaires de l'empire et les palais gouvernementaux où je rencontre les chefs militaires. Sûrs d'eux et un brin condescendants. Mais après tout, ils représentent plus d'un milliard d'hommes !

Old Delhi c'est autre chose. C'est l'Inde qui grouille. On laisse la voiture aux abords du périmètre de la vieille ville et on arrête un pousse pour y pénétrer, pas longtemps car on se sent vite voyeur. À Agra, on admire. L'ancienne capitale, à quelques heures de train, abrite une merveille, le Taj Mahal. Je craignais d'être déçu, je suis subjugué par sa majesté comme par sa finesse, et aussi par cette merveilleuse histoire d'amour et de fidélité qui a conduit le roi Shah Jahan à se lancer dans une telle construction. Qu'on voie le mausolée de l'intérieur de l'enceinte, ou bien plus loin du Fort Rouge sur les bords du fleuve Yamunâ, c'est la même harmonie, la même sérénité. Grande et belle civilisation au milieu d'un océan de misère. Pourquoi et comment ?

Le survol de l'Himalaya, avant l'étape de Katmandou, est un moment grandiose ; à plus de huit mille mètres d'altitude, on est exactement à la hauteur des sommets qu'on a l'impression de côtoyer en les longeant, tandis que la lumière du début d'après-midi leur donne un éclat somptueux. En plongeant sur la ville, on se demande si dans la vallée, il y aura suffisamment de place pour une piste ; au dernier moment on frôle les terrasses. Dommage de passer ici sans pouvoir s'arrêter pour quelques trekkings dans la montagne népalaise ; il faudra revenir là aussi.

L'accueil à Dacca au Bangladesh en fin d'après midi est à l'image du bref séjour dans ce pays oublié : souriant, chaleureux, bon enfant, mais ô combien digne ! Nos hôtes sont comme notre ambassadeur, tellement contents et reconnaissants qu'on vienne les voir. Qui se soucie de ce pays miséreux parmi les plus pauvres du monde, malgré ses cent quarante millions d'habitants, pratiquement enserré en Inde, entre le Bengale et l'Assam, à demi noyé dans les deltas du Gange et du Brahmapoutre, inondé à chaque mousson ? Qui se souvient des trois cent mille morts de 1991 ? Tout ici est plat et au bord de l'eau ; en ville, dans un embrouillamini de vieux camions fumants et de voitures hors d'âge, des milliers, des dizaines de milliers de *rickshaws*[40] attendent au soleil d'improbables clients. Et quand je fais remarquer à mon voisin de route qu'ils ont l'air bien jeune, il me répond que dans ce métier, on ne fait pas de vieux os. Il est des moments où l'on regrette d'avoir posé une question.

La Marine française a développé une coopération avec ce pays dans le domaine hydrographique, pour que les Bengalais puissent suivre, de manière autonome, l'évolution des fonds toujours changeants des deltas en raison des mouvements de bancs de sable et l'apport considérable des alluvions arrachés à l'Himalaya. Plusieurs officiers sont venus en France suivre une formation complète au sein de notre service hydrographique et ont appris le métier, tandis que des coopérants de la marine ont monté là-bas une école et un service spécialisé. C'est un exemple d'entreprise utile et intelligente et les résultats sont remarquables : les marins bengalais produisent désormais leurs propres cartes et les tiennent à jour régulièrement.

À Chittagong, le port sur le golfe du Bengale, cinq cent mille personnes vivent du démantèlement des vieux navires.

40. Nom local des cyclo-pousses.

À la bourse de Londres, les armateurs vendent au plus offrant, pour démolition, les bateaux dont ils n'ont plus l'usage. L'Inde, le Pakistan et le Bangladesh se partagent le marché ; alors les vieux cargos, les vieux rouliers, les porte-conteneurs et les pétroliers lèges font route face à la plage à pleine vitesse et viennent s'échouer droit dans la vase ou le sable, par dizaines, sur des kilomètres. Ce parking-cimetière à bateaux offre un spectacle inouï. Les navires sont plantés là, plus ou moins proches du rivage selon leur tirant d'eau et leur vitesse d'échouage, à divers stades de démolition. Tout doit disparaître jusqu'à la dernière fûne, jusqu'au dernier boulon. Car ici, tout est recyclé. La tôle est découpée et portée à dos d'hommes et d'enfants vers des camions poussifs et je ne sais quel fourneau, tandis qu'un véritable capharnaüm de tuyaux, de moteurs, de baignoires, de cuisinières, de matelas et du reste est acheminé vers les milliers d'échoppes qui prospèrent vingt kilomètres à la ronde. Sans compter les cuivres et les instruments de navigation qui feront, après mille trafics, le bonheur des antiquaires. Hommes, femmes, enfants, tous s'affairent dans cette gigantesque casse, dans la moiteur du climat de mousson, mais au milieu des chants et de la bonne humeur : ce n'est pas rien ici d'avoir du travail. On est loin de nos critères occidentaux car tout est hors normes : résidus de soutes, amiante, métaux lourds. Personne ne s'en soucie, il faut vivre.

La mauvaise route qui conduit au chantier depuis Chittagong chemine dans ce paysage très plat du delta sur des digues étroites au milieu de rizières et de marais. Elle est bordée de multiples baraques et d'entrepôts où sont stockés et vendus les trésors de la récupération. Ce gigantesque Emmaüs maritime fourmille de véhicules incertains et de charrettes à bras, de porteurs de tous âges qui ploient sous d'énormes colis ou poussent en trottinant des tombereaux surchargés. Mon chauffeur zigzague à forte allure, à grand renfort de trompe et de coups de volant, dans ce labyrinthe grouillant, bondissant d'une ornière à l'autre, frôlant les uns, rasant les autres dans un nuage de poussière ou une giclée de boue ; je paie en émotion le salaire de la peur, quand nous manquons dix fois de percuter un attelage de zébus, une colonne de coolies, un étal de bassines ou le camion d'en face, aussi fou que notre champion. Nous arrivons miraculeusement à bon port et quelques jours plus tard, le décor, à Singapour, paraît plus ordonné.

La ville semble une gigantesque galerie marchande le long d'Orchard Street et d'autres complexes commerciaux, pour tous les goûts, pour tous les prix, pour tous les usages. Au milieu d'une circulation folle, malgré une organisation minutieuse de permis d'accès et le prix dissuasif des voitures, cinq à six fois plus élevé que chez nous. Heureusement, il reste l'hôtel Raffles qui garde son charme colonial malgré la rénovation. Il n'y a plus de tigre réfugié sous le billard mais le souvenir des hôtes illustres, journalistes, écrivains, sultans et hommes d'État, celui des aventuriers et des marins en rupture de ban, hante encore les lieux. Le Long Bar est une étape obligée et selon la tradition, comme Rudyard Kipling, Somerset Maugham ou Joseph Conrad, on laisse traîner par terre les épluchures de cacahuètes. Boat Quay, Clarke Quay, Arab Street et China Town bien préservés donnent une idée des temps plus anciens, lorsque les Britanniques régnaient sur les mers et que Singapour était la perle de l'Empire. Mais en 1941, « l'imprenable forteresse » est tombée, prise à revers par les Japonais.

En deux jours d'une navigation calme dans le Golfe du Siam, remontant vers le nord le long de la péninsule malaise, le *Prairial* me mène jusqu'au Cambodge que je rêve depuis longtemps de découvrir. Cette frégate légère n'est pas prévue pour accueillir un officier général, mais on me fait de la place et je n'ai pas le sentiment de trop perturber la vie des uns et des autres ; du moins a-t-on la bonté de me le laisser croire.

L'arrivée au Cambodge est saisissante. On ne voudrait retenir que les paysages et le sourire des Cambodgiens qui s'inclinent les mains jointes en guise de salut et de bienvenue, mais on ne peut s'empêcher de penser aux massacres, aux millions de morts il y a quelques années et, aujourd'hui, à ces milliers de gosses estropiés par les mines anti-personnel répandues autour des villages. Et cela par quelles mains ? Peut-être celles qui se joignent pour nous accueillir ? Et pourtant, quelle douceur dans la baie de Réam à quelques kilomètres du petit port de Sihanoukville. Je resterais volontiers là aussi quelques jours supplémentaires pour profiter du temps, pour louer une moto et partir au vent, longer les plages, déguster une soupe dans les villages au bord du chemin. Je comprends l'engouement de nos compatriotes pour cette Indochine d'autrefois. Au bord du Tonlé Sap, Phnom Penh exhale un charme suranné. À peine plus loin, le Mékong nous fait rêver de Chine. À la terrasse du club des correspondants de presse qui domine le fleuve, on sirote un verre en se prenant pour Joseph Kessel et on hèle un pousse pour finir à l'Elephant Bar. On rentre à pied vers l'ambassade de France qui sera ici notre résidence. C'est notre chaîne « Relais et Ambassades d'Asie ». Nous y passons une incroyable soirée avec Jean-Jacques Annaud venu pour des repérages et qui me donne ma première leçon de cinéma. Impayable sous sa tignasse ébouriffée quand il explique le doublage par des Inuits des dialogues de *La Guerre du feu* ou la sélection des gueules de moines pour *Le Nom de la rose*. Quel humour et quel talent ! Mais nous ne saurons rien de ses projets « car on ne parle pas d'un enfant qui n'est pas encore né ».

Merveilleuse Angkor qu'on rêverait d'avoir découverte soi-même au milieu de la forêt. C'est décidément le pays de l'irréel, et pourtant les temples de grès rouge ou de latérite sont là, témoins millénaires des richesses et des grandeurs de la civilisation khmer. Bien avant les cathédrales, on avait ici le goût du beau, du grand et de la majesté. Mais les rois du Siam sont passés et les temples se sont endormis, submergés par la végétation tropicale pour des siècles.

Comment ce pays a-t-il pu subitement basculer dans la tragédie ? Il s'en remet à peine. Je garde l'image pathétique de ce malheureux commandant de la Marine cambodgienne qui n'a plus un bateau en état de naviguer et qui demande tout à la fois : des professeurs de français et des tôles pour retaper les coques percées de ses navires. Et pourtant, quel accueil au siège de son état-major à Phnom Penh sur les bords du Mékong : la musique, la garde en grande tenue, les officiers présentés un à un et l'incroyable match de football qui se joue entre l'équipe des armées cambodgiennes et celle du *Prairial*. Sono à fond, discours vibrants, hymnes, flonflons, drapeaux tricolores partout claquant dans le vent, puis les succès français des années soixante chantés par un étonnant maître de cérémonie et repris en chœur par l'assistance, probablement pour oublier, comme si le temps s'était suspendu depuis, comme si le drame de 1975 n'avait pas eu lieu. « J'avais dessiné... », « Tombe la neige... », « Je reviendrai... ». Comme si la France était toujours là et que la folie collective qui s'est emparée de ces hommes n'était qu'un mauvais cauchemar. Pauvre pays, pauvre peuple !

Il reste à visiter la Thaïlande avant de repartir vers l'ouest. Ayuthya, l'ancienne capitale des rois de Siam, a de beaux vestiges assurément, mais elle n'a pas la majesté d'Angkor. Nous ne voyons Pattaya que du haut de l'hélicoptère qui nous mène à Bangkok ; impossible de confirmer la réputation sulfureuse de cette destination touristique très spéciale. Bangkok est sur l'eau, et c'est par le Chao Praya, avec une vedette de la Marine thaïe, que nous arrivons au palais royal, curieux ensemble kitch, doré et coloré sous le soleil. Sur le fleuve, les « longues queues » pétaradantes nous doublent à grande vitesse ; nous empruntons l'une d'entre elles pour parcourir les canaux qui sillonnent la ville, les fameux klongs, avant de débarquer pour déjeuner à l'Oriental, le plus fameux hôtel d'Asie selon les esthètes du voyage.

Notre coopération militaire avec la Thaïlande est surtout terrestre : je rencontre beaucoup d'officiers formés à Saint-Cyr et parlant français. Nous sommes attentifs à la marine qui se développe et qui est de bonne tenue ; il importe de maintenir des liens réguliers au travers d'escales, d'exercices communs et d'échanges de vues entre responsables. Peu de pays européens le font mais avec notre dispositif en océan Indien, nous en avons facilement la possibilité. C'est l'objet de l'escale du *Prairial* et de ma visite à Bangkok.

La bienheureuse conjugaison de la fin de semaine et d'horaires d'avions complaisants me laisse quelques répits pour visiter le nord du pays avant de repartir vers l'est de l'océan. Nous joignons Chang-Maï par un train de nuit et nous découvrons, dans cette région proche de la Birmanie et du Laos, l'incroyable enchevêtrement des minorités, victimes déracinées de l'histoire. Karen, Laos, Lizu, Hmongs et autres ethnies vivent chichement, dans les zones montagneuses, de quelques rizières et d'artisanat, et désormais aussi des plantations de mangues et de letchies, en remplacement du pavot qui prospérait dans le climat propice du « triangle d'or ». Nous traversons les villages de cette contrée à pied sous le soleil, en radeau de bambou pour descendre une rivière, et juste assez à dos d'éléphant pour en mesurer l'inconfort.

Le survol du Vietnam nous offre les dernières images d'Asie, puis c'est l'étape de Hong Kong, moins spectaculaire qu'il y a quelques années lorsque les avions, avant de se poser pratiquement au milieu de la ville, frisaient le toit des immeubles dans un dernier virage. Le nouvel aéroport a été gagné sur la mer et il y a davantage d'espace. On a moins peur. Sur l'eau en contrebas, au milieu des îles de ce site surprenant, d'innombrables cargos, porte-conteneurs ou pétroliers convergent en un ballet nautique, à la gloire du commerce et de la mondialisation. Apparemment, Hong Kong n'a pas souffert de sa rétrocession à la Chine.

Il faut dix heures de vol pour gagner Port-Louis à l'île Maurice et rejoindre le *Var*, cap au sud vers l'Afrique australe.

Ce soir, la houle s'est un peu calmée et le coucher de soleil est flamboyant, juste avant le rayon vert.

La route des vins (1)

Afrique du Sud, mai 2002

En arrivant cette nuit à l'hôtel Intercontinental à Dubaï, où j'ai mes habitudes lorsque le *Var* n'est pas là, je trouve un mot du directeur me souhaitant « bon retour à la maison ». Il a vu juste. J'ai bien le sentiment de rentrer lorsque l'avion se pose cette nuit, en provenance d'Australie via Singapour. Après pas mal de vadrouille, pas mal de kilomètres, j'aime retrouver les choses familières, les images, les impressions ; passé le tourbillon des aéroports et des ambassades, j'éprouve la nécessité de repères stables : le marin a besoin d'amers. Ce matin, la vue de la Creek, du salon du dernier étage où je prends mon petit déjeuner, a quelque chose d'apaisant : la courbe de la rivière, la légère brume de chaleur, les boutres… Tout est là pour assurer la sûreté du mouillage, mais déjà les images défilent.

Il y a un mois nous accostions à Durban avec le *Var*, encore chancelants après plusieurs jours agités par la houle du large qui nous avait saisis dès l'appareillage de l'île Maurice. J'abordais donc avec une démarche chaloupée et nécessairement de circonstance la tournée des grands ducs : Afrique du Sud, France et Australie ; la route des vins en quelque sorte, de vignoble en vignoble. Il faudra plus tard faire étape en Californie et au Chili pour compléter la dégustation, mais ces pays sont hors de ma zone, ce sera pour une autre vie. Je rêvais depuis longtemps de l'Afrique du Sud, depuis un voyage raté en 1973 au retour de Madagascar ; c'était l'époque de l'apartheid et les autorités malgaches, peu soucieuses de favoriser le tourisme dans ce pays honni, avait bloqué nos visas. Nous étions restés penauds au pied de l'avion et l'aventure s'était terminée par un détour en Irlande. Détour fructueux s'il en fût, mais ceci est une autre histoire.

J'avais donc un désir d'Afrique du Sud rentré, mais le vent a tourné et ce pays a connu des changements considérables depuis tout ce temps. J'en garde une image contrastée de force et de fragilité, parfois un sentiment de malaise parce qu'on ne sait plus où l'on se trouve, si c'est l'Europe ou l'Afrique, le monde d'hier ou celui de demain. Que ce soit Durban, Pretoria, Johannesburg ou Le Cap, les villes ont l'allure européenne, mais dans la rue les habitants sont noirs, ici ou là indiens, surtout à Durban. En revanche, dans les avions qui nous mènent d'une ville à l'autre, les voyageurs sont en majorité blancs. C'est le signe que tous les rouages de l'économie sont aux mains de la communauté d'origine européenne. Cela pourra-t-il durer ? Les dirigeants noirs seront-ils assez habiles pour retenir dans ce pays ceux qui tiennent l'économie, c'est-à-dire l'élite blanche, et dans le même temps, les Noirs acquerront-ils suffisamment de compétence et d'expérience pour partager la direction des affaires ? « La grande chance de votre pays, faisait remarquer récemment un diplomate ivoirien à un ministre Sud-africain devant notre ambassadeur, ce sont les Blancs. Tachez de ne pas les décourager. » Tel est le paradoxe de l'Afrique du Sud et le défi auquel ses dirigeants sont confrontés. Ce pays ne manque pas d'atouts : une situation stratégique exceptionnelle, des infrastructures développées et en bon état, un système d'éducation performant, des ressources minières et agricoles considérables, un climat sans extrême, enfin une stature et une respectabilité internationales que le vieux chef Nelson Mandela a su habilement lui conférer.

Signe de sagesse peut-être, aucun des symboles de la domination blanche n'a été mis à bas : les statues de Krüger ou de Cecil Rhodes n'ont pas été déboulonnées et le musée du Grand Trek à la gloire des colons hollandais domine toujours majestueusement la capitale. Pourtant, aucun Blanc ne se risque au cœur de Johannesburg de peur d'y être agressé. Toutes les maisons des quartiers européens des villes sont sous la surveillance des sociétés de sécurité dont les gros bras patrouillent en permanence ; en arme, car dans ce pays où plus de cinq cent mille personnes travaillent dans le para-policier, c'est la coutume. Curieusement, une visite à Soweto ou dans d'autres *townships* de la région de Pretoria laisse une impression plutôt rassurante. Nous sommes loin des bidonvilles de Balbala ou de plusieurs capitales africaines : c'est propre, c'est ordonné, les enfants sont en uniforme d'écoliers. Plusieurs quartiers sont même coquets. Et l'on se dit, avec prudence toutefois, qu'il vaut mieux être noir en Afrique du Sud qu'au Nigeria ou au Sierra Leone. Avec prudence parce que le sida prolifère, parce que la drogue et l'alcool font des ravages, parce que la violence intra-ethnique est extrême, alimentée par une immigration clandestine abondante que le mirage sud-africain fascine, même s'il est un peu fêlé. Bref, tout au long de ce voyage de Durban à Johannesburg et de Pretoria au Cap, les contrastes sont saisissants, les chocs parfois rudes, les interrogations permanentes. On croyait tous les Blancs riches et privilégiés et l'on découvre certains de leurs quartiers plus miséreux que les *townships*. La pâleur de la peau n'est plus un viatique, c'est même pour certains un handicap. Une complexité à l'image de l'histoire de ce pays que nos compatriotes ignorent, ne sachant pas très bien qui étaient exactement les Boers, contre qui ils se sont battus et pourquoi l'implantation hollandaise a abouti finalement à une colonisation britannique ? Quant à la présence française dont témoignent naturellement les vignobles, qui chez nous en connaît l'origine ? J'avoue humblement avoir eu besoin, sur place, d'un solide recalage historique pour reconstituer le puzzle et d'une carte de géographie pour placer le Natal et l'état libre d'Orange.

Je m'attarde peu à Durban si ce n'est pour quelques visites protocolaires qui me plongent rapidement dans la réalité locale : le maire est un Africain chaleureux et jovial en savates et chemise bariolée, flanqué d'un adjoint indien, bureaucrate lustré, luisant et précautionneux ; étrange attelage pour conduire cette grande métropole économique et touristique. Quant au commandant militaire de la région, largement impliqué, comme l'ensemble de la Défense, dans les questions de sécurité intérieure et d'ordre public, c'est un ancien caporal de l'armée de libération qui peine à répondre à mes questions les plus anodines. Et pourtant ça marche. Dans la soirée, l'ambassadrice d'Afrique du Sud à Paris nous régale de ses mimiques quand je passe un disque de son amie Myriam Makeba. En visite à Durban, elle a accepté mon invitation et c'est presque un concert *live* au carré du *Var*. Pour repartir, elle a du mal à passer la coupée avec ses escarpins Versace en croco sous le boubou. Mais quelle allure !

Pretoria, à soixante kilomètres au nord de Johannesburg, n'a pas grand intérêt. Ville administrative sans âme et sans charme, elle n'occupe son vrai rôle que la moitié du temps puisque pendant six mois de l'année, le parlement siège au Cap, à deux heures d'avion. C'est le résultat d'un subtil équilibre régional, fruit de l'histoire tourmentée de ce pays. Mais là aussi, apparemment, ça marche. Les responsables militaires que j'y rencontre me donnent une belle leçon de foi en leur pays. Je ne vois que des Blancs et donc des seconds couteaux. Les chefs titulaires, tous africains, fuient les rencontres, autant par crainte de ne pas être à la hauteur qu'en raison d'une autre conception des relations internationales, d'une autre notion du temps. C'est ainsi, il faut l'accepter. Les généraux et les officiers supérieurs blancs qui ont fait leur carrière dans un autre monde jusqu'en 1994, et qui ont désormais cédé la première place, vivent cette situation sans apparente amertume ni visible dépit. Je trouve de la grandeur à cette attitude résolument positive. Tout juste perçoit-on parfois dans leur propos une pointe d'interrogation lorsqu'ils évoquent l'obligation faite aux armées d'avoir, à court terme et à tous les niveaux de la hiérarchie, plus de soixante-dix pour cent de Noirs, alors que plusieurs unités sont incapables d'opérer sur le terrain parce que la majorité des hommes est malade du sida. Le taux d'accident dans l'Armée de l'air atteint des records. Quant à la Marine, elle appréhende l'obligation raciale avec de sérieuses craintes car les populations noires de la région n'ont pas la fibre maritime ; elle redoute de devoir se séparer de tout un effectif indien de qualité qui constitue traditionnellement une partie significative de la maistrance.

La visite et le séjour que nous faisons à Simonstown, base navale principale et bientôt unique de la Marine sud-africaine à quelques kilomètres au sud du Cap, est un plongeon dans une époque désormais révolue : tout y demeure « comme avant » parce que les mutations n'y sont qu'à leurs prémices. L'amiral est un officier blanc, le dernier de cette lignée, et il nous reçoit avec son épouse dans la délicieuse *Admiralty House*, installée en bordure de mer et entourée d'un coquet jardin. Argenterie anglaise, galerie de portraits, fauteuils profonds, feu de cheminée. *So warm, so British...* Là encore pas de dépit. Seulement, à l'heure des confidences, une once de nostalgie.

Le Cap n'est pas à proprement parler une belle ville mais le site est grandiose avec la montagne de la Table, la tête de Lion sur Signal Hill, les routes en corniche surplombant l'Atlantique et la péninsule. Nous allons bien sûr toucher Bonne-Espérance et marcher jusqu'à Cape Point, la vraie extrémité du continent, plus au sud. C'est bientôt l'hiver mais le temps reste doux et clair. Au large, les bateaux entrent ou sortent de l'océan Indien. C'est là ma frontière. Je fais une incursion en hélicoptère dans l'Atlantique voisin en contournant les deux caps. Extrême perspective.

Et le vin ?

Il faut céder à l'envie d'aller dans les *winelands,* région de vignobles à l'est du Cap. Belle route le long de False Bay par un temps sublime de ce mai austral pour rejoindre la petite ville de Stellenbosh, fondée par les Hollandais en 1679, autour de laquelle s'étend la plus belle région viticole d'Afrique du Sud. La ville est reposante avec ses immenses chênes qui laissent filtrer le soleil sur les demeures d'architecture hollandaise ou victorienne. Au pied de la montagne environnante, les vignobles dessinent un patchwork aux couleurs de l'automne. Un peu plus loin, c'est Franschoek, le « coin français » où deux cents huguenots se sont installés à la fin du XVIIe siècle, donnant un réel élan au développement des vignobles. Un mémorial rappelle leur aventure et trace l'histoire de leur descendance. Plus personne alentour n'y parle notre langue mais les noms de rues ou les enseignes des commerces sonnent bien de chez nous. Émouvante visite au milieu des croix huguenotes. On a peine à croire que là aussi c'est l'Afrique. Quant aux vins qu'on déguste dans les domaines, qu'en dire ? Que je n'aime pas beaucoup les rouges mais que les blancs se laissent boire.

Retour à Pretoria d'un coup d'avion. Et départ, en avion de nouveau mais cette fois-ci pour une longue nuit, les yeux remplis d'images et l'esprit de questions, et une immense envie de revenir. Il est six heures, Paris s'éveille. Taxi, périphérique, embouteillage. Café serré.

Il est huit heures, la réunion commence et j'ai du mal à suivre.

La route des vins (2)

Paris, Corse, Seychelles, mai-juin 2002

L'épisode parisien n'a pas beaucoup d'intérêt, sauf celui de permettre une honnête récupération pour aborder, dans les meilleures conditions, un programme à mon goût. Il remplit donc parfaitement son office.

Il est surtout l'occasion de quelques rencontres utiles, notamment avec le chef d'état-major des Armées, pour faire le point de la situation dans l'océan Indien et obtenir la décision d'« élargissement » de nos bâtiments de la scène malgache, attendue avec impatience par les équipages comme par mon état-major, après plus de trois mois sur le théâtre.

Dans cette période post-électorale, alors qu'un nouveau gouvernement a été nommé, que nous avons désormais « une » ministre de la Défense, que les élections législatives se préparent, il est intéressant de venir respirer les effluves des rues de l'Élysée, de Varenne et de Saint-Dominique pour avoir les premières impressions, les premiers commentaires, les dernières rumeurs. C'est un jeu bien parisien mais qui n'est pas désagréable quand on connaît le sérail et qu'on passe, venant de loin, repartant loin, n'attendant rien, l'esprit libre et le cœur léger. C'est aussi l'occasion de retourner rue Royale à la maison mère. J'ai passé là plus de sept ans de ma carrière ; j'y ai rencontré, plus qu'ailleurs, beaucoup d'esprits subtils. On y travaille beaucoup, trop peut-être, trop bien sûrement. J'ai aimé ! C'est un lieu hors du temps parce qu'on y prépare résolument l'avenir, et dans son monde, parce que le monde maritime est étrange pour nos concitoyens et nos élites germanopratines.

Immense joie et un brin de fierté de voir au passage mes deux filles resplendissantes dans leurs atours de futures mères. La grossesse leur va si bien à l'une et l'autre, souriantes, élégantes, épanouies. Quel bonheur, la vie est belle ! Un saut en Corse pour le week-end, par plaisir bien sûr, mais aussi parce qu'il faut laisser au *Var* le temps de rallier un autre port de l'océan Indien avant que je ne le rejoigne. L'île est superbe en cette fin de printemps, la montagne où nous allons marcher est accueillante, le rosé au pique-nique se laisse boire et la mer est rafraîchissante. On est bien, on resterait des jours pour mieux découvrir ce pays, si près, à portée d'aile. Pourquoi courir le monde ? Vaine question, courons d'une île à l'autre.

Quand on va aux Seychelles dans notre métier, on a toujours scrupule à l'avouer parce que cela ne fait pas très sérieux. Ces îles sont tellement synonyme de vacances pour riches. Qu'importe, il faut assumer. Je pourrais toujours dire que c'est la dernière étape qui permet au *Var* de rester quelques jours encore à proximité de Madagascar. Personne ne me croirait vraiment. Alors assumons, je m'envole pour Port-Victoria dans l'île de Mahé, la principale de l'archipel, et je suis content de ce retour trente ans après mon premier passage. C'était à l'époque une colonie de la couronne britannique, territoire éloigné, simple étape sur la route maritime qui va de Mombassa à Bombay. Les touristes devaient embarquer sur les cargos mixtes qui faisaient la ligne, autant dire qu'ils étaient rares. Pour être précis, c'est en 1972 qu'une première liaison aérienne régulière commença à être exploitée, prenant la suite d'aventureux hydravions au long cours. La France a laissé à ce pays sa langue, délicieusement mélangée de créole, mais aussi son nom puisque, qui le sait, Hérault des Seychelles était intendant des finances. Praslin honore le ministre de Louis XV tandis que Curieuse, Silhouette, La Digue, Cousin Cousine et bien d'autres témoignent de l'imagination des marins qui les ont baptisées en souvenir de leur bateau ou de leur tendre amie.

Dans les années soixante-dix, nous avions là pour consul honoraire un étonnant personnage, ancien chauffeur de taxi marseillais, drôle et cultivé, qui avait épousé par je ne sais quel mystère une belle et riche Seychelloise. Il l'avait suivie dans son île où il avait rapidement prospéré et il l'avait perdue. Il en avait épousé une autre, médecin cette fois ; il avait continué à prospérer et était devenu une figure de la communauté franco-seychelloise. À l'époque où je l'ai rencontré, il possédait quelques îles, différentes affaires d'import-export ainsi qu'une florissante compagnie maritime et une Rolls blanche avec laquelle il emmenait par malice les commandants des bateaux de passage, au mieux lieutenants de vaisseau, rendre visite au gouverneur anglais. Monsieur le Consul a disparu, il n'y a plus de gouverneur anglais et les Seychelles sont indépendantes. Elles survivent plutôt bien malgré plus de vingt ans d'un régime étrange qui a failli conduire à l'isolement et au chaos. Les dirigeants ont eu la sagesse de se reprendre à temps et la casse a été limitée. La langue française a un peu pâti. Le pays a su habilement échapper au tourisme effréné, au bétonnage des côtes et au saccage des paysages. Et si l'on y vit dans une bulle, elle est assurément douillette : le système social est développé et les conditions de travail douces. Souhaitons que la bulle n'explose pas. J'ai rencontré quelques inquiets car le pays est endetté, n'a guère d'autres ressources que la pêche, le coprah et le tourisme. Bilan et impressions par conséquent contrastés.

Nous n'avons plus de consul honoraire aux Seychelles mais nous avons désormais un ambassadeur. On peut se demander si c'est utile dans un pays de quatre vingt-mille habitants et l'on imagine que notre représentant à l'île Maurice voisine pourrait couvrir ce pays. L'un de nos anciens présidents de la République avait fait ouvrir le poste et y avait désigné l'un de ses obligés, que j'avais rencontré autrefois en Tanzanie.

Homme chaleureux au demeurant, parfait pour s'occuper des séjours discrets et ensoleillés des favoris ou des amis, de leurs chasses et de leurs menus plaisirs. Ainsi va la République, généreuse un jour, oublieuse dès le lendemain. Car depuis ces temps baroques, la plomberie de la résidence a beaucoup vieilli, les voitures s'essoufflent, les rideaux sont défraîchis et la piscine s'écaille. Il reste la perspective, car le site est somptueux, dans les hauteurs sur la route de la Misère (ça ne s'invente pas !), avec une vue de rêve, au loin les îles et partout des fleurs.

J'ai vu quelques ministres, quelques députés et le vice-président. On a surtout parlé pêche car les bateaux-pirates qui pillent nos eaux du grand Sud sont souvent immatriculés ici et nous souhaiterions davantage de coopération sur cette question. On a eu des promesses.

Je retrouve avec surprise et avec joie mon vieil ami Kantilal Jivan dans sa boutique de tissu de la rue principale, en face de la Barclays. Autrefois, l'échoppe était en bordure du rivage, aujourd'hui elle est à cinq cents mètres à cause du remblai gagné sur la mer, si bien que j'ai du mal à reconnaître les lieux. Mais son regard à lui, je le reconnais malgré ses quatre-vingt-deux ans : des yeux de braises qui vous transpercent. Il me dit avec un brin de contentement qu'il est devenu célèbre et il me montre un *press-book* impressionnant, avec les magazines du monde entier, les radios, les télés, des photos avec les grands. Un peu mage, un peu gourou, un peu philosophe, il a fait son chemin, tout en restant dans sa boutique à vendre du tissu derrière le comptoir. Étrange destinée. Nous nous étions rencontrés en 1971 à bord de l'*Altaïr*, mon premier bateau, lors d'une escale, et nous avions sympathisé. Il avait déjà un côté envoûtant auquel j'avais été sensible et il m'avait invité chez lui. Nous avions parlé de la vie. Il venait de perdre sa jeune femme. « Je ne l'ai pas remplacée, me dit-il lorsque nous nous quittons, mais j'ai offert ma vie à tous ceux qui en avaient besoin. Écris-moi et reviens me voir… »

Un bateau rapide me mène à Praslin, à une vingtaine de nautiques au nord de Mahé, et une goélette jusqu'à La Digue. Je loue un vélo pour la journée dans ce coin de paradis, à l'ombre des palmiers ou des cocotiers, au milieu des fleurs, entre mer et rochers. C'est là que j'apprends la naissance de Paul ce dimanche 1er juin, alors que je musarde d'une baie à l'autre. Dans ce coin reculé de l'océan Indien, le portable marche mieux que dans la campagne française ; c'est le pari gagné d'un tourisme de luxe. Je pose mon vélo contre un cocotier et je prends une photo du vélo, je l'enverrai à Paul. Je pensais, à peine quelques heures auparavant, que ce petit bonhomme n'allait pas tarder. J'étais entré dans l'église, attiré par les chants en débarquant du bateau. C'était l'heure de la messe et on y célébrait la fête des enfants ; j'avais trouvé les chants très beaux et imaginé qu'ils feraient de superbes morceaux pour un baptême… J'avais pris le livret. Je l'enverrai à la maman de Paul.

Retour à Praslin et sa vallée de Mai ; je passe quelques heures de rêve à l'anse Lazio au nord de l'île, seul avec un livre, la mer pour confidente. Voilà pourquoi j'avais quelques scrupules. Mais après tout, cette éternité n'a duré que deux jours.

Une autre nuit dans l'avion et c'est de nouveau l'Asie. Petit matin blême et déjà chaud. Le tournage continue. C'est Singapour deuxième !

La route des vins (3)

Malaisie, Australie, juin 2002

Singapour n'est qu'une courte halte sur la route de la Malaisie, le temps d'avaler le dossier que je n'ai guère eu le courage d'ouvrir entre Praslin et la Digue, on comprend pourquoi. Depuis ma dernière visite il y a deux mois, cela n'a pas beaucoup changé, sauf la température qui a légèrement augmenté. Raison de plus pour rester au frais à l'hôtel avec les notes pour la prochaine étape. Juste une petite sortie pour trouver la paire de jumelles dont je rêvais depuis longtemps, étanches pour résister aux eaux froides et aux embruns de la Bretagne Nord.

Kuala Lumpur, où nous arrivons le 5 juin en fin de soirée après quarante minutes de vol, n'a pas de charme. La ville a été construite à l'origine en pleine forêt vierge, par des mineurs chinois attirés par l'étain au milieu du XVIe siècle. La partie moderne date de la colonisation britannique, avec naturellement l'accélération de ces dernières années, à peine ralentie par la crise asiatique de 1997. Les Malais sont dynamiques et entreprenants ; j'avais déjà été frappé, lors d'une visite en 1982, par la vitalité de ce peuple. Aujourd'hui nous portons une grande attention à la Malaisie parce que ce pays a des projets navals importants. Comme certains de ses voisins, Singapour notamment, la Malaisie développe sa marine : elle veut être présente dans les détroits qui bordent ses côtes[41], y contrôler l'un des trafics les plus denses du monde et y éra-

41. Détroit de Malacca.

diquer une piraterie endémique. Elle estime avoir besoin d'une profondeur stratégique que seule la mer peut lui apporter. Nous entretenons des relations navales suivies avec la Malaisie et Alindien en est l'acteur privilégié : j'ai au programme des conversations avec les responsables du ministère de la Défense, mes homologues marins, mais aussi avec plusieurs instituts de stratégie, des universitaires et des journalistes toujours friands d'échanges sur l'évolution de la situation en Asie du Sud-Est, l'influence grandissante de l'Inde et de la Chine, le jeu du Japon ou le nécessaire équilibre avec le voisin singapourien. En plus de ces rencontres, chaque passage de nos bateaux donne l'occasion d'exercices à la mer avec la Marine malaisienne, de coopérations tactiques et d'échanges d'équipages. Pour l'heure, nos unités sont plutôt mobilisées dans l'ouest et dans le nord de l'océan Indien mais en règle générale, cinq ou six de ces occasions se présentent chaque année.

Depuis vingt ans, la Malaisie est dirigée par un homme controversé au plan international car ses méthodes ont parfois heurté certains de nos canons occidentaux, mais on doit reconnaître qu'il a une vision pour son pays et le gouverne avec efficacité. Selon notre ambassadeur, à qui je pose la question lors du petit déjeuner auquel il me convie, ce succès dans le développement est dû à la capacité qu'a ce pays à développer une classe moyenne. Pour le directeur de l'Institut de stratégie que je rencontre plus tard, cinq raisons en sont les éléments déterminants : la stabilité politique, une économie libérale, la sécurité, une presse « contrôlée » et le naturel heureux de la population. Ces deux avis ne sont d'ailleurs pas contradictoires. Évidemment, les explications de notre stratège peuvent surprendre, mais force est de constater qu'on est loin du goulag et que les habitants ont l'air satisfaits de leur sort.

Le grand projet du gouvernement en ce moment est l'installation de la capitale à Putrjaya, à une quarantaine de kilomètres au sud de Kuala Lumpur. C'est un défi comme celui de Brasilia ou de Canberra, plus raisonnable toutefois car la proximité demeure. De gros travaux sont réalisés et certains ministères déjà installés mais beaucoup reste à faire. Il y a là pour un pays une aventure passionnante et pour ses dirigeants un page d'histoire à écrire. Kula Lumpur reste toutefois l'objet d'attentions et l'on y a construit les tours les plus hautes du monde, à près de quatre cents mètres, les fameuses tours Pétronas, du nom de la compagnie pétrolière locale. Deux tours jumelles de métal et de verre pas vraiment élégantes, mais tout de même majestueuses. Le soir au pied des tours, quand la chaleur est tombée, la jeunesse malaise de la capitale se retrouve aux terrasses des cafés ; des jardins ont été aménagés, des bassins, des fontaines, et le lieu est agréable. Les Malais sont musulmans, mais leur islam est ouvert et tolérant. Naturellement il y a une communauté indienne, comme tout autour de cet océan, et une importante population chinoise très présente dans le secteur économique. Il y a aussi des aborigènes dans la forêt qui recouvre une grande partie du pays, ainsi qu'au Sabah et au Sarawak dans l'île de Bornéo. Il n'y a pas de problème majeur de cohabitation des différentes ethnies mais la question de l'équilibre des communautés demeure sous-jacente.

Au moment de l'indépendance en 1957, l'île de Singapour, essentiellement peuplée de Chinois, faisait partie de la fédération malaise mais rapidement, chacun a considéré qu'il était de son intérêt de se séparer. Les Chinois sont ainsi très largement majoritaires à Singapour tandis que les Malais le sont en Malaisie. S'il n'y a pas d'affrontements ouverts entre Singapour et la Malaisie, on se regarde en chiens de faïence de part et d'autre du détroit de Johore qui sépare l'île de l'extrémité de la péninsule malaise. Mais le sort de ces pays est lié par leur proximité géographique : Singapour dépend entièrement de la Malaisie pour son approvisionnement en eau douce. Il est un domaine où la coopération est bonne, c'est celui de la lutte contre la piraterie. Le détroit de Malacca est redouté pour ses pirates et les pays riverains tentent de combattre cette habitude ancestrale qui a connu une nette recrudescence dans les dernières années. Un centre mondial de lutte contre la piraterie est installé à Kuala Lumpur et je rends visite à son directeur, avec qui nous sommes en relation lorsque des affaires surviennent dans l'océan Indien. Cela a été le cas pour l'affaire du *Princess Sarah,* un bateau syrien capturé par des pirates le long des côtes de Somalie en janvier dernier, pour lequel nous sommes intervenus avec succès — « une affaire exemplaire », me dit le directeur en me remerciant chaleureusement —, c'est le cas en ce moment avec une autre affaire dans la même région. Les pirates ont changé de quartier. C'est le résultat de la bonne coopération des pays voisins qui ont tous intérêt à garantir la sécurité de la navigation dans ce détroit stratégique.

De Kuala Lumpur à Perth en Australie occidentale, il y a six heures d'avion pendant lesquels on change de monde. On survole Sumatra, Java et le détroit de la Sonde entre les deux grandes îles, on enjambe l'équateur et le tropique du Capricorne et on se retrouve en hiver, à l'extrémité ouest de l'Australie, dans la capitale de cet État de moins de deux millions d'habitants, grand à lui seul comme cinq fois la France. Il est quasiment désert sinon dans sa bordure sud-ouest.

J'avais fait un rapide passage en Australie en février et le chef d'état-major m'avait encouragé à visiter ses bases et ses commandements du grand Ouest et du Nord pour y faire avancer, d'une façon concrète, la coopération entre nos deux Marines à laquelle les Australiens sont attachés. Ce pays est dans la sphère d'influence anglo-saxonne et proche des États-Unis dans l'action internationale, mais nous sommes ses voisins à l'est avec la Nouvelle-Calédonie — nous avons une frontière maritime commune —, mais aussi à l'ouest et au sud avec les Terres Antarctiques et Australes et nos îles de l'océan Indien. Les Australiens sont satisfaits de trouver, dans ces eaux riveraines de leur grande terre, une Marine proche de leurs standards, familière de ces régions et prompte à coopérer ; l'intervention commune au Timor en 1999 sous commandement australien l'avait largement montré. Dans le grand Sud, nous sommes les seules marines présentes et nos intérêts y sont complémentaires pour la surveillance d'espaces immenses et convoités.

Nous ne faisons que traverser Perth rapidement ; je croyais la ville au bord de la mer alors qu'elle en est à une vingtaine de kilomètres, en bordure de la rivière Swan. La *city* a quelques tours futuristes mais le centre reste limité, en comparaison des grandes métropoles habituelles. Freemantle est le port de Perth sur l'océan à l'embouchure de la Swan. « Fréo » est une petite ville agréable et animée qui s'est réveillée d'une torpeur ancienne à l'occasion de la coupe de l'America en 1987. Elle s'est harmonieusement développée et est devenue à la mode. C'était à l'origine un centre baleinier qui avait prospéré grâce à la colonie pénitentiaire dans les années 1850. Il reste de cette époque de très beaux bâtiments à l'épreuve des siècles, construits par les bagnards sans ménager leur peine. En cette période de vacances universitaires, Fréo est fréquentée par les *backpackers,* littéralement les « sacs aux dos », qui partent des régions plus peuplées de la côte est à la découverte de leur propre pays. L'ambiance dans les rues et aux terrasses en est assez joyeuse. Autour de Freemantle et de Perth, et le long de la route qui nous conduit jusqu'aux environs du cap Leeuwin, la pointe sud-ouest de l'Australie connue des navigateurs, on aborde un paysage léché à l'anglo-saxonne : maisons basses généralement en bois, jardins soigneusement entretenus, sans barrière, allées bien dessinées. On dirait un décor de train électrique. On traverse des forêts d'eucalyptus qui s'éclaircissent de temps à autre pour laisser place à des champs et des prairies ; c'est alors la Normandie, il y a même des pommiers. Quand on arrive dans la région de Margaret River, on retrouve la route du vin : les vignes sont partout, les panneaux invitent à visiter les domaines et à déguster les crus. Comme en Afrique du Sud, ce sont les couleurs mordorées de la fin de l'automne, les jaunes et les rouges d'après vendange. Mais le paysage n'a pas le charme de nos régions viticoles du Sud de la France. Cela sent trop le neuf : c'est très aligné, très fonctionnel. Les pieds de vignes sont espacés pour permettre la mécanisation. C'est uniformément plat. Même avis pour les vins qu'en Afrique du Sud : si les blancs sont souvent bons, les rouges restent loin de notre goût français. Mais localement, ils sont appréciés, et l'activité viticole continue de se développer. Margaret River est aussi le paradis du surf. Les vagues viennent rouler sur ces rivages occidentaux de l'Australie après avoir traversé sans obstacle tout l'océan Indien ; elles sont énormes et font le bonheur des surfeurs qui viennent ici du monde entier, même si les requins ne sont pas loin et les accidents nombreux paraît-il.

Les marins australiens de l'ouest sont heureux de nous rencontrer et de nous faire découvrir leur région. Les visites ne sont pas fréquentes et ils se sentent isolés, à des milliers de kilomètres de la capitale et de leurs collègues de Sydney. C'est Brest à une autre échelle ! Leur base de Garden Island, à trente kilomètres au sud de Freemantle, est moderne et bien équipée, avec des installations performantes qui nous donnent des idées. Nous savons que nous pouvons disposer ici, le cas échéant, de facilités pour nos forces déployées ou en opérations. Il convient d'entretenir le lien en permanence.

Route au nord-est pour Darwin, qu'il faut cinq heures de vol pour atteindre. Il y a plus de trois mille kilomètres entre les deux villes, uniquement de désert. Darwin, c'est le bout du monde et c'est la frontière de cette île-continent quasiment vide face au trop-plein des voisins du nord, et qui suscite bien des convoitises. Alors à Darwin, pour le responsable militaire local qui a la charge de surveiller les approches maritimes et le littoral, c'est la guerre. La guerre aux immigrants clandestins qui, à partir de l'Indonésie ou via ce pays, veulent tenter leur chance. Chinois, Indochinois, Birmans, mais aussi Afghans, Irakiens ou Indiens et miséreux de tous les pays du sud espèrent refaire leur vie en Australie. Ils gagnent sans trop de difficulté l'Indonésie dont plusieurs provinces sont au bord de la sécession, font affaire avec des trafiquants pour un paquet de dollars et s'embarquent sur des rafiots de fortune à travers la mer du Timor. Les Australiens survolent sans relâche les espaces maritimes qui séparent les îles indonésiennes de leurs côtes, patrouillent en mer et quadrillent la bande côtière avec des unités formées de réservistes et d'aborigènes des tribus.

C'est aussi pour eux une façon de donner une occupation à ces populations fragiles et difficilement assimilables. Vaste problème qui alimente en permanence le débat national et qui met l'Australie en difficulté internationale, lorsqu'elle dépose sur une île du Pacifique une cargaison de *boat-people* découverte à proximité de ses côtes. Tous les moyens de la Marine australienne sont mobilisés dans cette mission, qui occupe également le commandement interarmées de ces Territoires du Nord. Affaire difficile et sensible pour les autorités australiennes confrontées jour après jour à l'afflux de ces malheureux. Ce ne sont pas des réfugiés politiques comme il y a quelques années en mer de Chine, avec des familles entières fuyant l'oppression communiste : ce sont des réfugiés économiques auxquels la communauté internationale ne reconnaît pas de statut. Souvent, ils se jettent à l'eau à l'arrivée des bateaux de patrouille pour être recueillis comme des naufragés et traités comme tels : ils ont alors gagné.

Nous avons connu cette situation il y a quelques années dans ces mêmes eaux : des centaines de Chinois entassés sur deux navires de pêche hors d'âge avaient été interceptés alors qu'ils faisaient route vers la Nouvelle-Calédonie, terre peu peuplée comme l'Australie et à l'équilibre ethnique fragile. Après des tergiversations et des tentatives d'extradition avortées, ils se sont fondus dans le paysage et ne se distinguent probablement plus aujourd'hui de leurs ancêtres « importés » au début du siècle dernier pour exploiter des rizières dans la chaîne. Étrange retour de l'histoire qui nous renvoie à nos contradictions. À nous aujourd'hui de traiter humainement ce problème considérable. Mon collègue de Darwin s'y emploie mais il sait, comme tous les intervenants de terrain, qu'il n'y a de solution que globale et politique, à l'échelle mondiale. Nous y jouons l'un et l'autre une modeste mais indispensable partition.

J'ai organisé cette visite à Darwin à l'occasion de l'escale de nos patrouilleurs venus de Nouméa pour s'entraîner en compagnie de leurs homologues australiens. Je retrouve avec plaisir nos marins français sur cette terre extrême, et je me plais à constater de nouveau la maturité et le réalisme des jeunes officiers et officiers-mariniers de nos équipages, confrontés à des situations qu'on ne décrit pas dans les manuels.

Darwin doit son nom à l'illustre naturaliste embarqué en 1839 sur le *Beagle*, navire britannique dont les marins ont découvert le site. La ville a dû son développement à la découverte d'or à deux cents kilomètres au sud, à Pine Creek. Pendant la Seconde Guerre mondiale, elle a été une importante place alliée face à l'avancée japonaise et elle a connu plusieurs attaques. Aujourd'hui centre administratif et minier, elle est aussi une base touristique pour les amateurs de nature. En cette saison, tout comme à Freemantle, c'est le paradis des *backpackers* qui animent la rue principale. La ville est moderne et agréable. Elle a été reconstruite après un typhon qui avait tout rasé en 1974 ; il ne reste aucun vestige de l'ancienne partie coloniale qui, paraît-il, avait beaucoup de charme. Le climat est difficile avec une forte saison des pluies et de fréquents passages de cyclones. Nous y sommes à la bonne saison, qui fera une heureuse transition entre l'hiver dont nous venons et les chaleurs du Golfe. On regrette bien sûr de ne pas embarquer dans un de ces énormes 4x4 qui sillonnent la ville, pour aller passer quelques jours à la découverte du Kakadu, vers la terre d'Arnhem ou le Kimberley, ou encore pour une grande traversée jusqu'au sud.

Plus tard dans la nuit, en survolant l'Indonésie dont on aperçoit les lumières, je regrette la visite deux fois manquée dans ce pays : celle que je devais y faire avec le *Var* et celle que j'avais prévue en juillet, à nouveau décommandée. Tous les voisins de ce pays imprévisible, Australiens au sud, Malais et Singapouriens au nord, m'ont fait part de leur inquiétude face au grand archipel malade dont les ferments de décomposition sont à l'œuvre. Ils m'ont exprimé leur souhait que la France ne les laisse pas en tête-à-tête avec l'Indonésie et que nous y soyons présents par des escales, des coopérations et un dialogue stratégique approfondi. Cette demande paraît légitime et correspond à nos intérêts. J'espère pouvoir y venir avec le *Var* à l'automne.

Vol sans histoire vers Dubaï où le bateau nous rejoindra demain pour prendre ses quartiers d'été.

Chapitre VI

Monsieur Martin

Dubaï, 21 juin 2002

Monsieur Martin (on prononce « Martine ») est la providence des marins français du golfe arabo-persique.

Dans les ports de métropole ou d'outre-mer, la Marine dispose de bases navales qui pourvoient aux besoins de soutien des navires lors des escales, en leur accordant les facilités nécessaires et en organisant leurs séjours. Aux Émirats Arabes Unis, nous n'en avons pas, mais nous avons monsieur Martin. Martin est une base navale à lui tout seul.

Il exerce la profession d'agent maritime pour le compte d'une société de *shipping* dont personne n'a jamais vu d'autres représentants. Martin d'Souza est un Indien originaire de la ville de Magalore, sur la côte sud-ouest du pays. C'est un petit homme toujours cravaté, quelle que soit la température, mais il ne porte jamais de veste. L'élégance de Martin, c'est sa cravate, ses chemises à manches longues et ses chaussures confortables. En cas d'extrême activité, c'est-à-dire souvent, Martin retrousse légèrement ses manches sur les poignets : c'est sa seule fantaisie vestimentaire.

Lorsqu'un bateau arrive au port, Martin est sur le quai et veille au branchement de l'eau et du téléphone, à la mise en place de la coupée qu'il est le premier à franchir. En courant bien sûr, car Martin ne marche pas, il court, ou du moins il marche tellement vite qu'il faut courir pour le suivre. Martin est un homme pressé. Avant l'arrivée, il a reçu la liste de ravitaillement et il a veillé à prévenir les fournisseurs dont il vérifie la présence sur le quai. Il est passé à la poste prendre le courrier et il monte lui-même à bord le premier sac. Si une pièce de rechange est attendue, Martin arrange le dédouanement avec les transitaires et se démène pour la livrer au plus vite. Il s'occupe du blanchisseur et des rendez-vous de dentiste, des locations de voiture et du tapissier pour refaire les fauteuils du carré. Martin est aussi à l'aéroport, de jour comme de nuit, pour attendre un marin en transit ou en reconduire un autre en fin de séjour. Il a ses entrées dans la plupart des hôtels quand il faut héberger l'arrivant à bon compte en attendant son bâtiment. Martin vit avec son téléphone portable qui sonne sans arrêt, si bien qu'il porte en permanence une oreillette, et un micro-olive en pendant le long du cou. On croit qu'il parle tout seul, en fait il est au travail…

Il s'exprime avec cet inimitable accent anglais des Indiens du Golfe qu'il faut une certaine expérience pour comprendre. Mais l'essentiel, c'est que lui nous comprenne… Quel que soit le problème, Martin a une solution. Qu'il s'agisse de prendre des dispositions pour protéger le bâtiment à quai, en plaçant sur les accès des plots de béton et un mur de conteneurs, Martin négocie leur mise en place avec le port. S'il faut cinq cents chaises pour la messe de Noël sur le pont d'envol d'un bâtiment en escale à Dubaï, Martin trouve des chaises de velours rouge et s'il en manque en début de cérémonie, parce que la communauté française se presse en foule pour cette occasion rare, Martin — qui est là avec sa femme trente minutes avant l'heure, c'est un fervent catholique — prend une nouvelle fois son téléphone et le complément de chaises arrive en camion avant la première lecture.

La plus grande honte de Martin, c'est de m'avoir raté à l'aéroport de Dubaï lors de mon arrivée en juillet dernier.

Comme chaque fois qu'il attend quelqu'un, il s'était posté au-delà de la zone de police avec les commissionnaires des hôtels, et fort de son expérience — il avait à son actif une dizaine d'Alindien —, il ne pouvait pas manquer de me reconnaître au passage. Je pense qu'il n'est pas coupable d'une erreur d'appréciation ; c'est probablement moi qui n'avais pas un look d'amiral. Martin s'en veut de cette bévue qu'il me rappelle souvent et pour se faire pardonner, chaque fois que ma femme arrive à Dubaï, il l'attend avec une corbeille de roses.

Martin est installé aux Émirats avec sa famille depuis plus de trente ans. Il a travaillé pour plusieurs sociétés mais chaque fois, ce sont les clients qui ont suivi Martin. Il est difficile de donner un âge à Martin, je sais simplement que tous les ans, il dit devoir prendre sa retraite l'année suivante. Martin a des enfants qui poursuivent leurs études aux États-Unis et au Canada. Avec son épouse, il va les voir. Il vaut mieux ne pas prévoir d'escales aux Émirats dans ces périodes. Les dates de vacances de Martin sont des informations stratégiques. Il va aussi en Inde et c'est là qu'il prendra sa retraite le moment venu. Peut-être qu'alors la France installera une base navale à Dubaï, car pour le moment, la base navale, c'est Martin.

Le secret de Martin n'est pas difficile : il aime passionnément son métier et il n'a jamais entendu parler des trente-cinq heures.

La route des sables (1)

Abu Dhabi, 23 juin 2002

Après la route des vins, c'est la route des sables que je parcours depuis trois semaines. Je profite de mon retour dans la région du Golfe, le 14 juin, pour entreprendre une tournée des cinq pays voisins afin d'y revoir mes homologues des Marines, les chefs d'état-major d'armée et selon les pays, les ministres de la Défense ou autres autorités ministérielles et nos ambassadeurs. C'est ma troisième occasion de rencontre avec ceux que j'appelle volontiers mes « collègues », pratiquement un an après mon arrivée, surtout depuis les attentats du 11 septembre, alors que cette région reste marquée par les séquelles de la guerre du Golfe, l'évolution de l'Iran et l'affrontement israélo-palestinien. C'est donc avec des interlocuteurs que je connais pour la plupart et en lesquels j'ai confiance que je peux partager des impressions et des analyses, alors même que la culture de ces hommes les porte plutôt, lors des premiers contacts, à la prudence et à la réserve, d'une certaine façon à la banalité.

C'est aussi la première véritable occasion de contacter mon nouvel homologue américain de Bahreïn, commandant la 5e Flotte et le théâtre maritime du Moyen-Orient, l'amiral Keating. J'avais assisté à sa prise de fonction, le 10 février à Manama, lorsqu'il avait remplacé mon ami Willy Moore, « l'amiral cow-boy », que j'avais lui-même rencontré à trois reprises, pour monter notre coopération et les premières actions concrètes de la France dans la lutte contre le terrorisme dès la fin septembre 2002.

J'attache beaucoup d'importance à cette « tournée des sables » que je prépare soigneusement avec ma fidèle équipe. Celle-ci va malheureusement bientôt se disperser. Depuis un an aux affaires, elle maîtrise parfaitement l'ensemble des dossiers ; nous travaillons dans une belle harmonie et même une sorte de complicité, établie chemin faisant au fil des mois et des milles. En comptant deux à trois jours par pays, avec le temps des déplacements et les retours à Dubaï à bord du *Var* pour dresser le bilan et préparer l'étape suivante, cette séquence va durer près d'un mois et mener jusqu'à la mi-juillet, me laissant le temps à son issue de rendre visite aux bâtiments qui continuent de participer aux opérations dans le nord de l'océan Indien, actuellement l'aviso *Premier Maître L'Her* et la frégate *Guépratte*.

Le premier déplacement est pour Abu Dhabi, capitale des Émirats Arabes Unis ; c'est le plus simple à organiser puisque c'est à moins de deux heures de Dubaï en voiture. C'est aussi le plus réduit quant aux visites puisque, outre l'ambassadeur, je n'y rencontre que le chef d'état-major de la Marine, le brigadier Suhail Shahine Al Marar. Les ÉAU[42] présentent un cas particulier. C'est un État fédéral qui regroupe cinq émirats, dans lequel les pouvoirs sont répartis. Ainsi le ministre de la Défense en titre est-il le prince héritier de Dubaï, cheikh Mohammed Al'Maktoum, qui s'intéresse certainement aux questions de défense, mais aussi au développement échevelé de sa ville. Le vrai patron des Armées est le chef d'état-major, le général cheikh Mohammed Bin Zayed, l'un des prétendants à la succession du patriarche cheikh Zayed, émir d'Abu Dhabi et président de la fédération. Le général est un homme intelligent, influent et déterminé, très chaleureux au demeurant, mais dont les interlocuteurs sont plus communément les présidents que le commandant de la zone maritime de l'océan

42. Émirats Arabes Unis.

Indien. Cheikh Mohammed Bin Zayed vient de se rendre en France et aux États-Unis, où il a été reçu en chef d'État, avec garde républicaine et longue audience présidentielle chez nous, et de la même façon en version américaine au bord du Potomac. J'ai eu l'occasion de converser longuement avec lui par hasard l'hiver dernier et j'en ai retenu une forte impression. Je devrais le voir de nouveau dans quelques jours. Cheikh Mohammed, me dit-on, veut échanger des idées sur les questions navales.

Mon ami le brigadier Suhail Shahine Al Marar, son chef d'état major de la Marine, est un homme profondément religieux comme beaucoup des chefs des Marines de cette région. Il n'est pas d'une famille puissante ou alliée par le sang aux Zayed, c'est même un bédouin puisqu'il vient des environs d'Al-Ayn. Cette oasis est aussi le fief des Zayed. Il est timide et peu sûr de lui. À sa décharge, l'exercice, pour lui comme pour ses homologues du Golfe, n'est pas facile. Ces hommes qui n'ont pas beaucoup d'expérience maritime se trouvent à la tête d'institutions techniques qu'il faudrait plus d'une génération pour mettre raisonnablement sur pied, mais qui doivent apparaître dès maintenant comme des vitrines, avec les dernières nouveautés et toute la gamme des produits, pour le standing. Je lui vote volontiers l'indulgence d'autant qu'au fil de nos entretiens — c'est avec lui le quatrième —, il semble davantage en confiance et me paraît vouloir approfondir notre relation.

Notre ambassadeur aux Émirats, que je rencontre aussi au cours de ce déplacement à Abu Dhabi, est un homme de goût. C'est de surcroît un homme sympathique et attentionné qui s'est toujours montré pour moi des plus accueillants, toujours intéressé par les informations que je lui apporte ou les analyses que je lui communique. Il appartient au corps prestigieux des « conseillers d'Orient » et c'est un arabisant distingué, bon connaisseur du Proche et du Moyen-Orient où il a plusieurs fois séjourné. Il a un côté très « quai d'Orsay » *old fashion* qui m'amuse, mais je plaide l'indulgence cette fois encore ; après tout il est maître chez lui. Il est grand, avec chevelure à la Rudolph Valentino, toujours soigné, costumes de bonne coupe et chemises bicolores, cravates très septième, nœud papillon souvent. Cet homme de talent a une femme superbe, élancée, souriante et ingénue, drôle et chaleureuse. Décolleté vertigineux et cheveux ébouriffés complètent un tableau que je suis remarquablement placé pour considérer puisqu'à table, chaque fois je suis à sa droite. On aura compris que notre ambassade aux ÉAU, haut lieu du bon goût, de la finesse et de l'élégance, est un endroit agréable où je me rends avec un certain bonheur.

La route des sables (2)

Mascate, 2 juillet 2002

L'ambassadeur en Oman, lui, est célibataire, mais j'ai aussi beaucoup de plaisir à le rencontrer. J'avais fait sa connaissance à Paris l'an dernier lors de la conférence des ambassadeurs ; je l'avais invité à déjeuner « Chez Françoise », ce must de la vie politique et parlementaire parisienne, agréablement situé en terrasse sous l'aérogare des Invalides. Il faut simplement s'y assurer que celui qu'on brocarde n'est pas assis derrière soi ou à la table voisine. Notre homme est également conseiller d'Orient, mais spécialiste de russe. Il a été consul général à Saint-Pétersbourg où il s'est ennuyé, passé les premières découvertes et les émotions architecturales. D'ailleurs, avec de l'expérience et du recul, je pourrais dresser la géographie diplomatique de l'ennui : micro-îles tropicales, éclats d'empire, zones grises ou carrément transparentes, l'atlas en est assez garni. Dans pas mal de capitales qui ne font pas tous les jours la une de l'actualité, il faut en effet à nos ambassadeurs une riche vie intérieure pour survivre, et une foi inébranlable pour rédiger, à usage d'un public de secrétaires-adjoints, des télégrammes qui s'empileront dans les soupentes du Quai d'Orsay. Leur rêve est d'avoir une visite ministérielle. Un sous-ministre ou un simple secrétaire d'État ferait l'affaire.

Dans ce paysage désertique, la venue d'Alindien est une incroyable aubaine. Je ne dis pas cela pour notre ami d'Oman, qui a la chance de représenter la France dans un « vrai » pays, riche de traditions et d'histoire. À la différence des émirats du

Golfe, qui sont des constructions ou des regroupements récents dont la population nationale ne représente qu'une modeste part des résidents, Oman a un passé millénaire et les Omanais de souche y sont majoritaires. Dès la Haute Antiquité, Oman a un courant de relations avec la Mésopotamie, la Perse et l'Inde ; au début de l'ère chrétienne, les marins omanais assuraient le commerce entre la Méditerranée et le monde asiatique. Ils ont ensuite navigué jusqu'à Zanzibar, qu'ils ont profondément marquée, et plus tard ils ont dominé une partie du Baloutchistan. Oman se situe ainsi au carrefour de plusieurs mondes, et les Omanais sont sensibles plus que d'autres aux différents conflits qui affectent leur sphère. Ce sont des gens de culture et de réflexion, les sages de l'Arabie, avec qui l'échange est toujours riche et nourri. Je me réjouis de cette nouvelle visite après celle que j'y ai déjà faite en septembre, juste après les attentats de New York. Oman occupe une position stratégique largement ouverte sur la mer d'Arabie et contrôle toute la rive sud du détroit d'Ormuz, face à l'Iran. C'est un atout, c'est aussi un facteur de fragilité. Il y en a d'autres, et ce pays doit désormais regarder l'avenir avec lucidité.

Paradoxalement, le père de l'actuel sultan, refusant toute évolution, avait voulu se maintenir à l'écart du monde moderne. Son fils, le sultan Qabous, l'a déposé au début des années soixante-dix. Il a d'abord réglé la question du Dhofar, province orientale à la limite du Yémen, fière de ses particularités, où une guérilla d'inspiration marxiste s'était largement développée. Qabous a remporté une véritable guerre, aidé par les Britanniques encore très présents dans le pays, mais aussi par les Iraniens de Pahlavi. Il a ensuite ouvert son pays selon l'antique tradition et a profité de la manne pétrolière pour le moderniser en développant l'éducation. Trente ans après, même si le régime reste une monarchie quasi absolue, l'évolution est une réussite mais les limites sont là, car la ressource pétrolière est désormais comptée et le terme connu. Il faudrait passer à une autre phase, espérée par une jeunesse formée mais inquiète de son avenir. Qabous en aura-t-il encore l'énergie, ou faudra-t-il attendre sa succession pour un nouvel élan ? Les prétendants sont connus et occupent tous dans le pays des fonctions importantes, ouvertes sur le monde.

Le prince Shihab que je rencontre pour la troisième fois est probablement l'un d'entre eux ; c'est un cousin germain de Qabous qui n'a pas lui-même d'héritier direct. Le prince est un homme d'une quarantaine d'années, de noble allure, qui a une vraie vision des choses et de l'avenir de son pays. Il est le chef d'état-major de la Marine depuis plus de dix ans. Comme beaucoup de responsables régionaux, il voyage souvent à l'étranger et a pas mal d'activités privées de caractère industriel, commercial ou financier qui occupent une partie de son temps mais, il connaît bien sa Marine, ses possibilités et ses limites. Il sait qu'il faudrait un système efficace de surveillance aéro-maritime en liaison avec des patrouilleurs à la mer ou en alerte dans leurs bases, parce que la seule menace qui affecte ce pays, ce sont les trafics illicites, la pêche illégale et l'immigration clandestine. La difficulté est que les responsabilités sont partagées entre plusieurs administrations rivales et que chacune veut s'arroger l'exclusivité sur le budget des autres. Le financement d'un simple appareil de patrouille maritime viendrait en concurrence avec celui des F16. Ces chasseurs amusent davantage l'Armée de l'Air qui a la haute main sur ce qui vole. Problème connu ailleurs. Je demande au prince Shihab de développer son avis sur la situation régionale ; il n'est pas optimiste.

Le général Khamis Al Kalbani, chef d'état-major des Armées, est un petit homme râblé et énergique. Il s'exprime très posément en arabe, soit parce qu'il n'est pas parfaitement à l'aise en anglais, soit par fierté, soit encore pour disposer du temps de la traduction pour réfléchir et préparer la suite du propos. Issu d'une tribu de guerriers, il a gagné ses galons lors de la guerre du Dhofar. Il est réputé proche du sultan. Il est très intéressé par les opérations que nous menons et leurs prolongements. Il a visiblement fort bien préparé l'entretien et il sait exactement ce qu'il en attend. De mon côté, je souhaite profiter de cette visite pour remercier les autorités omanaises de leur sollicitude à chaque escale de nos bâtiments, que ce soit à Mascate, halte appréciée de nos équipages, ou au sud à Salalah dans le Dhofar, ou encore au mouillage de l'île de Masirah. On mesure combien Oman occupe une place importante pour nos opérations en mer d'Arabie et à l'ouvert du détroit d'Ormuz.

Il y a en Oman une vieille tradition de relation avec la France, depuis plusieurs siècles, même si l'influence britannique a été déterminante à partir du début du XIXe siècle. Il y a même à Mascate un musée franco-omanais installé dans l'ancienne résidence du consul de France. Belle demeure traditionnelle à patio, où l'on trouve beaucoup de souvenirs de l'histoire commune de nos deux pays, histoire, selon l'habitude, de diplomates et de marins ; un étage entier est consacré à la visite d'un de nos récents présidents de la République reçu dans ce pays avec un faste exceptionnel. On trouverait sûrement à Château-Chinon le cadeau que fit à l'époque le sultan. La conservatrice du musée est une jeune femme omanaise fort avenante, vêtue du costume traditionnel. Elle s'inquiète de savoir si je suis de… Château-Thierry. Étrange question si l'on ignore que notre République, dans sa grande générosité, l'a envoyée récemment en stage dans ce haut lieu des arts et de la culture pour lui faire connaître notre pays. Elle y a débarqué un jour d'automne, directement de Roissy. Elle a pris le train pour Château-Thierry et a passé là deux mois, la journée au milieu des gardiens de musée vaquant de pause en causette, ne lui adressant pas un mot, le soir à la fermeture regagnant à pied un foyer éloigné où elle avait son logis, seule. Son impression de la France reste mitigée. Quelle tristesse au pays du Louvre et de mille autres trésors. Ce beau succès de notre coopération figurera malgré tout en bonne place dans les bilans que l'on établira et dont on se félicitera ; c'est la loi du genre.

Notre ambassade à Mascate est une demeure moderne située dans le quartier diplomatique, à l'architecture réussie. L'ambassadeur la trouve un peu toc. Il se montre un hôte agréable et accueillant, m'hébergeant dans la traditionnelle chambre du ministre dont chaque « maison de France » dispose pour les personnalités de passage. J'ai l'intention d'en dresser bientôt un guide puisque c'est ma septième après Delhi, Dacca, Phnom Penh, Mahé, Doha et Manama. Au dîner qu'il donne en mon honneur, j'ai du mal avec la glace à la datte, comme lors de ma première visite, mais le reste est fort honorable et la compagnie drôle et érudite. Il y a l'ambassadeur de Tunisie et son collègue d'Autriche, bon vivant, chaleureux, fin connaisseur du pays et de ses installations militaires. Mais que fait un ambassadeur d'Autriche en Oman ? Les deux compères forment visiblement un bon équipage, partant souvent à l'aventure sur les pistes ou dans les wadis. Je crois comprendre qu'ils ont du temps disponible. Ils redoutent néanmoins ces deux mois d'été où d'impérieuses mais modestes obligations protocolaires les contraignent à rester présents, alors que l'activité s'est par ailleurs ralentie et que la saison n'est pas propice au tourisme.

Je les laisse à ces chaudes perspectives et gagne directement Koweït. Là non plus il ne fait pas froid.

La route des sables (3)

Koweït, 4 juillet 2002

Le plus dur à Koweït, ce n'est pas la chaleur, ce sont les gardes du corps. Toutes les personnalités en visite venant des pays qui ont participé à la libération lors de la guerre du Golfe sont escortées pendant leur séjour. C'est une marque d'attention qui relève davantage du standing que de la sécurité, car le pays est sûr, mais ce n'est pas une mince affaire. C'est même plutôt pesant. Les anges gardiens — ils sont cinq — m'attendent dès la descente d'avion et ne me lâcheront qu'une fois de retour à l'aéroport. À l'hôtel où je suis logé, au dernier étage naturellement, ils occupent la chambre d'en face et les chambres voisines, et l'un d'entre eux se tient en permanence dans le couloir. Lorsque j'arrive, il m'ouvre la porte et inspecte la chambre. Si l'on m'apporte à déjeuner, le garde entre d'abord pour s'assurer que le serveur ne me veut pas de mal et reste jusqu'à son départ. Si je vais à la piscine, ils sont sur le bord du bassin, et si je sors faire des courses, ils sont là comme des ombres, légèrement en retrait. Pour les déplacements, voiture d'escorte et Mercedes blindée avec une porte si lourde que je n'ai jamais réussi à l'ouvrir sans aide.

Ce sont des jeunes hommes des forces spéciales, sous les ordres d'un capitaine, l'allure sportive et le gilet à multiples poches légèrement enflé sur la poitrine… J'ai essayé de les semer une fois pour voir mais ce n'est pas facile. Et qui sait s'ils ne se retrouveraient pas aux arrêts dans un camp au milieu du désert ? Je ne leur veux pas de mal. Je les trouve juste encombrants. Le mieux est finalement de ne pas sortir.

La température extérieure n'y encourage guère, il fait plus de quarante-cinq degrés. Alors un bon livre et TV5 feront l'affaire.

Heureusement, il y a cheikh Hamad. Je suis en effet arrivé mardi soir, c'est le jour où cheikh Hamad tient sa *diwaniya*. Je prends la route du sud avec mes anges gardiens et je retrouve avec bonheur à la fois cette ambiance et ces hommes comme si je les avais quittés hier. Même atmosphère chaleureuse et sympathique, même ballet des amis, même table largement garnie, mêmes conversations légères ou sérieuses. Cheikh Hamad m'apprend que l'institution des *diwaniya* est à l'origine une tradition des marins lorsqu'ils revenaient de mer. C'était pour eux l'occasion de recueillir rapidement les nouvelles, d'en donner à chacun et de raconter leurs aventures.

Lorsque j'arrive au Koweït, c'est l'effervescence politique. Ce pays est le plus démocratique de la région, puisqu'il y a un parlement avec des députés élus sur une base régionale et un vrai débat. Ce jour-là, on doit examiner une motion de défiance déposée par l'opposition à l'encontre du ministre des Finances, et la bataille promet d'être serrée. Finalement le ministre sera sauvé, et le gouvernement par la même occasion, grâce à l'absence inopinée d'un courageux qui a trouvé dans un déplacement à Bahreïn l'opportunité de ne pas se prononcer. La démocratie s'apprend vite ! Tout le gouvernement est mobilisé à l'assemblée par cette affaire qui me prive des entretiens prévus avec les ministres des Affaires étrangères et de la Défense rencontrés en octobre. Il me reste le chef d'état-major des Armées, celui de la Marine et le secrétaire général du ministère des Affaires étrangères. Le chef d'état-major des Armées est un homme rusé, tout juste de retour d'un voyage en France dont il garde le meilleur souvenir. Un peu dépité tout de même de ne pas avoir été reçu comme Cheikh Mohammed, au même niveau politique. Comme partout, on se regarde et on s'observe. Nous devons, avec l'ambassadeur, trouver les paroles de réconfort adaptées.

Le Koweït est largement dans la main des Américains mais ses dirigeants sont soucieux d'un certain équilibre, et le général me questionne sur plusieurs sujets d'actualité pour lequel son pays cherche à se faire une idée. La France est, pour eux comme pour bien d'autres pays, un partenaire écouté, parce qu'ils savent que nos avis sont élaborés sans contrainte, avec une vraie réflexion nationale qui n'a aucun gage à donner à personne, à la différence des Anglais qui sont toujours considérés comme les affidés des Américains. Avec la Marine, au nom de cet équilibre, les liens sont forts parce que, depuis la guerre du Golfe, elle s'équipe chez nous et beaucoup d'officiers sont formés dans notre pays. Un programme important de construction de patrouilleurs rapides a été achevé il y a tout juste un an ; j'avais assisté au départ des bateaux de Cherbourg en août 2000. Maintenant il faut en assumer le suivi, ce qui est l'affaire du constructeur, mais la réputation nationale est toujours en jeu et il convient d'être vigilant. D'autant que dans cette affaire, certains soupçonnent qu'il y a eu des pots-de-vin sur les contrats, et le chef d'état-major de la Marine craint que des avaries à répétition ou une médiocre disponibilité n'attirent l'attention et suscitent des interrogations. Nous avons heureusement sur place une excellente équipe de coopérants qui font un remarquable travail et qui sont attentifs aux bruits et aux rumeurs.

Notre ambassadeur est un fin connaisseur du pays et de ses arcanes après quatre ans de séjour. Il est d'une grande simplicité, cheveux en bataille, toujours en mouvement. Auparavant numéro deux en Égypte, il est familier de la région. L'image de diplomates mondains et lointains qu'on se plaît souvent à brocarder, et que notre nouveau flamboyant ministre des Affaires étrangères a récemment critiquée, ne correspond pas à la réalité que j'ai pu observer dans l'océan

Indien depuis un an. Certes, j'ai rencontré quelques caricatures mais pas plus que dans d'autres corporations. J'ai trouvé partout des hommes et des femmes représentant la France avec dignité, conscience, talent et la plupart du temps simplicité. C'est spécialement vrai dans la région du Golfe où nous avons une remarquable équipe.

Après cet hymne mérité à notre diplomatie, retour au Koweït. Ce pays demeure marqué par la guerre du Golfe, et la question des disparus[43] est une plaie sensible pour laquelle il convient chaque fois de marquer notre intérêt en évoquant les efforts de notre pays pour la panser. La crainte de l'encombrant voisin irakien reste une donnée essentielle, d'autant que le pays s'est senti trahi en 1990 par ses frères arabes dont l'attitude n'a pas toujours été d'une grande clarté. Les Palestiniens notamment, qui ont soutenu Saddam alors que le Koweït abritait de longue date une colonie importante et active dans le fonctionnement du pays. Tous ces hommes ont été expulsés, et le pays s'en est trouvé grandement affaibli, comme la France après l'exil des protestants. Le Koweït est maintenant coupé d'un courant naturel de relations économiques avec l'Irak, si bien qu'il est entièrement dépendant de ses exportations de pétrole dont il ne contrôle ni les prix, ni la quantité produite. Toutefois, avec plus de dix pour cent des réserves mondiales, sa situation reste enviable. La « transition démocratique » est en route et le parlement est le lieu de débats passionnés. Les femmes pourront voter et être éligibles l'année prochaine. Mais après des avancées sensibles, les réformes piétinent, stérilisées par les querelles de succession du vieil émir Al Jaber, malade et dans l'impossibilité de gouverner, et du prince héritier cheikh Saad, lui-même affaibli. Le Koweït est fragile mais les Américains veillent.

43. Depuis la guerre du Golfe de 1991, des centaines de Koweïtiens sont portés disparus et l'Irak est toujours soupçonné de les retenir.

Dans ce paysage sablonneux et monocolore, nous fournissons, à notre échelle et à notre mesure, un ton peut-être plus subtil. À nous de savoir jouer de l'harmonie des couleurs. J'ai largement le loisir de méditer cela en attendant à l'aéroport, pendant plus de six heures, l'avion qui me ramène à Dubaï d'où je poursuivrai ma route vers Bahreïn et le Qatar.

La route des sables (4)

Bahreïn et Qatar, 7-8 juillet 2002

Bahreïn est une île côtière de taille modeste coincée entre le Qatar, avec qui elle vient de régler un contentieux territorial ancien, et l'Arabie Saoudite, à laquelle elle est reliée par un pont, le *Johnny Walker Bridge.* C'est le pont qu'empruntent les Saoudiens le jeudi soir pour venir passer le week-end à Bahreïn, où Allah semble moins regardant sur la transparence de l'eau… Bahreïn est en effet pour l'Arabie Saoudite une soupape proche où l'on peut se laisser aller sans grand risque à quelques débordements. Les plus aisés des Saoudiens vont à Dubaï, au Liban ou plus loin. La classe moyenne va au plus près, à Bahreïn. Pour autant, ce n'est ni Sodome ni Gomorrhe, mais le whisky y est presque en vente libre. Bahreïn est aussi une sorte de Suisse, avec un nombre incroyable de banques qui rayonnent sur tout le Moyen-Orient. Il y en aurait deux cents sur la place. Dans ces moments troublés, elles sont sous surveillance car Bahreïn est clairement dans l'orbite des États-Unis.

Le ministre de la Défense évoque au moins quatre fois, au cours de notre conversation, « les amis américains » et remarque que les Palestiniens feraient mieux de s'entendre entre eux avant de vouloir faire un pays. C'est un langage rarement entendu dans la région chez les dirigeants politiques ou militaires. Mais Bahreïn n'a pas le choix. C'est un petit pays, le moins pourvu du Golfe en ressources pétrolières, largement dépendant de la générosité de ses voisins et de la bienveillance de son grand tuteur. En outre, soixante-dix pour cent de la population est chiite et frappée par le chômage alors que la minorité sunnite tient les leviers du pouvoir et de l'économie. L'alignement politique et militaire sur les Américains lui permet d'exister et de poursuivre dans une sérénité relative son long chemin vers la démocratisation, la transparence financière et l'égalité sociale.

Bahreïn est le siège du commandement maritime américain du Moyen-Orient et de la 5e Flotte dont le nouveau patron est l'amiral Keating. J'ai assisté ici même on l'a vu à sa cérémonie de prise de fonction le 10 février, et j'ai rencontré son prédécesseur à plusieurs reprises à l'automne après les attentats du 11 septembre. Nous avions monté rapidement ensemble la coopération pour la protection des flux logistiques et la surveillance dans les détroits et en mer d'Arabie. L'amiral Moore était un homme rusé s'appuyant sur une expérience de près de quatre ans et un intérêt personnel pour la région. Il connaissait toutes les arcanes de la politique des pays du Golfe dont il fréquentait les dirigeants et semblait à l'aise en leur compagnie. L'amiral Keating paraît plus éloigné des subtilités orientales, avec un côté « américain profond » convaincu de la justesse des positions de son pays et de l'universalité de son message. Notre ambassadeur de France, qui est une ambassadrice, m'a semblé médiocrement sensible au charme typiquement US de l'amiral.

C'est une femme du Sud. Elle est en poste depuis un an et c'est sa première ambassade. Selon l'expression en vogue chez nos collègues diplomates masculins, elle a fait partie avec d'autres de la « promotion parité », et certains de ces messieurs en sont visiblement jaloux. Mais leur ire est injustifiée. Elle appartient au corps des conseillers d'Orient et elle est arabisante. Elle est extraordinairement active et d'une grande simplicité. J'ai plaisir à la retrouver après nos rencontres d'octobre et de novembre pendant le ramadan, lorsque nous courrions ensemble les *iftars* et les *majlis*[44]. Elle joue remarquablement de sa position d'ambassadeur pour fréquenter les réunions d'hommes. Mains gantées et mantille sur la tête, elle affronte avec courage le regard de ces messieurs, peu habitués à tant d'audace féminine. Je lui sers volontiers d'escorte et de caution. Au-delà de l'intérêt de son métier qu'elle prend à cœur et dans lequel elle réussit à merveille, j'ai le sentiment que sa vie ici ne doit pas être facile.

Je poursuis ma tournée des sables à Doha au Qatar, et j'y retrouve également avec plaisir le chef d'état-major de la Marine, l'amiral Al Noami, un colosse à la barbe broussailleuse et rousse qu'il doit teindre au henné. C'est un homme religieux, père de nombreux enfants, qui me paraît las de ses fonctions, qu'il occupe depuis pas mal d'années. Il est vrai que le Qatar n'a qu'une modeste marine, sans pour le moment beaucoup de perspectives de développement. L'amiral Al Noami est comme Charles de Foucault, il a été touché par la grâce sur le tard après une jeunesse et une vie étudiante débridées au Liban. Pour l'heure, il est l'homme le plus déchiré de la terre, entre ses convictions personnelles, qui sont très largement celles de ses concitoyens, et le soutien aux Américains dans lequel son pays est engagé par raison. Le Qatar cherche notre appui et serait heureux de nous faire de la place pour stationner des forces aériennes ou terrestres ou pour les entraînements en milieu désertique que nous faisons à Djibouti. Nous serions ici dans d'excellentes conditions et le Qatar y verrait un contrepoids à l'influence américaine, toujours pesante.

Le Qatar est le pays d'Al Jezirah, la chaîne de télévision qui dérange, que ce soit à l'Ouest ou ici. On se souvient que c'était la seule chaîne présente à Kaboul, qu'elle l'est également en Irak où elle montre les effets des bombardements

44. Dîners et réunions de soirée qui suivent la rupture du jeûne pendant la période du ramadan.

anglo-américains, mais qu'elle est également curieuse à l'égard de certaines pratiques des dirigeants des pays arabes et du Golfe. Bref, c'est une chaîne libre dans une région où la liberté de la presse est une idée singulière. En ce moment, le Qatar est en délicatesse avec la monarchie saoudienne parce qu'Al Jezirah s'est intéressée de trop près aux méthodes et aux pratiques de certains de ses princes.

Ma route des sables, après Doha, Bahreïn et les autres, ne se perd pas dans le désert et je regagne Dubaï pour préparer d'autres aventures. Mais aussi, plus tristement, pour voir partir toute l'équipe qui est à mes côtés depuis un an et grâce à qui tout a été possible. Ils ont préparé, analysé, conseillé, proposé et mis en œuvre, à longueur de jour et de nuit, loin des leurs et de leurs amis, dans la chaleur et dans l'exiguïté, mais toujours dans la bonne humeur et la sérénité. J'ai trouvé le bon mode de fonctionnement avec cette équipe. Et eux ont trouvé le mien. Ils ont su faire la part des choses : traiter le quotidien qui demande le respect des orientations et me saisir de l'essentiel lorsque des arbitrages ou des décisions importantes sont apparus nécessaires.

Que ces hommes de grande qualité, de grande expérience et d'un immense dévouement, dans la diversité de leurs talents et de leurs personnalités, reçoivent ici chacun l'hommage de ma reconnaissance.

La route des sables (5)

Golfe arabo-persique, 15 juillet 2002

Ce périple par-delà les dunes et les déserts a permis quelques coups d'œil, quelques clins d'œil et quelques échappées, mais le but principal en était bien de me faire une opinion personnelle sur la situation et l'état d'esprit des dirigeants politiques et militaires des pays du Golfe, un an après les attentats du 11 septembre, afin d'en tirer des conclusions pour orienter notre action et l'emploi de nos forces dans les mois à venir. Voilà le bilan que j'en dresse[45].

J'ai profité du retour du Var *à Dubaï, pour une période de travaux et de relève, pour entreprendre une tournée de nos partenaires traditionnels de la région du Golfe, Arabie Saoudite exceptée. C'était la troisième occasion de rencontre avec les chefs d'états-majors des marines et d'autres responsables militaires ou ministériels. C'est donc avec des interlocuteurs connus et dans un climat de confiance que ces entretiens ont eu lieu, respectivement à Abu Dhabi, à Doha, à Mascate, à Koweït City et à Manama. À Bahreïn, la visite a été complétée par une rencontre avec l'amiral Keating, commandant les forces navales américaines au Moyen-Orient. D'une façon générale, je retire des entretiens avec les autorités militaires et politiques locales, sauf à Bahreïn, une impression de pessimisme et de résignation quant à la situation régionale et à son évolution possible à terme. Pessimisme*

45. Ci-dessous, message adressé le 15 juillet 2002 au chef d'état-major des Armées.

parce que chacun voit ici l'engrenage de la violence en Palestine d'une part, et l'impasse actuelle que les Américains sont accusés, à mots à peine voilés, d'entretenir, parce que leurs préparatifs n'échappent à personne et que l'incertitude sur les échéances d'une éventuelle intervention en Irak et sur ses conséquences régionales ne laissent pas d'inquiéter.

Résignation parce que tous les responsables savent combien le sort de leur pays et souvent leur sort personnel est lié aux Américains, alors même que leurs propres convictions sont la plupart du temps les mêmes que celles exprimées (sous contrôle...) par les opinions publiques, via la presse ou les quelques manifestations de rue. Cette impression d'ensemble est à nuancer pays par pays et en fonction de la personnalité des interlocuteurs. Exception à Bahreïn où l'alignement sur les positions américaines est total, proximité oblige. La question est de savoir jusqu'à quand le grand écart sera possible. En l'état actuel des choses, à n'en pas douter, tous s'aligneront.

Dans cette ambiance morose, je continue de noter l'attention pour l'attitude et la position de la France, ainsi que l'intérêt pour la relation avec notre pays au travers des différentes actions de coopération, fussent-elles modestes. Dans ces conditions, il me paraît utile de maintenir pour les mois à venir notre coopération opérationnelle sous toutes ses formes avec ces différents pays. Même si l'intérêt pour nos unités est souvent limité, l'impact plus global de ces actions élémentaires et la résonance qui leur est donnée sont à prendre en considération dans la définition de nos priorités. Au moment où le potentiel disponible pour ces différentes activités de coopération et, dans le même temps, pour notre engagement dans les opérations de surveillance, de contrôle et d'interception en mer d'Arabie et à la Corne de l'Afrique est compté, il y a lieu de bien peser les enjeux. J'ai pu mesurer, lors de ma très récente visite à Bahreïn, l'allant modéré des Américains pour ces mêmes opérations, dont témoigne la faible participation de leurs moyens nationaux. Pour ma part, je considère que les actions de coopération sont à privilégier, quitte à changer de portage en cours d'année si des événements nouveaux devaient intervenir dans la région, au début de 2003 par exemple.

Dans l'immédiat, la conduite à tenir me paraît devoir être empreinte du plus grand pragmatisme, pour adapter au jour le jour notre attitude aux évolutions d'une situation toujours fluctuante, en gardant présent à l'esprit une claire vision de nos intérêts traditionnels.

L'été à Dubaï

Dubaï, Août 2002

Au retour de ma visite dans les différents pays du Golfe, je passe une grande partie de l'été à Dubaï, alors que le *Var* y subit des travaux de remise en forme et que l'on procède, comme traditionnellement en cette période de l'année, aux relèves d'équipage et de mon état-major. Pour le *Var*, il s'agit de travaux courants qui vont lui permettre de rester fringant jusqu'à son remplacement en novembre. À cette date, après trois années en océan Indien, il rentrera en métropole pour subir un carénage approfondi : il aura besoin d'une solide période d'entretien parce que les conditions d'utilisation dans les eaux du Sud sont sévères, mais aussi parce que la plupart des appareils mécaniques seront à échéance de visite. Il sera remplacé par la *Marne,* qui viendra à son tour supporter l'état-major d'Alindien et remplir sa mission de ravitailleur. Trois de nos unités de caractéristiques similaires participent à ce tour ; la *Somme* est la troisième. Lorsqu'elles ne sont ni en océan Indien ni en carénage, elles vaquent aux activités habituelles en Atlantique ou en Méditerranée, ou aux déploiements opérationnels sur d'autres théâtres.

Je passe mon deuxième été dans la région du Golfe, et après ma tournée des sables, j'appréhende cette période à quai, à la fois parce que l'activité traditionnelle est là comme ailleurs en cette époque de l'année en léger sommeil, mais aussi à cause de la chaleur et de l'humidité. Pour différentes raisons, en outre, il n'est pas aisé de s'éloigner longtemps et d'aller prendre le frais en attendant des jours meilleurs, notamment parce que plusieurs unités poursuivent leurs opérations à la mer et que de ce côté-là, la vie continue. Selon mon expérience de l'année passée, pour étaler cette période délicate dans les meilleures conditions, il faut une organisation méthodique, je peux dire quasi monastique. Je commence tôt le matin, vers cinq heures, quittant le bateau encore endormi, pour une séance sportive en bordure de mer. Je n'ai jamais réussi à me mettre au sport indoor dans les salles climatisées des *fitness-centers,* à courir sur des tapis roulants devant des batteries de compteurs, ni à soulever des poids en cadence au rythme de la musique reggae. Il me faut l'extérieur, c'est donc tôt le matin mais avec des gestes mesurés, parce qu'il fait déjà chaud. La journée se passe ensuite à bord, dans l'espace relativement limité de mes modestes installations. Le travail occupe largement toute une longue matinée jusque vers quatorze heures, avec les briefings, les messages, le courrier, les entretiens téléphoniques. Le reste de la journée, je fais une grande consommation de livres — j'avais emporté dans mes malles toute une bibliothèque, et je suis régulièrement ravitaillé par une judicieuse conseillère —, mais je l'occupe aussi à l'écriture, au courrier, aux mails et à la sieste. Je regarde peu la télévision que nous ne recevons que dans des conditions médiocres. La seule chaîne francophone est TV5, mais ses programmes sont souvent inadaptés ou simplement indigents. On n'a pas de quoi être fier de notre réseau à l'étranger, et pour les expatriés comme pour les amis de notre pays ou de notre culture, il manque une vraie chaîne aux couleurs de la France.

Le réglage de la climatisation me prend aussi chaque jour un peu de temps. Sur un bateau, c'est en général une opération individuelle d'une extrême complexité. Il faut subtilement installer des morceaux de cartons sur les distributeurs d'air pour dévier les jets, les augmenter, les diminuer, les supprimer. Un exercice de santé publique si je ne veux pas attraper le mal ou au contraire suffoquer. Avec le temps, je considère que ces petits désagréments font partie de la vie et qu'après tout, ils sont le contrepoids ou la contrepartie d'épisodes plus glorieux ou plus stratégiques, permettant finalement de garder… la tête froide.

En fin d'après-midi, quand la température extérieure descend aux alentours de quarante, j'ai l'habitude de partir marcher en ville dans le grand parc qui borde la Creek dans sa partie amont, ou plus en aval du côté de Deira ; je longe la rivière en passant par les quais et par les souks qui retrouvent de l'animation avec la tombée du jour. À mi-chemin, à l'aller comme au retour, je m'offre un grand verre de jus d'orange à l'étal d'un marchand pakistanais installé derrière un antique pressoir. Il officie à une vitesse folle, passant du couteau à la presse, du verre à la caisse, d'un pied sur l'autre, d'une main à l'autre. J'éprouve la nécessité de ce remontant pour continuer mon exercice avec détermination, car je sens qu'il est complètement nécessaire à mon équilibre, même si je laisse trois litres d'eau sur les bords de la Creek. Après ma journée en chambre, c'est un défoulement indispensable. Je marche souvent la tête vide, si vide parfois qu'il m'arrive de me demander ce que je fais là, seul, à marcher comme un automate. Il faut alors simplement continuer, aller aussi loin que la veille, plus loin si possible malgré l'extrême chaleur.

Je m'attarde parfois au retour, à la nuit, dans un endroit dégagé de la berge où des tables sont dressées le long de la rivière. Les Dubaïotes viennent prendre le frais en groupes joyeux d'Indiens, de Pakistanais ou d'Émiriens, pour boire un verre, déguster du poisson grillé et surtout fumer les narguilés que les serveurs disposent à côté des tables et qui diffusent dans l'air encore chaud du soir mille senteurs de parfums sucrés. Quelques *arba* vont et viennent sur la rivière, coupant sur l'eau parfaitement lisse les reflets étranges de l'autre rive. Avant de rentrer à bord, je fais souvent un détour par le faubourg de Karama et je tente ma chance dans l'une ou l'autre des innombrables boutiques, pour voir s'il y a du nouveau à l'étal. Toutes les marques, toutes les qualités, tous les prix, surtout les plus bas.

Je ne cache pas que ces épisodes solitaires me paraissent un peu longs et pas si faciles à vivre. Ils permettent en creux d'apprécier l'immense richesse et l'immense variété du reste. Je me suis fait pas mal d'amis à Dubaï parmi les Français installés ici, banquiers, hôteliers, industriels, diplomates. Cette communauté est active et sympathique. En cette période de l'année, la plupart des familles sont rentrées en Europe. Quelques hommes sont là cependant et il nous arrive de dîner ensemble pour meubler les soirées. Je m'initie alors à la culture des tomates dans le désert, que l'un de nos compatriotes exporte aux Seychelles, à l'installation de systèmes informatiques en Iran ou à la subtilité de la vente des Airbus à nos princes émiriens. Les domaines sont vastes. Le mien aussi et je raconte mes campagnes.

Vers le vingt août, je pars pour Doha au Qatar à l'invitation de mon ami le brigadier Al Noami, le colosse à barbe rousse, chef d'état-major de la Marine qatarienne, avec qui j'ai pu établir au fil de l'année des relations de confiance, et que je revois toujours avec grand plaisir. Il a tenu à me recevoir de nouveau avant mon départ pour me manifester son amitié et aussi pour prolonger des conversations qui méritent un peu de temps : on parle du ciel.

En revenant sur terre, je suis frappé par le ballet incessant des avions gros porteurs de l'armée américaine. Le Qatar offre aux États-Unis de nombreuses facilités militaires. Ils déversent ici toute sorte de matériels lourds de combat. La région bruit de préparatifs de guerre et les journaux ne parlent que de cette perspective, avec d'ailleurs une certaine anxiété. Chacun dans le Golfe est très opposé à toute intervention américaine en Irak, même si le régime de Saddam suscite peu de sympathie. Pour autant la problématique est toujours la même : on n'aime pas les Américains mais ils assurent la garantie supérieure de sécurité des pays de la région, et surtout la pérennité au pouvoir de leurs dirigeants. Mon ami le brigadier Al Noami en est déchiré.

Après Doha et quelques heures de transit à Dubaï, je m'envole pour Paris afin de participer comme l'an dernier à la traditionnelle conférence des ambassadeurs. J'ai désormais l'impression de faire partie de la famille puisque j'en connais une bonne cinquantaine et que plusieurs m'ont demandé en riant, mais tout de même, si l'on pouvait confier le poste d'Alindien à un ambassadeur. En échange de quelle ambassade ? J'assiste à deux tables rondes, l'une présidée par le ministre lui-même, l'autre par notre ministre de la Défense. J'en retire le sentiment que l'action que nous menons en océan Indien est bien dans la ligne souhaitée — c'est normal, mais c'est satisfaisant de le vérifier —, mais aussi, en arpentant les couloirs, que l'institution Alindien est jugée efficace et utile par nos représentations diplomatiques, les directions du ministère des Affaires étrangères et les cabinets ministériels. Occasion unique pour moi de voir dans un très court espace autant de mes interlocuteurs d'outre-frontières et tous leurs commanditaires parisiens. Le cycle se termine par le discours du président de la République, arborant un superbe bronzage de fin d'été, dans le grand salon de l'Élysée, et la traditionnelle réception, nouvelle occasion de rencontres et d'échanges, confirmant les impressions de couloirs.

Retour à Dubaï dès le 30 août pour deux ultimes journées dans cette ville extravagante dont j'ai déjà parlé à maintes reprises. Un brin d'émotion tout de même. Je continue de me demander si le modèle sur lequel elle se construit et se développe est une préfiguration et un laboratoire, ou bien si c'est une bulle qui tôt ou tard explosera. Pour le moment, c'est l'euphorie. Quelques amis, dimanche soir, me font un grand plaisir en m'apportant, avant mon départ, à l'occasion d'un dîner auquel je les convie, une superbe carte de l'Arabie ancienne, de la mer Rouge et du Golfe persique, datant de la fin du XVIIIe siècle, et l'équipage du *Var* en hissant, dès minuit une minute le 1er septembre, ma nouvelle marque dans la mâture[46] : je viens de recevoir ma troisième étoile. Délicates attentions.

C'est finalement en hélicoptère que je quitte ce matin la ville en direction d'Abu Dhabi pour y faire reconnaître par son équipage le nouveau commandant du *Guépratte* et présider la sobre et émouvante cérémonie qui marque, dans nos usages marins, un tel événement. Plus tard dans la matinée, après un transit d'une heure au-dessus du Golfe, en plein soleil dans la bulle de l'Alouette, l'hélicoptère me ramène sur le *Var*, en route vers Ormuz.

46. Marque : pavillon de commandement indiquant par le nombre d'étoiles le grade du titulaire.

Chapitre VII

Retour en mer

Détroit d'Ormuz, 2 septembre 2002

Nous voici ce soir dans le détroit d'Ormuz, une nouvelle fois. Mais c'est probablement pour moi le dernier passage en cet endroit, puisque l'aventure devrait se terminer d'ici moins de deux mois, en mer Rouge. Il me reste quelques épisodes dont je compte profiter pour faire des provisions. De quoi d'ailleurs ? De souvenirs ? D'émotions ? Non, seulement de découvertes, de rencontres, de senteurs, de paysages, de vie simplement. Parce que dans ce métier, on en prend le goût, parce qu'on n'est jamais rassasié. Alors, de la côte d'Afrique orientale à Massaoua et Assab[47], de l'Égypte à la Jordanie et jusqu'en Arabie, tout sera bon à prendre. J'aurai un grand regret pour le Yémen que je raterai à quelques jours près.

Ce soir, on dirait que le bateau s'ébroue, comme une bête qui a retrouvé l'espace après trop longtemps à l'étable. Il frémit de bruits et d'odeurs, et parfois ça ondule un peu, en attendant la houle de la mer d'Arabie en cette fin de mousson. Mais on voit bien que le cavalier, c'est-à-dire l'équipage, est nouveau. Je le sens en arpentant le pont pour prendre l'air en fin d'après-midi, dans le regard ou l'attitude de ceux que je croise ou que je rencontre. On cherche encore ses marques ;

47. Port et capitale de l'Érythrée.

on n'a pas l'habitude. Plus de soixante pour cent des hommes ont changé cet été et il faut un temps d'adaptation et d'appropriation. Aux lieux, à l'espace, aux compagnons d'aventure. C'est maintenant. Je dois faire figure d'ancêtre pour ce petit monde puisque je suis désormais le plus ancien à bord, mais aussi le plus ancien du bord ; il faut s'y résoudre. Les mois et les années passent. Pour faciliter les choses, je sors de mon bureau, je me montre, simplement je l'espère, pour baisser la barrière. J'aime ce moment de marche et de détente autour du pont, c'est l'heure du coucher du soleil. Quelques hommes d'équipage sortent aussi, d'autres font de l'exercice, jogging, vélo sur rouleaux, gymnastique. Pour le moment, les rangs sont clairsemés car les habitudes ne sont pas encore prises, mais je sais que tout va se mettre en place.

Il faut dix jours pour gagner notre première escale de cette nouvelle « marée ». Route d'abord au sud-est dans le golfe d'Oman pour rejoindre l'ouvert de la mer d'Arabie jusqu'au Ra's al-Hadd qui marque l'extrémité est de la péninsule arabe, puis au sud-ouest vers la Corne de l'Afrique, le cap Gardafui, et descente le long des côtes de la Somalie jusqu'à Mombassa. Nous quittons la « Côte des pirates », nom traditionnel de cette région des émirats du Golfe arabo-persique, pour la vraie côte des pirates, celle où ils sévissent aujourd'hui, sur les rives de ce malheureux pays, déchiré par mille factions et mille rivalités, aux mains des seigneurs de la guerre et autres potentats locaux qui profitent de l'éclatement de l'État pour faire prospérer leurs affaires et leurs multiples trafics.

Depuis janvier, nous avons eu à connaître quatre affaires de bâtiments pris d'assaut dans les eaux somaliennes, alors qu'ils s'en étaient rapprochés pour réparer des avaries. Nous sommes intervenus dans l'affaire de la *Princess Sarah*, un cargo libanais dont les vingt hommes d'équipage sont restés pris en otage pendant plus de quinze jours dans des conditions difficiles. Nous les avons libérés et probablement sauvés grâce à l'action de la frégate *Floréal* que j'avais dépêchée sur les lieux et qui a fait à cette occasion un superbe travail. Je me suis fait tancer pour avoir désobéi aux ordres et féliciter pour le succès de l'opération.C'est la grandeur du commandement de devoir assumer des décisions difficiles. C'est comme au poker. Il faut juste apprécier la valeur de sa carte et la jouer au bon moment, malgré l'avis ou même l'ordre de décideurs lointains peu enclin à prendre des risques, mais qui n'ont pas évidemment devant eux le regard las des marins prisonniers, qui n'entendent pas leurs voix fatiguées. Chacun assume ses responsabilités et paie le cas échéant. C'est bien ainsi !

Je suis content de retrouver l'Afrique pour quelques jours, et le Kenya où je ne suis pas retourné depuis 1989 alors que je commandais le *Doudart de Lagrée* ; ma première visite avait eu lieu en 1972, à bord de l'*Altaïr*, mon premier embarquement, avec un commandant bizarre. Il faudra bien un jour écrire cette incroyable histoire où se sont mêlés, pendant plus d'un an, pression morale, coups de folie, suicides manqués et vraie désertion. *Two Years Before the Mast*[48] ou *Ouragan sur le Caine*[49] version tropique ; drôle de souvenir.

Content aussi de remonter la mer Rouge au-delà de Djibouti et d'y faire quelques escales, puisque la précédente tentative n'avait été qu'un simple aller-retour vers la pointe du Sinaï : tout juste arrivés devant Aqaba nous avions été détournés, on s'en souvient, vers Madagascar. Je rêve depuis longtemps de l'Érythrée et des mystères de ce pays surprenant, du charme italien de sa capitale Asmara doucement endormie depuis le départ des parrains et où, dit-on, les vieux colons se réunissent le soir dans les cafés à l'heure de l'apéritif. Jean-Christophe Rufin, avec *Les causes perdues*, m'en a donné le goût. Notre ambassadeur, que j'ai rencontré à

48. Roman de Richard Henry Dana.
49. Roman de Herman Wook.

l'Élysée la semaine dernière à l'occasion de la conférence, nous y attend de pied ferme.

Je retrouverai l'Égypte avec plaisir, même si la côte de la mer Rouge n'a que peu d'intérêt. Mais on ira sûrement au Caire, visiter la nouvelle bibliothèque d'Alexandrie, revoir le Nil à Louxor, et à Assouan prendre une felouque pour l'île Éléphantine. J'espère que cette fois-ci, on arrivera jusqu'à Aqaba pour admirer de nouveau Pétra, se perdre dans le Wadi Rum, et à Aman pour assister à l'audience royale. Je m'aperçois que mon imagination court et que je fais un peu Perrette ; il serait plus prudent d'attendre sereinement et sans impatience, car le cours de l'histoire pourrait encore changer d'ici là, comme le 11 septembre dernier alors que nous naviguions dans les mêmes eaux. Les bruits de bottes et le cliquetis des armes redoublent dans la région.

Pour l'heure, le *Var* trace sa route à travers le détroit. Cap au nord-est puis à l'est, et enfin au sud pour contourner la presqu'île de Musadam. La mer est calme, comme indifférente aux agitations de cette étonnante région. Le soleil éclaire pour quelques minutes encore la côte qu'on aperçoit sur tribord. Le bateau s'apprête à prendre sa tenue de nuit. Dernier Ormuz. *Ma'as salama*[50]...

50. Au revoir.

Opérations

En mer d'Arabie, 3 septembre 2002

Le nord de l'océan Indien, c'est actuellement Babel puisqu'il y a là des Allemands, des Espagnols, des Hollandais, des Grecs, des Polonais, des Italiens, des Portugais, des Canadiens, des Japonais, tous engagés dans des opérations et conduites en coalition dans le cadre de la lutte contre le terrorisme : il s'agit de surveiller le trafic maritime provenant des côtes irano-pakistanaises, de la péninsule arabe et des côtes somaliennes, d'interroger les bâtiments, d'apprécier s'ils sont suspects de transports illicites, éventuellement de les visiter. Il s'agit aussi de contrôler toutes les embarcations, des boutres en général, susceptibles de transporter des clandestins et parmi eux des terroristes. C'est un exercice techniquement difficile parce que les zones à couvrir sont immenses, parce que les unités participant à ces opérations proviennent de pays qui n'ont pas l'habitude de travailler ensemble à la mer, et parce que les situations rencontrées sont variées. En outre, chacun reste maître de ses « règles d'engagements », c'est-à-dire des directives qu'il donne à ses commandants de navire pour réagir en cas de difficulté, plus précisément pour l'ouverture du feu. Chaque pays apprécie en effet la situation en fonction de sa sensibilité, de ses propres intérêts et du bénéfice politique qu'il compte retirer de sa participation.

Les Américains, naturellement très présents sur le théâtre, participent peu à ces actions ; ils se cantonnent à leurs opérations d'embargo et d'interdiction contre l'Irak dans le nord du Golfe. C'est une autre guerre, à laquelle notre pays a renoncé à s'associer. Quant aux Anglais, comme toujours depuis le début de cette affaire, on ne comprend pas ce qu'ils font.

Nos unités patrouillent essentiellement dans le Golfe d'Oman et en mer d'Arabie. Elles interceptent des embarcations de six à sept mètres transportant vingt à trente passagers dont on ne sait pas s'ils sont des terroristes en fuite ou des immigrants économiques, plus ou moins clandestins, qui vont faire la cueillette des pommes dans les plaines côtières omanaises. L'interrogation des « passagers » est délicate et risquée. En outre, l'incertitude sur les fondements juridiques de l'action implique d'agir avec prudence et circonspection. Bien souvent, l'état physique des immigrants est inquiétant, ils sont malades, assoiffés ou très faibles, et l'opération de contrôle se transforme en une mission humanitaire de ravitaillement et de réconfort. On imagine que l'identification d'éventuels suspects de terrorisme n'est pas une mince affaire.

Dans le Golfe d'Aden où nos bateaux participent à un autre volet de l'opération, les choses se présentent de façon différente. Il n'y a pas de transit d'immigrants ou de clandestins mais un trafic possible entre la Somalie et le Yémen. Le premier de ces deux pays est sans État depuis une dizaine d'années, tandis qu'au Yémen, l'autorité centrale peine à s'affirmer. Entre les deux côtes tout est possible. Il s'agit d'y exercer une surveillance rigoureuse et attentive pour détecter et investiguer les anomalies. À cette tâche s'ajoutent les escortes de bâtiments « précieux » dans le détroit de Bab el-Mandeb, comme dans le détroit d'Ormuz, pour les navires de la coalition travaillant en mer d'Arabie et Golfe d'Oman.

Ces missions sont subtiles pour les commandants et les équipages qui sont soumis à rudes épreuves, à la fois physiques et morales. Je prends le temps de me rendre sur chacun de nos bâtiments participant à ces opérations pour m'assurer que les choses sont suffisamment claires dans la tête des uns et des autres, car toute maladresse, toute mauvaise interprétation risquerait de créer des incidents et de mettre notre pays en difficulté. Le contact direct avec les commandants est important. Je veux être sûr qu'ils apprécient le contexte, qu'ils réfléchissent à la portée des décisions qu'ils auront à prendre, toujours dans l'urgence. Ce sont des hommes jeunes que notre pays engage dans ces missions délicates. Certains commandants n'ont guère plus de trente-cinq ans et la moyenne d'âge des équipages est d'environ vingt-sept ans. Ils sont loin de leur famille, certains pour des périodes de quatre à cinq mois, d'autres pour un an. Je suis frappé une nouvelle fois par la résolution et la détermination de ces marins, par leur bon sens, simplement par leur courage. Je retire de ces visites un sentiment de fierté.

Il m'appartient à mon tour de les rassurer et de leur faciliter la tâche. J'essaie, mais avec des fortunes diverses, de faire comprendre à nos chefs parisiens les difficultés de l'action de contact à la mer. Il faut en effet que les règles d'engagement qu'ils fixent, en relation avec le pouvoir politique, soient réalistes, et qu'elles ne mettent pas nos hommes dans des situations dangereuses ou ingérables. Ce n'est pas mon rôle le plus facile, car je sais aussi que la mise au point de ces règles, entre la rue Saint-Dominique, l'hôtel de Brienne, la rue de Varenne et la rue de l'Élysée, est un exercice de haute volée. Je le sais parce que j'ai fréquenté ces quartiers. Mais c'est ma responsabilité ici d'en être pour les commandants l'« explicateur », voire le traducteur. Et pour être sûr qu'ils agiront en toute sérénité le moment venu, je leur dis, lorsque je les quitte, que j'endosserai leur décision. Et je le leur écris pour qu'ils ne puissent en douter.

C'est la conception que je me fais du commandement.

Traversée

11 septembre 2002

Ce 11 septembre 2002, comme il y a un an, nous sommes en mer. La mer nous habitue au changement, tour à tour fascinante ou monotone, exclusive ou généreuse, belle ou furieuse, échevelée parfois. Elle change sans préavis. J'aime ces changements et cette incertitude. Au-delà de trois jours, on a du mal à prévoir. Cela rend modeste. De la même manière, il y a un an le monde a changé sans prévenir. C'est le 11 septembre 2001 qu'on a basculé de siècle. On ne s'en est pas rendu compte immédiatement. On n'a pas mesuré tout de suite l'ampleur de l'évolution. On était sous le choc des images en boucle des *Twin Towers* s'écroulant et sous l'émotion des milliers de morts. Peut-être qu'ici en mer, loin des images, on avait plus de recul pour réfléchir et pour anticiper. Je retrouve ce que j'ai écrit le soir du 11 septembre dans un message aux équipages, sans trop savoir ce qui allait se passer mais finalement avec un peu d'intuition :

« À l'aube de ce siècle une rupture considérable vient probablement de se produire dans les relations entre les hommes. Les schémas anciens se brouillent. L'ennemi n'a plus ni visage ni territoire. Les modes d'action échappent à l'art militaire. L'irrationnel autrefois réservé au maniement des concepts de la dissuasion nucléaire explose devant nos yeux... En tout état de cause nous devons nous préparer à gérer l'incertitude. »

On a beaucoup et justement parlé du traumatisme des Américains, frappés pour la première fois dans leur pays alors qu'ils éprouvaient jusqu'à ce jour un sentiment d'impunité, protégés par de vastes espaces maritimes, Atlantique à l'est, Pacifique à l'ouest. Certes il y avait eu Pearl Harbor en 1941, mais ce sont les îles d'Hawaï qui avaient été touchées, pas le cœur de l'Amérique. Aujourd'hui en réaction, les Américains se considèrent comme en guerre. C'est un sentiment profond que j'ai pu remarquer à chacune de mes rencontres, tant à l'état-major de Bahreïn que lors des entretiens avec les commandants ou les équipages de navires. L'Amérique est un lion blessé.

On s'est moins intéressé aux réactions des populations musulmanes. Je ne parle pas des extrémistes qui sont peu nombreux, pas davantage que les nôtres en Europe ; je parle du « peuple musulman » dans son ensemble, de ses élites comme de l'homme de la rue. Nous avons pu les observer tout au long de l'année puisque nous avons vécu à leur contact. Au fond, leur réaction est à la fois celle de la raison et celle du cœur. Côté raison, ils condamnent les attentats parce que faire mourir des innocents est contraire au Coran et à tout principe de sagesse ou d'humanité. Ce sentiment est sincère comme sont sincères et spontanées les raisons du cœur. C'est évidemment subtil. Car côté cœur, il faut bien comprendre qu'il y a de l'admiration pour ceux qui ont réussi à défier l'Amérique, pays à la fois envié pour sa force et sa grandeur, mais honni parce qu'il soutient Israël et opprime les frères palestiniens. Les attentats sont une juste revanche qui rend sa fierté au peuple musulman. C'est ambigu, contradictoire, mais c'est la réalité. Et dans notre appréhension de leur réaction, il ne faut oublier ni la raison ni le cœur.

Depuis un an, le monde a changé d'époque. C'est ici, dans ce Moyen-Orient que nous parcourons et que nous labourons, que la marmite a commencé à bouillonner et continue d'éclabousser la planète. J'ai mesuré cette effervescence au travers de multiples rencontres, à la fois avec les dirigeants politico-militaires, tout autour de l'océan Indien, mais aussi au bazar, dans la rue ou sur les quais. Nous sommes dans le monde de l'émotion collective, de l'irrationnel et du désespoir, propice à tous les débordements et à toutes les dérives. Dans ce paysage, la démarche terroriste, née dans l'esprit fumeux de fondamentalistes ou de mégalomanes, risque de se répandre sans contrôle, bouleversant nos schémas et nos habitudes. Il faudra en tirer les conséquences pour notre appréciation stratégique, mais aussi pour la définition de nos matériels futurs. Ce sera un exercice difficile, à la fois parce qu'il faudra faire partager la nouvelle vision, mais aussi parce que l'équipement des armées est un cheminement lent. Il faut dix à quinze ans pour concevoir et mettre au point un matériel avant sa mise en service, or, un outil de combat, char, avion ou bateau vit une trentaine d'années. Bien des matériels que l'on reçoit aujourd'hui sont encore ceux d'un affrontement Est-Ouest, car ils ont été conçus dans les années quatre-vingts. Processus longs, mais aussi fort lobbies d'armes ou d'armées, et défis industriels, liés à des questions sociales et à des enjeux d'aménagements du territoire : quel élu de droite ou de gauche, aussi fin stratège soit-il, admettra sans difficulté la perte de vitesse de telle ou telle entreprise d'armement implantée dans sa circonscription ? Il faudra donc expliquer, persuader, prêcher. Il faudra du temps.

Dans ce contexte mouvant, les forces navales sont des outils prédisposés au changement rapide de situation : capables d'une grande variété de missions, complètement autonomes, facilement « basculables » d'un théâtre à l'autre, intervenant dans des espaces internationaux non contraints par des frontières, s'affranchissant d'autorisations diplomatiques de survol ou de déploiements, disposées sans délais à travailler au sein de n'importe quelle coalition. Agissant délibérément de façon visible pour conforter une démarche diplomatique ou au contraire discrètement pour anticiper ou renseigner, elles offrent à nos dirigeants un outil d'une remarquable efficacité et d'un rapport qualité-prix exceptionnel. Ce sont les instruments d'une stratégie adaptée au monde qui va.

Les forces navales de l'océan Indien en montrent singulièrement l'exemple depuis un an. Pionnières de la lutte contre le terrorisme au nord, prêtes à évacuer des milliers de ressortissants dans la crise malgache au sud, pourchassant les pirates le long des côtes de Somalie, coopérant à l'est et à l'ouest, ajustant en permanence les moyens aux circonstances, elles se sont appropriées sans difficulté ce changement considérable. Elles confèrent souplesse et réactivité à notre pays dans cette zone éloignée du territoire national. Je mesure ma chance d'être à leur tête pendant cette période si troublée et en même temps si dense de notre histoire contemporaine.

Il est vrai que j'avais quitté Cherbourg et la préfecture maritime de la Manche et de la mer du Nord avec un regret, frustré tant il y avait encore à faire sur le littoral. Là, j'avais eu mon compte d'émotions, de nuits blanches et de réveils nocturnes. Un an après, j'en garde toujours un souvenir fort mais j'aurais mauvaise grâce à me plaindre de mon sort ; j'ai été servi par les événements et par les circonstances. Peut-être en outre y aura-t-il dans l'avenir, après l'océan Indien, d'autres préfectures maritimes ? Dans notre modeste corporation d'amiraux, on ne nous demande guère notre avis sur notre déroulement de carrière, je crois tout de même que je le donnerai. J'aimerais bien, le moment venu, retrouver ces responsabilités de préfet de la mer, en Méditerranée par exemple puisque je n'y ai curieusement jamais servi et que cela manque à ma culture. Mais l'Atlantique me conviendrait également avec son côté rugueux, soumis aux vents et aux vagues, au balancement des marées, plus conforme à mes racines du Nord et de l'Ouest[51].

51. L'auteur y sera affecté en 2004 (Note de l'éditeur).

Pour l'heure et pour quelques mois encore, c'est toujours l'océan Indien et je ne suis pas pressé d'en partir ni de quitter cette fonction. Je me suis habitué à cette vie étrange mais extraordinairement variée, faite d'épisodes brillants, de responsabilités éminentes, de rencontres étonnantes, d'événements insolites, mais aussi parfois et plus souvent qu'au fil de la plume, d'éloignement, de solitude, d'interrogations et de lassitude. Ce qui me passionne finalement, c'est la conjonction de tout cela. C'est la concentration dans l'espace restreint du bateau d'émotions contraires et le contraste, dans un temps limité, entre épisodes graves et scènes de la vie ordinaire. Ce mélange des genres est stimulant.

Le golfe arabo-persique retient le plus souvent notre attention et nos moyens, on l'a vu depuis un an, mais le reste du théâtre mérite aussi l'intérêt si l'on veut conserver et entretenir, tout autour de l'océan, nos contacts et les connaissances nécessaires. En route donc pour un nouveau périple. J'ai choisi de retrouver la côte d'Afrique orientale pour inaugurer ce nouveau cycle, puis le nord de la mer Rouge. À vrai dire, depuis le détroit d'Ormuz, je trouve la traversée un peu longue. Cela paraît étrange pour un marin, sensé s'épanouir dès qu'il est au large, de tenir de tels propos, c'est pourtant mon sentiment alors que nous faisons route pour une dizaine de jours vers la côte africaine. Peut-être n'ai-je plus l'habitude, depuis mars, de ces longues cavalcades du nord au sud à travers l'océan, puisque j'ai beaucoup pratiqué l'avion pour les périples aux très longs cours. C'est vrai aussi que la météo n'a guère été brillante passé le Ra's al-Hadd, avec un temps couvert, une houle de plus en plus formée et traversière, donnant au bateau un mouvement permanent de roulis fatigant et peu propice aux travaux de l'esprit, d'autant que ma chambre à bord est située dans les hauts où l'amplitude est maximum. Il y a aussi, plus ou moins consciemment, l'impression de recommencer un cycle avec une équipe nouvelle, une sorte de redoublement, en cette saison de rentrée des classes. En outre ma situation est singulière.

Je n'ai aucune action ou prise directe sur la vie du bord et je suis attentif à ne pas interférer avec la conduite du bâtiment ; il a un commandant dont c'est le rôle, il ne faut pas mélanger les genres. Quant à mon état-major, je le laisse agir en lui fixant les orientations, en recalant son travail, en procédant aux choix et aux arbitrages. La préparation des rencontres prévues aux escales avec les autorités politiques ou militaires et celle des visites continue d'occuper le plus clair de mon temps. Avec maintenant une année d'expérience et de recul, il me faut, selon le pays, une à deux journées complètes pour m'immerger dans les dossiers, être capable de travailler utilement, et aborder l'escale en toute sérénité. J'ai donc du temps.

C'est dans son rapport avec la terre que ce métier prend pour moi toute sa signification. Je crois qu'il y a deux sortes de marins, ou plutôt deux temps dans la vie d'un marin. Celui où l'on s'accomplit en mer. Parce qu'on est sensible à la poésie des espaces, au temps qui va, qui vient et qui change, au duel ou au jeu avec la mer. Parce qu'on doit y poursuivre sa tâche, faire marcher le bateau, obéir ou commander aux hommes. Parce qu'on mène une vie d'équipage, tant la proximité est grande et que cette vie implique un équilibre entre le retrait sur soi et l'attention aux autres, embarqués dans la même galère. J'ai aimé cette existence de vent et de sel, de sommeils lourds et de nuits courtes, d'ouragans et de calmes étranges, un peu à part, un peu marginale ; je l'ai aimée et je l'aime toujours mais pas au point d'en être esclave ni d'en faire un absolu. Vient en effet le temps où l'on s'accomplit davantage dans la rencontre entre la mer et la terre, question d'âge assurément, de responsabilité peut-être, question d'époque sûrement. Car cette évolution est aussi celle de notre stratégie navale : occuper les espaces maritimes n'a plus le même intérêt, ce qui compte, c'est le mouvement « de la mer vers la terre », c'est la contribution, c'est la rencontre.

Voilà pourquoi, entre le Tropique du Cancer en sortie du Golfe d'Oman et le 5° Sud qui marque l'arrivée à Mombassa, ayant plus de jours qu'il n'en faut pour préparer avec soin cette escale africaine, je trouve le temps un peu long.

Terre cruelle

Mombassa, 17 septembre 2002

L'arrivée à Mombassa est rafraîchissante. La ville est bâtie sur une île corallienne enserrée dans une baie, si bien que pour accéder au port on a l'impression de remonter une rivière. Après les sables du Golfe, les verts du rivage sont revigorants même s'il fait encore passablement chaud. « Mombassa la belle » a vu défiler les navigateurs : Romains, Perses, Arabes, Indiens. Ceux du *Var* aujourd'hui. Les Portugais ont construit le fort Jésus au sud pour se défendre. Ils ont fini par céder devant les Arabes d'Oman, puis les Anglais sont venus. Histoires d'Afrique, toujours les mêmes, et voilà une ville bariolée, noire et multicolore, un rien arabe, pas mal chrétienne, British bien sûr, mais surtout joyeuse, pauvre, vivante assurément. Le Kenya, c'est aussi la légende et la nostalgie. C'est le train jusqu'au lac Victoria à travers la savane et la terre des Masaï, c'est *Le Lion*, les Nongs Hills et *La ferme africaine* de Karen Blixen. Pour les plus prosaïques, pour les « pisteurs »[52], c'est le bar du New Florida, réputé le plus long d'Afrique, qu'on double en remontant la rivière juste avant l'accostage. Au moins, il n'y aura pas trop à marcher pour être au cœur du sujet, surtout pour revenir. Chacun trouvera son bonheur selon ses goûts.

Nous n'avons pas une relation très étroite avec le Kenya où l'influence anglo-saxonne reste prédominante, mais le pays est bien placé, sensiblement à mi-chemin entre Djibouti

52. On parlait autrefois de « marin en bordée ». Aujourd'hui « on tire une piste ».

et nos îles de l'océan Indien à l'abri des cyclones, praticable en toute saison. Pour les bateaux opérant dans le Golfe ou en mer Rouge comme pour ceux venant du sud, c'est une escale de détente appréciée des marins. Le Kenya est un partenaire à ne pas négliger car c'est une porte pour l'Afrique de l'est, un havre dans une région passablement troublée, à partir duquel notre pays peut observer et tenter d'agir. Au sud, la Tanzanie est le seul voisin sans trop d'histoires, tandis qu'au nord, la Somalie est en plein délitement sous le joug des seigneurs de la guerre, des mafias et des apprentis terroristes. Le Sud Soudan où les chrétiens sont pourchassés n'est pas dans un meilleur état, tandis que l'Éthiopie avance cahin-caha après tant d'années d'aveuglement et de misère. À l'ouest, l'Ouganda n'a pas une réputation fameuse dans cette région des grands lacs harassée de querelles aussi sanglantes qu'incompréhensibles. Tout cela dessine un environnement tourmenté, des centaines de milliers de réfugiés viennent sans moyen et sans espérance grossir les bidonvilles et vivre d'expédients. Alors à Nyali près de Mombassa ou à Karen, le quartier chic de Nairobi, on se barricade dès la nuit tombée.

Les Kenyans ont le souci de bien nous accueillir. Une armée de bonne réputation, disciplinée, et qui trouve dans notre commerce une ouverture intéressante. La Marine n'est pas en reste, les patrouilleurs naviguent et poussent même jusqu'en Inde. La vedette qui vient me chercher pour traverser le bras de mer séparant le port de la base navale est habilement menée ; sur le quai, la musique et la troupe, crinières au vent et bottes cirées, ont fière allure. La démonstration ne manque pas d'élégance, c'est le Royal Tatoo du château d'Édimbourg dans la version tropique.

L'armée kenyane s'est spécialisée dans les opérations de maintien de la paix et deux mille de ses soldats servent dans différents pays sous couvert de l'ONU. Les Kenyans en tirent fierté ; ils ont monté à Nairobi, en marge de leur collège de défense, une école de formation aux opérations de maintien de la paix pour leurs officiers mais aussi pour leurs voisins ou d'autres stagiaires étrangers. Je fais là en compagnie de notre ambassadeur une visite intéressante, guidée par des officiers compétents, et je les incite à établir des liens étroits avec le centre ouvert en Afrique de l'ouest, en Côte d'Ivoire, largement soutenu par la France, comme celui-ci a été aidé par la Grande-Bretagne. Il y a une certaine logique à disposer d'un centre francophone en Afrique de l'ouest et d'un anglophone en Afrique de l'est, pour peu que les deux travaillent en cohérence. Ce sont des réalisations utiles et satisfaisantes. Les pays trouvent dans ces opérations onusiennes un juste rayonnement, mais aussi un intérêt financier non négligeable puisque leurs soldats sont payés par la communauté internationale au tarif occidental, ce qui explique leur engouement.

La résidence de France à Nairobi, la capitale où l'ambassadeur nous reçoit et nous héberge avec amabilité, est une demeure comme on les trouve chez nous sur la côte normande, de style britannique avec un brin de fantaisie française. Elle est située dans un vaste parc et jouxte la propriété du président. Elle voisine surtout avec un immense bidonville de plus de cinq cent mille habitants, ville dans la ville où les paysans kenyans viennent s'agglutiner, comme les réfugiés chassés par la haine, la guerre ou l'intolérance. Schéma malheureusement classique sur ce continent délaissé. Les dirigeants que je rencontre en compagnie de l'ambassadeur sont satisfaits de voir la France s'intéresser à leur pays et proposer de vraies perspectives de coopération. Là encore, avec des bateaux, les choses sont simples.

Il n'y a pas d'escale au Kenya sans safari, c'est pourquoi le vendredi 13 septembre en fin de matinée, je prends des vacances. Un petit bimoteur nous dépose sur une piste de fortune près de la frontière tanzanienne, au milieu du Masaï Mara, le parc le plus réputé du pays. Joseph Kessel raconte mieux que moi la magie de la savane et le catalogue du « Club-Med » donne une bonne idée de ce qu'on peut voir ou de ce qu'on peut faire. Je peux simplement dire que nous ne sommes pas déçus, que l'ambiance, le spectacle, la surprise et le dépaysement sont au rendez-vous. Le campement d'abord, où nous nous installons pour deux pleines journées, discrètement implanté dans les méandres de la rivière Tarek, au milieu de la végétation qui en borde le lit. Notre « tente » (pour garder l'esprit pionnier, tout de même) est joliment mais sobrement meublée de bois ; une agréable terrasse ombragée surplombe la rivière. Majestueuse et insolite, une baignoire blanche sur pieds complète l'installation tandis que côté brousse, une claie de bois légère tient à l'abri du regard curieux des babouins et des éléphants. À travers les feuillages, le soleil mutin s'amuse à miroiter sur le chrome des robinets.

Le jeu du safari consiste à partir en véhicule aux moments les plus intéressants de la journée pour tenter de surprendre les animaux et les observer dans les meilleures conditions. Trois *game drives* de plusieurs heures sont prévus dans la journée mais l'on peut aménager cela à sa convenance. Le lever du jour est le moment le plus mystérieux, le long de la rivière, avec encore quelques bancs de brume. Un léopard en balade solitaire longe paresseusement la berge. Fin de chasse nocturne ou premiers repérages ? Plus loin, dans la savane, une famille d'éléphants chemine vers d'autres territoires tandis que par deux, par dix, par cent, les autruches, les gazelles, les antilopes entament leur journée, sautent, galopent, broutent…

Il y a partout autour de nous des milliers d'animaux, un incroyable rassemblement de plumes et de poils, de becs, de cornes et de défenses, presque indifférents à la voiture qui s'approche, bête à roues parmi les bêtes à pattes. À cette heure matinale où la nature s'ébroue, tout est calme et harmonieux, tout vit en bonne intelligence. Retour au camp pour un solide en-cas et un brin de repos, et départ à nouveau pour une longue journée car il faut être en place à l'heure où le soleil est le plus haut, sur les bords de la rivière Mara, pour l'étrange et fascinant spectacle de la migration des gnous. Ce sont de drôles d'animaux qui rappellent l'antilope par le corps, le taureau par la tête, le cheval par la queue et la crinière. Ils viennent de Tanzanie pour trouver des pâturages et, rassasiés, ils s'apprêtent à rentrer au pays. Ils doivent traverser la rivière Mara, c'est là le spectacle. Les gnous ne sont guère courageux et n'ont pas l'esprit de décision. Ils sont des milliers sur le bord de la rivière, attendant on ne sait quel signal d'on ne sait quel leader. Cela peut durer des heures. Parfois même il ne se passe rien, personne n'avance.

Il suffit de se pencher sur la rivière pour comprendre leur prudence, à voir les cadavres raidis d'un passage précédent emportés par le flot en contrebas et les vautours à l'affût. Car une fois le premier gnou à l'eau, le troupeau entier se précipite dans une incroyable bousculade, saute, cahote au fond du gué, glisse, piétine pour remonter sur la berge ; plusieurs dérapent et partent au fil de l'eau sans aucun espoir. Leur sort est scellé dès qu'ils ont perdu pied ; les rapaces sont là et plongent à l'attaque. Quelques zèbres plus agiles accompagnent le mouvement, puis des gazelles. Mais il n'y a que les gnous pour flotter ventre en l'air. Terre cruelle.

Le gnou est aussi la proie favorite des lions. C'est dans le *drive* du soir que nous verrons la fin d'une chasse et le festin du roi. Une bête tous les quatre à cinq jours fait l'affaire de ce noble animal. Mais le lion ne peut courir que quelques dizaines de mètres pour chasser. Et il dort dix-huit heures par jour. Les gnous peuvent danser.

Djibouti dernière

Djibouti, 28 septembre 2002

Je n'ai prévu au départ qu'une halte modeste de deux jours à Djibouti pour embarquer au passage du matériel à bord du *Var*. La saison ne se prête guère aux sorties sur le territoire qui font le charme du pays, alors que l'ambiance de garnison n'est pas à mon goût très affriolante. Je n'ai donc pas l'intention de m'y appesantir. Malheureusement, quelques maladresses dans le montage de l'escale prévue en Érythrée font capoter ce beau projet que j'attendais avec impatience et il faut rester cinq jours à Djibouti au lieu de deux. J'en profite pour préparer les semaines à venir qui s'annoncent chargées, pour tenter une ultime échappée dans le désert quitte à affronter la chaleur, et pour de nouvelles rencontres avec nos unités.

Il y a malgré tout un minimum de civilités auxquelles je sacrifie volontiers pour ne pas alimenter la critique en faisant preuve d'un particularisme excessif. Je serre donc quelques mains et je vois quelques têtes. Dans un passé assez récent, mes prédécesseurs étaient plus couramment à Djibouti car les travaux d'entretien des bâtiments se faisaient à cet endroit. Il y avait alors autour d'Alindien, et alimentée souvent par lui, une vie sociale que certains n'ont pas oubliée et que peut-être ils regrettent. Cela devait apporter de l'air dans ce monde clos de militaires et de civils obligatoires. Pour ma part je préfère Dubaï, laissant ici le golf sur sable stabilisé à l'huile de vidange, le bridge et les sorties aux îles. J'évite aussi les multiples problèmes que pose la vie de garnison dans un endroit compliqué. Car tout est compliqué, tout se regarde et se compare.

Non par esprit de boutons mais parce qu'on vit les uns sur les autres dans un endroit restreint : les légionnaires, les troupes de marine, les aviateurs comme les marins et leurs familles ont leurs modes de vie et de distraction, fondés sur les « cultures d'armes », sans doute respectables mais toutes différentes. Alors on mesure, on cause et on tourne en rond. C'est Clochemerle au soleil. L'ambassadeur et le général commandant les forces françaises n'ont jamais ici la partie facile. L'arrivée d'autres partenaires internationaux embrouille davantage les choses. Ils sont en outre tous les deux dans un tête-à-tête permanent, l'un ayant le moteur et l'autre le volant. Inutile, dans ce paysage complexe, d'ajouter un troisième larron, une sorte d'intermittent du spectacle qui viendrait jouer un bout de rôle et repartirait à ses affaires. Mieux vaut carrément rester à l'extérieur. D'autant que le décor de cette piécette est passablement tourmenté, sur fond de rivalités ethniques, claniques ou simplement financières. Bref, à mon goût, vraiment aucune raison de s'appesantir. Je prends donc vite le large, d'abord avec les commandos, puis quelques heures sur la frégate *La Fayette*, ensuite en hélicoptère, enfin vers le lac Abbé. Un programme volontairement dense.

Je retrouve avec plaisir le commando d'Arta sur son plateau rocheux, situé à une trentaine de kilomètres de Djibouti. Depuis mon passage en février, c'est une autre équipe qui parfait son entraînement en zone chaude. Je n'ai pas trop de scrupule à m'imposer, même si ces jeunes gens trouvent peut-être lourd de se coltiner un amiral sur le terrain. Après tout, j'ai le privilège de l'âge et de la fonction. Et en février, je n'avais pas traîné la patte dans la longue marche que nous avions faite dans le nord, comme certains plus jeunes. Je repars donc. La marche est plus modeste puisque nous descendons simplement d'Arta pour rejoindre la mer par la piste « des ambassadeurs », simple mise en jambe qui se prolonge en fin de matinée par une séance de tir avec les armes dont dispose le commando, du magnum au fusil Macmillan. Nous remontons à Arta en hélicoptère, moi dans la cabine, eux « en grappe », suspendus à une corde sous l'appareil. Il faut bien tout de même marquer la différence.

Je voulais aussi embarquer sur la frégate *La Fayette*, tout juste arrivée de métropole pour remplacer le *Guépratte* en mer d'Arabie. J'entends en effet, comme à mon habitude, expliquer moi-même aux commandants et aux hommes de ce bâtiment les difficultés de leur mission dans cette zone. Je rejoins le bateau en hélicoptère dans l'après-midi pour passer plusieurs heures à bord. Je suis rapidement frappé par l'atmosphère studieuse, presque scolaire qui y règne. Quelques minutes à peine suffisent pour prendre la mesure : le croisement d'un regard, l'intonation d'une voix ; pas vraiment de la tension, mais une sorte de sérieux et d'application, différente de l'ambiance quasi familiale du *Guépratte*, mené par un père de famille chaleureux et débonnaire. C'est étrange comme le climat peut changer d'un bateau à l'autre alors que les hommes sont les mêmes. Incontestablement, l'attitude et le comportement d'un seul, le commandant, donnent le ton : s'il est rigide ou tendu, l'ambiance ne sera pas sereine. Si au contraire, il sait allier la nécessaire fermeté avec la chaleur et la simplicité et qu'il endosse sans nervosité les difficultés et les ambiguïtés de la situation, alors le bateau vivra bien.

Long transit de nuit pour regagner le *Var* et Djibouti, alors que le *La Fayette* a déjà bien entamé sa route vers le Golfe. Hélicoptère encore ce matin, mais porte ouverte cette fois pour un survol complet du territoire, par les îles, Tadjoura, la forêt du Day, le Goubet, le lac Assal, le Gaggadé, le lac Abbé, retour par les grand et petit Bara. Extraordinaire spectacle quand on s'élève depuis la côte en suivant les oueds jusqu'à la « maison du gouverneur » tout en haut du Day. Puis les décors minéraux du Goubet et ceux des volcans, des laves et de la fracture qui mène au lac Assal ; c'est le commencement du monde ! Les pierres noires, les failles, la croûte de sel, la chaleur torride : on se demande où peut être la vie. Plus loin dans l'immense étendue du Gaggadé, elle est bien là avec les autruches et les élégantes gazelles, un peu affolées par le rotor alors que les pilotes s'essayent à suivre leur course. Retour au début du monde au lac Abbé et ses surprenantes concrétions. La vie est là aussi parce qu'il y a de l'eau. Un phacochère musarde tandis que plus loin, une longue file de chameaux s'éloigne lentement vers le sud, après boire. Et juste sur la berge, un vol de flamants roses prend majestueusement son élan.

Je reviens au lac Abbé le lendemain pour voir les choses de plus près. De Djibouti, il faut environ quatre heures, si bien qu'un départ en début d'après-midi permet d'arriver à temps pour le coucher du soleil. Deux heures de route goudronnée jusqu'à Dikhil puis deux heures de piste, d'abord jusqu'au village d'As Ela puis vers le lac, la piste cheminant parallèlement à la frontière éthiopienne, à quelques kilomètres. Ce chemin est encore suivi aujourd'hui par les caravanes chamelières qui assurent le trafic traditionnel avec le grand voisin tandis que le pétrole et les marchandises plus modernes transitent par la route vers Addis-Abeba, en provenance du port de Djibouti. Les chargements de contrebande parviennent jusqu'à Dikhil en camionnette et les convois sont formés à la sortie de la ville. Il s'agit essentiellement de cigarettes et d'alcool ; les caravanes d'une cinquantaine de chameaux partent tôt le matin et progressent jusqu'en milieu de matinée. Puis on débâte pour le repos méridien et on reprend la route quelques heures quand le soleil commence à décliner. Il faut quatre à cinq jours pour arriver à destination, un service de véhicules assurant la distribution en Éthiopie une fois la frontière passée. Naturellement les passeurs sont armés pour protéger leur précieuse cargaison des voleurs.

Tout le monde est armé, parce que c'est la coutume et parce qu'on est toujours plus ou moins en état de guerre entre les Afars et les Issas, les deux peuples qui se partagent le territoire. Rien ne distingue physiquement un Afar d'un Issa ; c'est la langue qui les sépare et la façon de porter leurs vêtements. Leurs guerres endémiques sont des querelles de voleurs de troupeaux et des disputes de terre ou de points d'eau. Elles sont pourtant cruelles. Les armes viennent d'Éthiopie au retour des caravanes. Vieux fusils français du siècle dernier ou armes plus modernes d'origine soviétique : l'Éthiopie semble constituer pour le trafic local une réserve inépuisable. Il ne faut pas longtemps dans le désert pour trouver, comme en février dernier, une kalachnikov en état de marche. Nous tirerons quelques cartouches avec une superbe A45 sortie pour l'occasion de l'ombre d'un *toukoul.* Il faut plus de temps et de palabre pour discuter le prix d'un vieux « Gras » de 1874 encore sur les flancs d'une paire de chameaux qu'un Afar éthiopien ramène du pays, avec cinq autres pièces « enchiffonnées » au milieu d'une cargaison de cannelle, de café vert et de safran. On finit par se mettre d'accord et j'embarque l'engin, avec les chiffons pour éviter les mauvaises rencontres.

Vers le lac, de toutes jeunes filles descendent des alentours caillouteux faire pâturer de maigres troupeaux de chèvres sur les herbus de la rive. Enfants du désert voilées de rouge et de jaune, couleurs vives parmi les ocres, les noirs, les bis et les tons minéraux. Elles portent en bandoulière leur trésor, une bouteille d'eau pour la journée, que nous remplissons volontiers. Vers quel destin, ce soir, remonteront-elles ?

En repartant, le guide afar m'arrête chez lui au village d'As Ela pour le déjeuner dans la maison de famille. L'installation est sommaire : quelques morceaux de bois, de tôles et des bâches en plastique constituent la cabane, comme celles du voisinage. Il y a là le père, un ancien soldat de l'armée française, et une nuée d'enfants qui jouent au milieu. On entraperçoit des femmes qui vont et qui viennent tandis que les hommes, les frères, les cousins, les amis arrivent et s'assoient pour parler en attendant l'heure du kat. C'est la principale affaire de la journée, de leur vie même puisque aucun ne travaille vraiment, vivant de bric et de broc, d'affaires obscures et d'expédients. Pourtant il y a, à As Ela, plus de deux cents jardins en bordure de l'oued dans la direction de l'Éthiopie, mais la terre est basse pour nos amis. Ce sont des ouvriers agricoles éthiopiens qui sont employés à ce labeur pour trente euros par mois ; leurs femmes, quant à elles, assurent le service dans les cabanes du village comme bonnes. On est toujours finalement le *pakos* de quelqu'un.

Grande agitation aujourd'hui, car le sultan est mort. Le sultan est la véritable autorité de la région. La compétence de celui d'As Ela s'étend sur cette partie afar du sud-ouest du pays. Il arbitre les conflits, rend la justice, conseille. Les autorités politiques lui font allégeance. C'est le tour du président de la République et des principaux ministres, qui viennent saluer sa dépouille et visiter la famille. Et aussi parler de la succession, qui est une affaire importante. La désignation est entourée de mystère ; elle est l'objet de longs palabres et d'innombrables tractations. Nous croisons au passage sur la piste du retour quelques-uns de ces visiteurs.

Il faut maintenant regagner Djibouti pour secouer la poussière des souliers : ce soir, l'ambassadeur reçoit. Je fais partie des dîneurs.

Égypte

Égypte, 12 octobre 2002

Le départ de Djibouti ce 28 septembre est laborieux. Une aussière s'est prise dans les hélices lors de la manœuvre d'appareillage. Il faut remorquer le bateau jusqu'au mouillage au-delà du chenal de sortie, mettre des plongeurs à l'eau et tenter de dénouer l'écheveau. Les choses vont assez vite et l'on repart sans inquiétude. Plus tard dans la journée, on aborde le détroit de Bab el-Mandeb à l'entrée de la mer Rouge. Les routes amènent à passer dans l'est, à côté de l'île de Perim. On aperçoit distinctement les pièces d'artillerie, les véhicules blindés et les constructions militaires. Les Yéménites sont chatouilleux et la vigilance s'impose. À l'ouest c'est la frontière érythréenne et au nord, les îles Hanish, sources de contentieux traditionnelles entre les deux pays. Il y a quelques années, la France a contribué à calmer le jeu en entretenant patrouilles et observations pendant des mois après l'arbitrage de la cour internationale. Aujourd'hui, les signes d'une nouvelle période de tensions apparaissent.

L'escale à Port Safaga en Égypte ne présente pas un gros intérêt. C'est le seul port égyptien de la mer Rouge, à deux cents kilomètres à l'est du Nil, à la hauteur d'Assiout. La côte est désertique sur fond de montagne. Le port ravitaille toute la haute Égypte ; il draine un fort trafic de passagers pour le pèlerinage de La Mecque, et de travailleurs immigrés dont le pays est largement exportateur vers la péninsule arabe. Cette côte connaît aussi un développement touristique plutôt anarchique, à fréquentation bas de gamme allemande, russe ou biélorusse. À Urghada plus au nord, le gouverneur de la mer Rouge me décrit cela avec force détails et statistiques. C'est un homme parfumé, assez grand et ventripotent, serré dans sa chemise noire ouverte, ancien général commandant la division de Port-Saïd, la plus importante d'Égypte. Dans ce pays, toutes les provinces frontalières sont aux mains d'anciens généraux de l'armée, et les provinces de l'intérieur à celles d'anciens généraux de la police. La Marine égyptienne en mer Rouge est modeste ; la base est commandée par un amiral qui m'explique, en quelques mots approximatifs, que tout est compliqué et qu'il faut faire des papiers. Quant à la garde qui m'accueille, c'est la « gaieté du régiment » version désert. La garnison d'Urghada ne semble guère prisée des marins égyptiens qui y font leur corvée à tour de rôle, mais cette escale a pour moi deux avantages : elle me permet de rencontrer nos diplomates au Caire et le commandement de la Marine à Alexandrie ; elle est proche des sites de haute Égypte pour l'édification des équipages.

Je connais Le Caire, pour y avoir passé quelques jours il y a une vingtaine d'années, mais pas Alexandrie. Allez savoir pourquoi, cette ville m'attirait ! Pour le site, pour le phare — l'une des sept merveilles du monde, même détruit —, pour la bibliothèque, pour l'histoire, pour le berceau de la chrétienté, pour Athanase et Arius, pour Durrell, pour Justine…

Je viens d'abord pour la Marine égyptienne et j'en retiens une impression contrastée. Il est vrai que dans ce pays ultra-militarisé, elle est le parent pauvre parce que les gros bataillons terrestres sont toujours jugés nécessaires pour la défense du sol côté Israël, mais aussi côté Libye, et que l'Armée de l'air a été portée par les présidents successifs qui en étaient tous issus, Moubarak aujourd'hui. Le numéro deux de cette Marine est un homme d'une grande finesse, chaleureux et souriant, avec qui j'ai un véritable échange sur les sujets qui nous rapprochent, et même largement au-delà. Il finit par me demander : « Mais pourquoi donc, amiral, est-ce que nous les Égyptiens, nous aimons tant la France ? » C'est émouvant dans un pays qui a fait le choix stratégique des États-Unis après les accords de Camp-David, mais à qui cette alliance pèse dans le contexte actuel. Ainsi ce discours récurrent anti-américain que j'ai largement perçu chez nos amis du Golfe, je l'entends chez un Égyptien cultivé et ouvert. Le chef d'état-major de la Marine que je vois quelques minutes plus tard est d'un registre plus primaire, visiblement formé à l'école soviétique comme beaucoup de ses contemporains. Il m'écoute avec distraction. J'arrive avec des ambitions simples : développer notre coopération avec les bâtiments égyptiens lors de nos passages en mer Rouge. Tout le monde me donne son accord. Succès donc sur ce point, à confirmer dans les faits.

Reste la ville. Elle apparaît presque banale avec son front de mer où les immeubles mal construits remplacent, au gré des ventes, les étranges palais d'autrefois. Mais c'est surnaturel, c'est indéfinissable. Le consulat général de France témoigne, en première ligne devant la mer, de la place de notre pays : malgré les succès militaires incertains, l'expédition d'Égypte a été une réussite culturelle ; c'est le génie de Bonaparte. Un détour permet d'aller jusqu'au site supposé du phare à l'ouest de la ville, on imagine là cette antique construction, témoin lumineux du génie des hommes mais symbole de leur faiblesse devant la nature : un tremblement de terre l'a détruit.

Mais qui a brûlé la bibliothèque d'Alexandrie ? La querelle n'est pas réglée. Qu'importe après tout puisqu'on l'a reconstruite. Le nouvel édifice sera inauguré le 16 octobre par le président égyptien en présence d'une cinquantaine de chefs d'États et de gouvernements. L'Alexandrina est superbe, j'ai la chance d'y passer une heure alors que tout est fermé car on s'active pour respecter l'échéance. Le numéro deux est un

Français, conservateur général des Bibliothèques, qui m'en fait les honneurs avec le talent d'un chartiste passionné. Majesté de l'immense salle de lecture, en disque de soleil incliné sur la mer, vers le nord pour protéger les livres de la lumière. Je rêve à notre TGB…

Que dire du Caire, où je trouve la circulation plutôt moins extravagante qu'il y a vingt ans ? On a percé des routes, enjambé des cimetières, rasé des masures, peut-être des merveilles. C'est encore cafouilleux. Je me promène dans les vieux quartiers avec un guide passionnant, un architecte venu ici il y a trente ans pour effectuer son service national à l'ambassade et qui est toujours là. Dans trente ans, personne ne sera plus venu faire son service militaire au Caire ! Bonheur d'un déjeuner sur le Nil au rythme paisible et rafraîchissant d'une felouque dans le vent. Même si parfois la berge est gâchée, l'ample geste du Nubien qui manœuvre la barre a quelque chose de l'éternité.

Notre ambassadeur au Caire est sur le départ. Comment faire la part, dans son pessimisme, du dépit ou de l'amertume, puisqu'il part après à peine deux ans pour laisser la place ? C'est un homme de grand talent que je connais d'une vie antérieure et qui me dresse un panorama sombre de la situation de ce pays, de l'impasse complète de la relation avec les Américains, des agitations sous-jacentes, de l'économie à vau-l'eau. Le toast qu'il porte en mon honneur est un moment de diplomatie : conviction et détachement, simplicité et naturel, quel métier ! Il part donner il ne sait quel conseil à il ne sait quel gouvernement. Il en est des ambassadeurs comme des préfets et comme des amiraux : servitude et grandeur.

Départ dans la nuit pour la haute Égypte, parce que ce serait une faute de ne pas revoir Assouan, Thèbes et Karnak, rien qu'en passant. Quel spectacle que l'île Éléphantine vue de la terrasse de l'hôtel Old Cataract, celui de Churchill, d'Howard Carter, d'Agatha Christie et de Clemenceau, et aussi du président Mitterrand qui y a fêté ses derniers Noëls avec Mazarine et quelques autres. Un homme de goût assurément !

Je pense y être incognito et j'attends, jouissant du calme et du point de vue, la commande que j'ai passée, lorsqu'un monsieur bien mis vient me présenter ses devoirs, me dire qu'il est enchanté de m'accueillir et qu'il se propose de me montrer les plus prestigieux endroits de l'hôtel : la salle à manger XIXe, la suite présidentielle, sa terrasse sur le Nil. Je suis ravi de l'aubaine mais interloqué car je suis arrivé en simple promeneur, la poussière encore aux souliers. Je ne me suis aperçu de rien mais en fait, je suis étroitement surveillé et mes mentors ont immédiatement prévenu la direction de l'hôtel de ma présence. Depuis les attentats il y a quelques années, les autorités égyptiennes sont méfiantes. Les cheminements se font en convoi entre Assouan et Louxor, de même que vers les ports de la côte. Cette omniprésence policière sur les sites gâche le plaisir, même si les temples de Karnak, de jour ou de nuit, sont somptueux et la vallée des rois toujours un peu magique. On se perd dans les siècles et les dynasties, dans les reines et les pharaons, dans les mariages de frères et de sœurs, de pères et de filles. On s'émerveille sur la mécanique de toutes ces constructions majestueuses : comment ces hommes de l'antiquité ont-ils pu tailler, transporter, dresser ?

Au milieu de ces interrogations, devant le tombeau de la reine Hatshepsout, fille proclamée du dieu Amon, le téléphone sonne pour m'annoncer une explosion à bord du pétrolier français *Limburg*, qui se présentait pour le chargement dans le port d'Al-Mukalla, sur la côte sud du Yémen. Accident ou attentat ? Le Yémen n'a pas bonne réputation et l'on se souvient de l'attaque de la frégate américaine *USS Cole* dans le port d'Aden en 2000. Mais qui peut en vouloir aux intérêts français à l'heure actuelle dans cette zone ? Je décide de dérouter l'aviso *Commandant Blaison* qui patrouille dans le sud de la mer Rouge. Il sera sur place dès demain à l'aube pour nous renseigner et nous envoyer des photos. Je veux lui donner des directives précises car on doit se garder de toute maladresse et éviter de froisser la susceptibilité des autorités yéménites. Celles-ci vont déclencher une enquête et il ne faut pas interférer, mais je souhaite obtenir le maximum d'informations pour éclairer nos autorités. Par la mer nous sommes bien placés, alors que de son côté, l'ambassadeur avec qui je suis rapidement en contact est démuni.

Je connais personnellement le commandant du *Blaison* pour l'avoir eu quelques années auparavant sous mes ordres à bord de la frégate *Tourville*. Je connais sa fougue et son impétuosité. Les ordres que nous lui préparons doivent être adaptés à sa riche personnalité. Je communique ces orientations à mon état-major, resté à bord du *Var*, qui met cela en musique.

C'est presque l'heure du coucher du soleil, la lumière est divine ; le Nil va prendre sa nuit. Et moi, au téléphone, je donne mes directives... Cette affaire du *Limburg* me surprend : tout cela est irrationnel car il n'y a aucune raison de s'en prendre aux intérêts français. C'est vrai que j'avais écrit aux équipages le 11 septembre 2001 : *« Soyez prêts à tout, apprenez à gérer l'incertitude. »* Nous y sommes. Le 11 septembre nous poursuit.

Retour de nuit à Port Safaga à travers le désert oriental, derrière les voitures de police.

Royale Jordanie

Jordanie, 14 octobre 2002

Dans sa partie nord, la mer Rouge se prolonge par le golfe de Suez d'un coté, par le golfe d'Aqaba de l'autre, enserrant la presqu'île du Sinaï. C'est par là, ou tout près, que les Hébreux sont passés ; c'est non loin que Moïse a reçu la révélation. On voit l'Arabie d'un côté, l'Égypte de l'autre, et au fond, on devine Israël et la Jordanie. On embrasse d'un seul regard notre histoire millénaire et les haines d'aujourd'hui.

En fin d'après-midi, lorsque le *Var* se présente devant l'entrée du golfe d'Aqaba, les lumières du soir sont superbes avec des reflets roses dans les montagnes de part et d'autre. Le détroit de Tiran qui ouvre l'accès au golfe est un passage resserré, parsemé d'îles et de hauts-fonds. Plusieurs épaves témoignent que la navigation est dangereuse et une multitude d'embarcations que la zone est un paradis pour les amateurs de pêche et de plongée sous-marine ; ils viennent de Sharm El Sheikh que l'on aperçoit sur la berge nord. Aqaba n'est qu'à quelques heures mais nous attendons le matin pour nous présenter à l'entrée du port. Eilat l'Israélienne et Aqaba la Jordanienne sont face-à-face. Vues de la mer, les deux villes sont séparées par une tâche verte en bordure du rivage : c'est l'un des palais du roi de Jordanie, juste sur la frontière. Au-delà, en remontant vers le nord, les barbelés prennent le relais. Les deux villes vivent en bonne intelligence et les échanges sont nombreux ; il est même question d'un aéroport commun : nous sommes dans le sud, loin des zones d'affrontement. J'ai souhaité coupler la halte jordanienne avec une étape à Eilat, malheureusement la situation en Palestine rend ce schéma peu réaliste.

Cette escale est l'une des plus denses en rencontres et en visites exceptionnelles avec, en particulier, l'audience que m'accorde le roi Abdallâh dans l'une de ses résidences d'Amman. Il veut certainement montrer de bonnes dispositions à l'égard de notre pays à quelques jours de la venue de notre président, mais qu'importe ? On est tous parfois l'instrument d'affaires qui nous dépassent... Je suis impressionné par cet homme jeune, simple et affable.

Avec son ministre des Affaires étrangères, j'ai encore un couplet anti-américain et l'expression d'une réelle inquiétude de la situation régionale. Je rencontre aussi un étrange Kurde mâtiné de Jordanien et d'Anglais qui me parle avec passion de son pays et qui n'est pas pressé d'y voir les Américains attaquer Saddam. Les Kurdes trouvent largement leur compte dans la situation actuelle : ils ont pratiquement acquis leur autonomie, parle leur langue et font leurs affaires.

Belle visite à Jerash au nord d'Amman, sur les collines de Galaad, guidé par un curieux personnage natif de la Haute-Saône ; il est installé sur le site depuis près de vingt ans, tombé amoureux fou de la cité romaine préservée par les sables. Émouvant passage au mont Nébo jusqu'où Moïse mena son peuple et d'où l'on embrasse toute la Terre Promise. Descente vers la vallée du Jourdain jusqu'à Béthanie marquée par le souvenir de Jean le Baptiste ; le site n'est pas encore officiellement ouvert mais je bénéficie d'un traitement de faveur. Bain salé dans la mer Morte sur le chemin du retour vers Aqaba et cavalcade sur les traces de Lawrence au milieu du *Wadi* Rum. J'en oublie presque la mystérieuse Pétra que je parcours au pas de course avec notre ambassadeur en rejoignant Amman, ainsi qu'un étonnant et sympathique dîner chez le truculent gouverneur de la province Sud au soir de notre arrivée. La vodka, le champagne et les alcools forts sont tellement transparents qu'Allah ne peut certainement y voir à mal. Et la veille du départ, belle fête donnée en notre honneur par le commandant de la Marine jordanienne, avec danse du ventre et chansons arabes. Il ne me manquait plus que cette case, tout était accompli.

À Aqaba, le dernier soir, arrivée de mon successeur récemment nommé par le Conseil des ministres. Nous appareillons ensemble demain pour l'Arabie Saoudite d'où je rejoindrai la France. C'est presque la fin de l'histoire.

La veille de l'Apocalypse

Djedda, 18 octobre 2002

« Vous nous quittez à la veille de l'Apocalypse ! »

Le chef d'état-major des Armées d'Arabie Saoudite, à qui je rends visite à Riyad, me fait ce troublant commentaire alors que je lui indique que je quitte prochainement mes fonctions. Cet homme d'une soixantaine d'années continue pendant près de quarante minutes ce registre pessimiste à propos de la situation au Moyen-Orient, des risques d'embrasement si les Américains attaquent l'Irak et s'ils poursuivent leur politique dans la région. Je connais cette rhétorique depuis quinze mois que je fréquente les rivages de la péninsule arabe, mais je sens aujourd'hui avec plus d'acuité un vrai désenchantement et une profonde inquiétude.

Désenchantement parce qu'au détour des propos, « nos amis américains » sont toujours invoqués et continuent de fasciner au-delà de tous les reproches. Profonde inquiétude d'un homme qui connaît la fragilité de la région, les équivoques de la position de son pays, les ferments d'instabilités, le décalage immense entre les princes et le peuple, la richesse du pétrole qui n'est plus suffisante pour assurer l'avenir. Une étincelle, il le sait, risque de tout embraser. Avec le chef d'état-major de la Marine que je rencontre quelques instants plus tard, la tonalité reste la même mais nous avons d'autres sujets de conversation, plus maritimes cette fois. J'aborde cet ultime entretien avec un peu d'appréhension car l'achèvement des bateaux saoudiens construits actuellement en France connaît quelques épisodes difficiles qui irritent nos amis. Je sais qu'ils ont plusieurs fois manifesté leur désappointement. Je ne suis pas impliqué dans l'affaire mais j'aurais pu faire les frais de cette situation. Visiblement, le prince tient à manifester sa sympathie à notre pays et ne s'appesantit pas sur les contentieux ; il est d'une remarquable amabilité, entouré de tout son haut état-major, comme s'il voulait conforter notre proximité dans ce moment inquiétant.

Nous arrivons à Djedda après une dernière traversée de deux jours largement occupée par les ultimes formalités, les prolongements de l'affaire du *Limburg*, les valises et le souci de laisser place nette. La passation de suite est un peu une épreuve parce que c'est le moment où l'on mesure ses approximations, ses faiblesses et ses oublis ; des questions pertinentes viennent pointer les zones d'ombres alors qu'on voudrait au contraire présenter un bilan avantageux. C'est pour cela que beaucoup s'y soustraient avec la complicité des habitudes, parce qu'il n'y a pas normalement de temps de recouvrement entre officiers généraux. On part sans laisser d'adresse et c'est assez commode. Pourtant, cette fois, je prends plaisir à revoir avec mon successeur le fil de cette année diverse et riche, m'attachant aux principes plutôt qu'aux faits eux-mêmes, aux lignes de force plutôt qu'aux détails. J'ai la satisfaction de sentir chez mon interlocuteur une convergence d'analyse et beaucoup d'intérêt pour la façon de vivre cette expérience surprenante, l'éloignement, la solitude, la gestion du temps, toutes choses personnelles qu'il n'y a pas lieu d'ériger en exemple mais qui peuvent servir de repères. Cela m'avait manqué il y a quinze mois, je suis heureux de donner la main, avec un sentiment réconfortant de complicité. Dans cette situation, les choses sont faciles à dire.

Pour avoir l'esprit libre, j'ai réglé un maximum de choses avant l'arrivée à Aqaba, notamment mon dossier de fin de commandement élaboré dans ses grandes lignes au cours de l'été, et les formalités qui marquent traditionnellement le départ, comme les messages ou adresses d'adieu que je rédige personnellement et qui accaparent souvent les derniers instants.

Nous partons tôt le lendemain matin pour Riyad afin d'y faire les visites annonciatrices de l'Apocalypse, mais aussi pour rencontrer l'ambassadeur de France qui prolonge notre entretien par un passionnant déjeuner. Comme la plupart de ses collègues voisins, c'est un fin connaisseur de la région et singulièrement de ce pays où il a déjà été en poste. Il n'est pas optimiste sur les évolutions des mois et des années à venir. Il a la bienveillance de souligner le rôle que joue Alindien dans l'environnement régional en cohérence avec l'action diplomatique. Nous constatons notre convergence de vue sur le maintien des escales des bâtiments français malgré le contexte difficile du terrorisme, afin d'assurer la continuité de notre politique, de montrer que la France ne se laisse pas intimider et qu'elle fait confiance aux pays hôtes pour assurer la sécurité. Je tiens ce langage depuis plusieurs mois, avec succès pour l'instant, mais l'affaire du *Limburg* risque de faire grossir le parti des abolitionnistes. Ce serait une erreur et je suis satisfait de trouver un allié.

Cette dernière rencontre marque la fin de mes « activités officielles ». Une amicale soirée chez le chef de la mission militaire de coopération prolonge la journée à Riyad ; elle est l'occasion de constater que la communauté française de la capitale est dynamique et unie, probablement par réflexe pour faire face à l'adversité des conditions de vie difficiles pour nos compatriotes. Nous avons le temps de partir au désert et d'aller jusqu'à un lieu-dit, « le Bout du monde », sorte d'escarpement rocheux d'où l'on surplombe un vaste plateau désertique. Un avant-goût de l'Apocalypse.

Retour à Djedda en soirée. Nous sommes le 17 octobre : c'est la date prévue par le Conseil des ministres pour la relève. Dans sa grande sagesse, il laisse l'heure à la discrétion des impétrants. Nous n'avons pas de mal à nous entendre. Pour éviter à l'équipage une prise d'armes en soirée, nous l'avons prévue le matin avant mon départ pour l'aéroport. Les cérémonies de passation de commandement ou plutôt, en l'occurrence, de cessation et de prise de fonction, sont, par tradition dans la Marine, relativement sobres. Nous respectons cette simplicité. À huit heures, je me présente sur le pont d'envol où les hommes dans leur uniforme blanc sont rassemblés en carré. J'inspecte la garde d'honneur, je salue le fanion et je passe l'équipage en revue. Je quitte la scène après une brève adresse au cours de laquelle je remercie le *Var* pour son accueil, mon état-major pour son soutien et son travail. Le tout ne dure que quelques minutes. Mon successeur entre en piste dès que j'ai disparu, pour un exercice identique.

Seule entorse à la tradition, je ne quitte pas le bord immédiatement, il faut que je me change avant de prendre directement l'avion. Suis-je ému à ce moment-là, après ces mois si actifs, parce que c'est définitivement le dernier embarquement et le dernier commandement à la mer ? Je ne saurais le dire ni affirmer le contraire. Sentiment mêlé de regret d'une vie hors du commun mais soulagement parce que pendant ces quinze mois, malgré une situation militaire tendue, des opérations complexes et la menace du terrorisme sur nos unités ou nos hommes, tout s'est déroulé sans le moindre incident pour la quarantaine de bâtiments ou d'unités passée entre mes mains, les quatre cents escales dans trente pays, mes déplacements dans vingt capitales. Pas mal de chance malgré tout. Sentiment de reconnaissance. Satisfaction de retrouver les miens, de vivre pour quelques mois à Paris, de découvrir, dans trois jours, une fois de plus, un nouveau métier. Je pense confusément à cela en regardant l'heure alors qu'on me demande de patienter encore deux ou trois minutes.

C'est qu'ils ne me laissent pas partir comme cela. J'ai imaginé un départ discret en tenue de voyageur après la cérémonie d'adieu sur le pont d'envol. Mais quand j'arrive à la coupée, je trouve de nouveau la garde rassemblée et tout mon état-major, les officiers et les officiers-mariniers alignés là pour un dernier et chaleureux salut. Reconnaissance encore.

Quelques instants plus tard lorsque je monte dans la voiture au pied de la coupée, je vois que l'équipage est là aussi, à la bande, rangé le long des lisses. Rare hommage. Je me dis dans un mélange confus d'émotion, de gratitude et, avouons-le, de fierté que je leur ai peut-être laissé un bon souvenir.

Est-ce la veille de l'Apocalypse ?

Remerciements

Brest 2004.

L'esprit enflammé par le spectacle des bateaux qui sortent sous nos yeux de la rivière et du port, grisé par cet étonnant rassemblement de voiles, de mâts et de bouts-dehors, je raconte des aventures...L'océan Indien.

L'œil de Didier Decoin s'éclaire. « Vous devriez écrire... ». Je regarde la mer. « Moi il m'écrit » lance ma chère voyageuse ; elle a son air... Depuis que nous sommes à la préfecture maritime de l'Atlantique elle ne dépasse plus guère Saint-Malo au Nord et Bayonne au Sud. C'est bien aussi.

« Je peux voir... » demande Didier.

Je lui confie le recueil que j'ai constitué à mon retour, empilement de mails rédigés pour les proches et d'archives personnelles, brochés pour le grenier.

« Faites un livre » me dit-il quelques mois plus tard.

Nous nous retrouvons dans un bistrot du quartier latin ; le texte est annoté à presque toutes les pages : *racontez...expliquez... plus...oui...non...*

Je me prends au jeu mais je manque surtout de temps. Pas de place pour une plume au ruban de mes trois chapeaux...

J'ai des hauts et des bas, des instants de grande joie et des moments de doute.

Dans la joie je persévère. Dans le doute j'ai des amis : Yves Moraud et Pierre Le Bris à Brest poussent les feux.

Charles Kermarec me recommande à Hervé Hamon. Sous l'œil de Charles Claden nous faisons connaissance à bord de l'*Abeille Bourbon* à Ouessant. Je viens de lire *Le vent du plaisir* et le bonheur est pour moi : il prend les choses en main.

Avec Didier Decoin pour l'appareillage, des amis attentifs pour la traversée et Hervé Hamon pour l'accostage, j'ai la chance d'une navigation solidement bordée.

Pour la coque, un spécialiste s'impose : Anne Smith fourbit ses pinceaux ; elle s'y entend plutôt en peinture de carène.

À chaque navire son bosco : pendant toute la manœuvre, Arnaud Jégat tient la barre et veille soigneusement au grain ; son assistance est capitale.

Dans le rôle de l'armateur bienveillant à l'égard d'un nouveau capitaine, Anne Durand et les *Editions Le Télégramme* s'engagent avec résolution.

Merci chaleureusement à tous pour votre aide, vos encouragements et votre confiance. Ecrire est facile, c'est après que tout commence. Maintenant je sais. Merci beaucoup.

C'est aussi à vous qui avez été les initiateurs, les acteurs ou les accompagnateurs de cette aventure que je veux exprimer mon salut alors que je termine cet ouvrage.

L'amiral Jean-Luc Delaunay m'a lancé sans grand choix ni préavis dans l'océan Indien; il a eu bien raison, il faut décider vite. Le général Jean-Pierre Kelche, chef d'état-major des Armées, patron impressionnant et de très grande envergure, m'a accordé sa confiance et prêté son attention chaque fois que nécessaire. Les contre-amiraux François Dupont, Yves Lagane et Joël Duroux ont joué pendant tout mon séjour le rôle de facilitateur et d' « explicateur » des mystères parisiens, m'évitant les dérives solitaires et le syndrome du gouverneur. C'est important quand on est loin de rester « branché ».

Le général Roger Duburg à la Réunion a été mon compère des incertitudes malgaches, nous avons fait excellent ménage.

Les diplomates français de vingt pays riverains de l'océan Indien m'ont accueilli avec grande cordialité et m'ont bien souvent hébergé dans leur chambre du ministre. Je n'ai guère pu leur rendre la pareille dans mon modeste logis flottant, mais j'ai apprécié leur hospitalité et leur fraternelle coopération au service d'une noble cause.

Je garde particulièrement le souvenir des colonels Pierre Teissere à Abu Dhabi, Denis Govin à Doha, Philippe David à Bangkok, des capitaines de vaisseau Marin Gillier à Amman, Eric Hassan à Singapour, Bruno Juet à Pretoria, du commissaire en chef de la marine Jean Armand à New Delhi qui ont préparé, organisé et accompagné mes déplacements et mes visites.

Les capitaines de frégate Christophe Balducchi et Olivier Bodhuin ont été successivement mes capitaines de pavillon à bord du *Var*. J'ai volé une partie leur commandement ; ils ne m'en ont jamais tenu rigueur. Nous avons souvent partagé la même table. J'ai apprécié leur riche personnalité, leur caractère affirmé, chacun dans son style, leur finesse, leur simplicité et leur franchise, toutes qualités éprouvées pendant de longues navigations. Merci de tout cœur à leurs équipages.

Le capitaine de frégate Henri Levet m'a fait les honneurs du *Prairial* en mer de Chine pour ma tournée d'Asie, ce n'était pas prévu comme cela, mais tout s'est admirablement passé.

Alain Hinden, mon chef d'état-major, homme subtil et chaleureux, esprit créatif et indépendant comme la Marine sait en promouvoir a donné le ton et la cohésion à une formidable équipe de juillet 2001 à août 2002 : Jacques Luthaud, Patrick Bertinot, Thierry Godefroy et Isabelle Debard ; Alexis Willer complétait la bande. Il m'a accompagné au long cours, notant le jour, rassemblant le soir, rédigeant la nuit et transmettant à l'aube, veillant aux détails comme à l'essentiel, souriant toujours. Pierre-Aimé Riccio et Xavier Larreur ont pris la relève et escorté mes derniers mois.

J'ai apprécié les nombreuses et chaleureuses relations avec les officiers-mariniers de mon état-major et du *Var*. Les plus anciens avaient mon âge et nous avons partagé de riches moments en mer : Antonio Cimmina, Luc Defacq, Lionel Duclos, Gaëtan Lalande, Roland Ogor, Jean Perramant, Jean Luc Vogt, Gaston Schoëne,...que les autres me pardonnent de ne pas les citer.

Mon arrière garde cherbourgeoise, l'enseigne de vaisseau Christelle Haar et le second maître Natacha Horschelmann ont continué de m'apporter pendant quinze mois par Internet l'enthousiasme de leur vingt-cinq ans, leur affectueuse impertinence et le regard lucide de la génération montante.

A Dubaï Anne-Marie Siffroy, Henri de Sulzer, Edouard et Véronique Sicat, Marie-Claire et Samir Greiss m'ont accueilli plus souvent qu'à leur tour, meublant des soirées parfois vides et des vendredis solitaires.

C'est enfin et surtout aux commandants et aux équipages des quarante unités de la Marine déployées ou stationnées en océan Indien pendant mon commandement que je veux exprimer ma profonde gratitude. Vous avez bien travaillé.

Sans oublier ma chère voyageuse qui tient depuis longtemps le rôle principal…

À tous et à toutes mon immense reconnaissance.

Table des matières

Avertissement 8

Préface 9

Avant-propos 15

Cartes 26-27

Première partie 29

Juillet 2001-Décembre 2001 29

Chapitre I 31

Départ 31

Roissy, 17 juillet 2001

Cérémonie 39

Dubaï, 19 juillet 2001

Message aux équipages 44

Dubaï, 19 juillet 2001

Dubaï au mois d'août 46

Dubaï, 3 août 2001

Paris 50

Paris, 30 août 2001

Escale inattendue 55

Addis-Abeba, 31 août 2001

Balbala 58

Djibouti, 1er septembre 2001

L'évêque 61

Djibouti, 4 septembre 2001

Douze légionnaires 64

Djibouti, 5 septembre 2001

Les étoiles du grand Bara 68

Djibouti, 8 septembre 2001

Chapitre II 73

11 septembre 73

Sud mer Rouge, 11 septembre 2001

Message aux équipages 76
Golfe d'Aden, 11 septembre 2001
Incertitudes 77
Mer d'Arabie, 15 septembre 2001
Dimanche en mer d'Arabie 80
Mer d'Arabie, 16 septembre 2001
Escale Omanaise 86
En transit entre Bahreïn et Dubaï, 28 septembre 2001
Tendresse 90
Dubaï, 28 septembre 2001
Le temps des cathédrales 93
Abu Dhabi, 1er octobre 2001
Message au chef d'état-major des Armées 95
Golfe arabo-persique, 4 octobre 2001
Qatar ou Djibouti ? (ou l'histoire de cheikh Saoud) 98
Doha,10 octobre 2001
Veillée d'armes 102
Golfe arabo-persique, 12 octobre 2001
L'amiral cow-boy 106
Manama,15 octobre 2001
Message au chef d'état-major des Armées 110
Golfe arabo-persique, 16 octobre 2001
Message aux équipages 113
En mer d'Arabie, 17 octobre 2001
Diwaniya 115
Koweït City, 25 octobre 2001
Message au chef d'état-major des Armées 119
Golfe arabo-persique, 26 octobre 2001
Message aux équipages 122
Golfe arabo-persique, 28 octobre 2001
Anthrax ? 124
Golfe arabo-persique, 30 octobre 2001
Anniversaire 127
Détroit d'Ormuz, 31 octobre 2001

Chapitre III 131
Bombay 131
Bombay, 13 novembre 2001
Message aux équipages 134
En mer d'Arabie, 14 novembre 2001

Message aux commandants ... 136
En mer d'Arabie, 16 novembre 2001
Préparatifs ... 138
Golfe arabo-persique, 25 novembre 2001
Un boutre pour Bossasso ... 141
Dubaï, 27 novembre 2001
À l'équipage du *Courbet* ... 145
En mer d'Arabie, 11 décembre 2001
À l'équipage du *Charles de Gaulle* ... 147
En mer d'Arabie, 12 décembre 2001
Souffler ... 149
À bord du Var, *Dubaï, 19 décembre 2001*

Deuxième partie
Janvier 2002-Octobre 2002 ... 151

Chapitre IV ... 155
Intermède ... 155
Dubaï, décembre 2001-janvier 2002
Adieu cow-boy ... 160
Bahreïn, 10 février 2002
De Dubaï à Aqaba ... 162
Février 2002
Incertitudes malgaches ... 172
Glorieuses, Mayotte, La Réunion, février-mars 2002

Chapitre V ... 183
Asie ... 183
Goa, Delhi, Agra, Dacca, Katmandou, Singapour, Cambodge, Thaïlande, île Maurice, mars-avril 2002
La route des vins (1) ... 196
Afrique du Sud, mai 2002
La route des vins (2) ... 202
Paris, Corse, Seychelles, mai-juin 2002
La route des vins (3) ... 207
Malaisie, Australie, juin 2002

Chapitre VI 217
Monsieur Martin 217
Dubaï, 21 juin 2002
La route des sables (1) 220
Abu Dhabi, 23 juin 2002
La route des sables (2) 224
Mascate, 2 juillet 2002
La route des sables (3) 229
Koweït, 4 juillet 2002
La route des sables (4) 234
Bahreïn et Qatar, 7-8 juillet 2002
La route des sables (5) 238
Golfe arabo-persique, 15 juillet 2002
L'été à Dubaï 241
Dubaï, Août 2002

Chapitre VII 247
Retour en mer 247
Détroit d'Ormuz, 2 septembre 2002
Opérations 251
En mer d'Arabie, 3 septembre 2002
Traversée 254
11 septembre 2002
Terre cruelle 261
Mombassa, 17 septembre 2002
Djibouti dernière 266
Djibouti, 28 septembre 2002
Égypte 272
Égypte, 12 octobre 2002
Royale Jordanie 278
Jordanie, 14 octobre 2002
La veille de l'Apocalypse 281
Djedda, 18 octobre 2002

Remerciements 287

Achevé d'imprimer
sur les presses de l'imprimerie
Keltia Graphic - 29540 Spézet
pour le compte des éditions
Le Télégramme - 29200 Brest

—

Le 15 mars 2006

—

Dépôt légal : 1er trimestre 2006